外语学术普及系列

什么是文体学

刘世生 著

上海外语教育出版社
外教社 SHANGHAI FOREIGN LANGUAGE EDUCATION PRESS

图书在版编目（CIP）数据

什么是文体学 / 刘世生著.
—上海：上海外语教育出版社，2015（2021重印）
（外语学术普及系列）
ISBN 978-7-5446-4114-2

Ⅰ.①什… Ⅱ.①刘… Ⅲ.①文体论－研究 Ⅳ.①H052

中国版本图书馆CIP数据核字（2015）第260703号

出版发行：**上海外语教育出版社**
（上海外国语大学内） 邮编：200083
电　　话：021-65425300（总机）
电子邮箱：bookinfo@sflep.com.cn
网　　址：http://www.sflep.com
责任编辑：张亚东

印　　刷：江苏凤凰数码印务有限公司
开　　本：850×1168　1/32　印张10.5　字数288千字
版　　次：2016年1月第1版　2021年2月第2次印刷

书　　号：ISBN 978-7-5446-4114-2 / H·1919
定　　价：30.00元

本版图书如有印装质量问题，可向本社调换
质量服务热线：4008-213-263　电子邮箱：editorial@sflep.com

外教社外语学术普及系列

出 版 说 明

"外语学术普及系列"是上海外语教育出版社专门为外语语言学和文学方向学习者策划出版的一套入门级学术读物,主要分为语言学和文学两大部分,涵盖了这两个研究领域的众多分支,作者多是外语语言学与文学领域的知名专家和教授。

我们希望通过解惑的方式达到传道授业的目的,所以力求简明扼要、浅显易读。本系列每本书均以问答的形式讲解学术领域的专业内容,语言学部分的分册每本包含约 80 个问题;文学部分的分册每本包含约 60 个问题以及 1 篇代表性文学作品的阅读赏析,每册书后均附有中英文对照的术语汇总,以期给读者提供更便捷的阅读参考。

相信本套丛书的出版能满足对语言学、文学研究感兴趣的读者的阅读需求,引领他们进入外语研究的学术园地。

目 录

序言 / i

一、现象与学问：文体与文体学 / 1
1. 什么是文体？/ 1
2. 什么是文体学？/ 3
3. 文体在具体语言形式上有什么体现？/ 6
4. 文体学常用的分析方法是什么？/ 11

二、文学领域：文学文体与文学文体学 / 16
5. 什么是文学文体学？/ 16
6. 什么是诗歌文体学？/ 20
7. 什么是小说文体学？/ 24
8. 什么是戏剧文体学？/ 29

三、社会生活：普通文体与普通文体学 / 31
9. 什么是广告文体学？/ 31
10. 什么是计算文体学？/ 37
11. 什么是特殊用途英语？/ 43
12. 什么是新闻英语？/ 48
13. 什么是商务英语？/ 52
14. 什么是科技英语？/ 58
15. 什么是体育英语？/ 60
16. 什么是电子语篇？/ 62

17. 什么是网络文学？/ 68

四、工具方法：问题探讨与理论文体学 / 74

18. 什么是语言文体学？/ 74
19. 什么是形式文体学？/ 75
20. 什么是功能文体学？/ 82
21. 什么是话语文体学？/ 99
22. 什么是语境文体学？/ 108
23. 什么是互文性？/ 117
24. 什么是文本世界理论？/ 132
25. 什么是语用文体学？/ 142
26. 什么是法律文体学？/ 148
27. 什么是教学文体学？/ 155
28. 什么是认知文体学？/ 160
29. 什么是认知诗学？/ 164
30. 引语有什么类别？/ 165
31. 思想有什么类别？/ 172
32. 言语行为有什么类别？/ 176
33. 语言学分析与文体学分析有什么异同？/ 178
34. 什么是语篇分析？/ 180
35. 语篇分析与文体学分析有什么异同？/ 187
36. 文体学与翻译有何联系？/ 187

五、交叉学科：修辞学、文体学与其他 / 192

37. 什么是语言学？/ 192
38. 什么是诗学？/ 196
39. 什么是文学？/ 197
40. 什么是文学批评？/ 200
41. 什么是新批评？/ 202
42. 什么是修辞？/ 206
43. 什么是修辞学？/ 209

44. 文体学与修辞学有何关系？/ 212

45. 什么是广告修辞学？/ 221

46. 什么是传播修辞学？/ 226

47. 什么是宗教修辞学？/ 231

48. 什么是视觉修辞学？/ 235

49. 什么是建筑修辞学？/ 239

50. 什么是修辞伦理学？/ 243

51. 什么是比较修辞学？/ 248

52. 修辞学与演讲有何关系？/ 252

53. 修辞学与写作有何关系？/ 256

六、发展态势：文体学的过去、现在与未来 / 263

54. 2014 年出版的《剑桥文体学手册》有什么特点？/ 263

55. 2014 年出版的《劳特里奇文体学手册》有什么特点？/ 279

56. 什么是媒体文体学？/ 292

57. 什么是政治文体？/ 292

58. 什么是历史文体学？/ 293

59. 什么是语音文体学？/ 293

60. 什么是多模态文体学？/ 293

61. 什么是情感神经文体学？/ 293

62. 文体学的哲学基础是什么？/ 294

63. 文体学的理论基础是什么？/ 294

64. 文体学的核心问题是什么？/ 294

65. 文体学当前的热点话题是什么？/ 294

66. 文体学初露端倪的兴趣点是什么？/ 294

参考文献 / 295

术语汇览 / 313

推荐书目 / 315

什么是文体学

序 言

　　文体学是研究文体风格或语言体裁的学问。

　　人类早期对文体的认识与修辞密切相关。我们的祖先在先秦时的《周易·乾》中就已经明确地认识到了文体修辞的重要作用，"修辞立其诚，所以居业也。""修辞立其诚"原指君子要注重文化修养，做到立身诚实。后多指写文章应表现出作者的真实意图。

　　中国对文体风格的学术研究可谓源远流长。两千多年前孔子就说过，"诗言志，歌咏情，舞动容。"（《论语》）；即，诗词抒发志向，歌声表达情愫，舞蹈使人感动。用现代人的学术话语解释，大约是，不同的表达风格具有不同的交际效果。

　　一千多年前宋朝的《通书·文辞》中说，"文以载道"，写文章就是要表达思想。可见，文体是形式，思想是内容，形式与内容密不可分。因之可以推论，一定的内容需要一定的形式来表达。对各种形式的了解与研究，有助于我们对内容进行准确、恰当的表达。文体学的学科属性与此俱生。

　　中国文体学与西方文体学的学科发展有着不同的传统。本书作者是以英语语言文学为专业的中国人，中华文明的丰厚滋养和丛书设计对篇幅的具体要求影响着我们对资料的取舍与编排，因此，本书介绍的文体学可谓是具有中国特色的西方文体学。

西方对文体的研究可上溯到古希腊、古罗马时期修辞学(rhetoric)中关于演讲风格(elocution)的研究。但在20世纪之前,对文体的讨论多为主观印象式的评论,而且通常出现在修辞学研究、文学研究或语法分析之中,文体研究没有自己相对独立的地位(申丹2000:22)。直到20世纪初,西方现代文体学才成为一门独立的学科。目前,经过了一百多年的发展,文体学已经长成独立的参天大树,成为枝繁叶茂、蓬勃发展的一门学科。

首先我们认识到,文体风格是人类精神文明的一种现象,对其进行研究的学问是文体学。在文学领域,文体学研究有诗歌文体学、小说文体学、戏剧文体学之分。在人类社会生活的方方面面,有广告文体学、计算文体学、种种特殊用途语言的用法等分野。在理论工具方面,有形式、功能、语篇、语境、认知等问题探讨。在交叉学科领域,有修辞、传播、视觉、宗教、建筑等方面。同时可以看到,除了文体学的理论基础、核心问题、当前热点广为学者们所关注之外,新媒体文体学、多模态文体学、情感神经文体学等新兴学科的发展也为人们所期待。本书对上述文体学问题的介绍以问答形式进行,内容全面,深入浅出,结构清晰,语言流畅,具体生动,亲近读者,有助于学习者了解文体学的概貌,对于普及文体学知识和加强社会主义精神文明建设都具有重要的价值。

展望未来,文体学的发展充满了希望。2014年,英国剑桥大学出版社和劳特里奇出版社同时推出了两部权威性的文体学论著:《剑桥文体学手册》、《劳特里奇文体学手册》,以互补方式介绍了文体学的形貌与内涵。纵使两本《文体学手册》在内容及编排体例上有所不同,但同一领域两本权威参考书在同一年中出版,说明了国际学界对文体学的热情。在中国学界,上海外语教育出版社近期推出第五届文体学国际研讨会暨第九届全国文体学研讨会会议论文集《前进中的文体学》和普及性图书《什么是文体学?》两本著作,外语教学与研究出版社则计划在2016年推出学科核心概念图书《文体学关键词》一书。根据《文体学词典》的定义,"重复"是构成"强调"的重要手段之一,而"强调"则体现了作者与读者的热情。作为交叉性学科的文体学在学界与社会所受到的重视由此可见一斑。

本书的出版是许多人心血的结晶。

感谢上海外语教育出版社,使本书得以与读者见面。

感谢清华大学,创造一流学术氛围,使人持之以恒,做出贡献;感谢我的家人,支持我专心学术,使本书的写作任务顺利完成;我爱人刘建新副教授在学习和生活中都是我的亲密伴侣。

感谢诸多中外师长、前辈和学术同行,他们在文体学及相关领域辛勤耕耘,创造了丰富的研究成果,他们对文体学这一新兴学科的热爱与执著,使本书的问世成为可能。本书引用他们的成果时都尽最大可能注明了出处。

感谢清华外文系参加笔者开设的"理论文体学"、"文体分析方法"和"语言文学界面研究"课程的硕士生、博士生和兄弟院校的同仁,他们积极参加了本书的编写工作,他/她们的姓名以音序排列如下:巩奇慧(27,42,43,44,52,53)、黄文红、李晖(9,11,17,25,30,31,32,33,34,35,37)、李晓芳、李欣、梁晓晖(5,7,28,29,38,39,40)、庞玉厚(20,21,22,23,24)、舒丹(12,13,14,15,45,46,47,48,49,50,51)、孙春玲(10)、田园(55)、王静雯(6,16,36,41)、夏登山、杨敏(26)、张彩霞(2,4,18)、赵豫璞(54)。括号中是编写的问题号码,有的问题因篇幅所限缩减。未来我们将继续在这个领域努力耕耘。

谨以此书敬献给清华大学人文学院外国语言文学系成立九十周年!

刘世生
清华大学外文系
2015 年 10 月 20 日

外教社外语学术普及系列

什么是文体学

一、现象与学问：文体与文体学

1. 什么是文体？

关于文体(style)的定义是什么，这是一个争议颇多却无定论的问题。有史以来，学者们给 style 下了许多定义，却没有一个是大家都能认可的。下面是一些人们所熟悉的定义：(刘世生，朱瑞青 2006/2011：4—7)

1. 风格即修辞(style as rhetoric — Gorgias);

2. 风格即形式(style as form — Aristotle);

3. 风格即雄辩术(style as eloquence — Cicero);

4. 在恰当的地方使用恰当的词(proper words in proper places — Swift);

5. 文如其人(Le style, c'est l'homme même, — Buffon);

6. 赋予既定思想并适合产生出它应有效果的全部形式(Le style, C'est ajouter à une pensée donnée toutes les circonstances propre à produire tout l'effet que produire cette pensée. — Stendhal);

7. 个人表达上的特点(style as personal idiosyncrasy — Murry);

8. 解说技巧(style as technique of exposition — Murry);

9. 文学的最高成就(style as the highest achievement of literature — Murry)

10. 以最有效的方式讲恰当的事情(saying the right thing in the

most effective way — Enkvist);

11. 环绕已存在的思想或感情内核的外壳(style as a shell surrounding a pre-existing core of thought or expression — Enkvist);

12. 在不同表达方式中的选择(style as the choice between alternative expressions — Enkvist);

13. 集合特点的综合(style as a set of collective characteristics — Enkvist);

14. 超出句子以外的语言单位之间的关系(style as those relations among linguistic entities that are statable in terms of wider spans of text than the sentence — Enkvist);

15. 结构的对等(style as equivalence — Jakobson and Levi-Strauss);

16. 风格即功能(style as function — The Prague School);

17. 风格即突出(style as foregrounding — Mukařovský);

18. 对于常规的变异(style as deviation — Spitzer);

19. 语言结构的转换(style as transformation — Ohmann);

20. 风格即意义潜势(style as meaning potential — Halliday);

21. 认知意义的表达(style as expressiveness — Ullman)。[①]

这些远非全貌,但也足以证明给 style 下一个确切完整的定义是多么不容易。笔者认为,在这样众多的定义中,之所以尚没有一个是大家都能认可的,大概有两个原因。第一,界定者所依据的理论基础不同,如有的是依据形式语言学理论,有的是依据功能语言学理论,有的是依据文学批评理论,等等。第二,界定者的目的不同,即要指导的实践不同,如,有的为研究文体风格服务,有的为研究语言体裁服务,有的为研

---

① 见胡壮麟:《理论文体学选读》I—V,教材,1984—1992 年北京大学。王佐良、丁往道:《英语文体学引论》,外语教学与研究出版社,1987 年版,第 515—523 页。J. Middleton Murry, *The Problem of Style*, 3rd Impression, Oxford University Press, 1930, PP. 3, 8, 10. N. E. Enkvist and John Spencer, *Linguistics and Style*, Oxford University Press, 1964.

究其他学科服务。

2. 什么是文体学？

文体学是研究文学风格或语言体裁的学问,可有广义和狭义之分,广义的文体学大致包括文学文体学、语体学和理论文体学,狭义的文体学则专指文学文体学(刘世生,朱瑞青 2006)。

文学文体学研究语言在文学作品中的使用情况。它以语言学的方法为工具,对诗歌、小说、戏剧等文学语篇进行描述和解释(刘世生,朱瑞青 2006:3)。根据所分析语篇的体裁不同,又有诗歌文体学、小说文体学、戏剧文体学、散文文体学等等。

语体学也即普通文体学,研究语言在使用过程中的各种变体。例如,按交际媒介和信息的传递方式而论,有口语、书面语、网络语之分;因交际双方的关系不同,有正式、非正式和亲密语体之分;因社会实践活动的范围不同而有法律、科技、新闻、政治、教育、体育、商务、医学、广告、文学和日常用语之分;凡此种种,不一而足(刘世生,朱瑞青 2006:3)。

理论文体学研究的是文体观和方法论(刘世生,朱瑞青 2006:4)。文体观就是对文体(style)的看法问题,或曰对文体的定义问题。关于文体的定义,虽然有史以来学者给出了很多解释,但是迄今为止,尚未有一个得到大家的公认。文体学的方法论基础是语言科学。首先,语言学理论对文体观有着直接的影响;其次,文体学运用语言学的方法分析语言形式的文体作用(刘世生,朱瑞青 2006:6)。

西方对文体的研究可上溯到古希腊、古罗马时早期的修辞学(rhetoric)中关于演讲风格(elocution)的研究。但在 20 世纪之前,对文体的讨论多为主观印象式的评论,而且通常出现在修辞学研究、文学研究或语法分析之中,文体研究没有自己相对独立的地位(申丹 2000:22)。直到 20 世纪初,西方现代文体学才成为一门独立的学科。

20 世纪上半叶是西方现代文体学的成长期,这一时期的主要研究在欧洲大陆展开。索绪尔的学生巴依(Charles Bally,1865—1947)被普遍尊为"现代文体学之父"。他于1905年和1909年分别撰写了专著《文体简论》和《法语文体论》，借用索绪尔的结构主义语言学反思传统修辞学，力图将文体学作为语言学的一个分支建立起来，使文体分析更为科学化和系统化（龚毓秀1985；申丹2000）。但是，巴依关注的研究对象仅仅是口语中的文体，或曰语体。稍晚于巴依的德国文体学家斯皮泽（Leo Spitzer, 1887—1960）则被尊为"文学文体学之父"。斯皮泽的研究对象不是口语，而是文学作品。他提出了"语文圈"（philological circle）的研究方法，用来分析长篇小说，即寻找作品中频繁出现的偏离常规的语言特征，然后对其做出作者心理根源上的解释，接着再回到作品细节中，通过考察相关因素予以证实或修正（Spitzer 1948，申丹2000）。此外，俄国形式主义、布拉格学派和法国结构主义等均对文体学的发展做出了重要贡献，取得了一系列研究成果（申丹2000）。在英美，随着新批评的逐渐衰落，越来越多的学者意识到语言学理论对于文学研究的重要性。1958年在美国印第安纳大学召开了一个重要国际会议——"文体学研讨会"，这是文体学发展史上的一个里程碑。就英美来说，这个研讨会标志着文体学作为一门交叉学科的诞生；就西方来说，它标志着文体学研究的全面展开及即将进入兴盛时期（申丹2000：22—23）。

20世纪60至70年代是现代文体学的兴盛期，很多语言学家和文学批评家转向文学文体学，使得文学文体学达到鼎盛时期。由于文体学是运用现代语言学理论和方法来研究文体的学科，因此在某种意义上，它与语言学之间的关系是一种寄生关系，新的语言学理论的产生和发展往往会催生新的文体学派。在20世纪60年代，乔姆斯基（N. Chomsky, 1928—）的形式语言学在语言学界引起巨大反响；因此在60年代末以前，文体学采用的语言学理论主要是形式语言学理论，60年代也被视为"形式文体学"的年代。"形式文体学"是指采用索绪尔结构主义语言学、布龙菲尔德描写语言学、乔姆斯基转换生成语法等形式主义语言学理论来进行分析的文体学派。20世纪70年代则以"功能文体学"的蓬勃发展为标志。"功能文体学"为"系统功能文体学"的简称,它特指以韩礼德(M. A. K. Halliday,1925—)的系统功能语言学为基础的文体学派别。韩礼德是功能文体学的开创人之一。1969年他在意大利召开的"文学文体研讨会"上宣读了一篇颇具影响的论文"语言功能与文学文体"。该文提出"语言的功能理论"是进行文体研究的较好工具,这篇论文可谓系统功能文体学的奠基之作(Halliday 1971,申丹 2000)。

20世纪80年代以"话语文体学"的兴起为标志。"话语文体学"是指采用话语分析模式、语用学以及语篇语言学来进行分析的文体派别,它自80年代初以来发展较快。在分析对象上,它有两点不同于其他文体学派,一是注重分析会话,注重交际双方的相互作用过程。另一特点是,话语文体学的分析对象为句子以上的单位,如:对话的话轮之间的关系和规律,句子之间的衔接,话语的组成成分之间的语义结构关系,等等。"话语文体学"分析文学会话的模式主要来自几种分析日常会话的模式,包括:人类学方法的会话分析;以英国伯明翰大学的辛克莱(J. Sinclair)和库尔特哈德(M. Coulthard)为代表的"伯明翰话语分析法";以戈夫曼(E. Goffman)提出的"脸面"和布朗与莱文森(P. Brown & S. Levinson)提出的"礼貌"概念为基础的分析模式;以格赖斯(H. P. Grice)的会话合作原则为基础的模式(Toolan 1990:273—274,申丹 2000:25—26)。

20世纪90年代文体学研究的突出标志是"社会历史/文化文体学"的蓬勃发展;同时,"功能文体学"和"话语文体学"仍然保持了较为强劲的发展势头,而"形式主义文体学"则受到文化批评的强烈冲击,虽然在语言文学教学中,它仍起着积极的作用(Thornborrow 1998,申丹 2000)。80年代初以来,受重视意识形态和权力关系的法兰克福学派、马克思结构主义尤其是福柯思潮的影响,越来越多的文体学家不再把语言看成一种中性的载体,而是把其视为意识形态的物质载体;不再把文本看成一面反映意识形态的单纯的镜子,而是把语言和文本视为意识形态和社会结构的产物,又反过来作用于意识形态和社会结构。他们认为这是一种辩证的生产关系,语言与社会语境互相制约、互相实现、互相建构,加重了社会上的各种不平等和不公正的现象。从这个角度来看,文体学的任务就是揭示和批判语言中蕴含的意识形态和权力关系。英国文体学家伯顿(D. Burton)是"社会历史/文化文体学"的开创人之一。她呼吁文体学家审视自己的研究,弄清楚它究竟是为压迫性质的统治意识服务的,还是对这种统治意识进行挑战的。她认为文体分析是了解通过语言建构出来的各种"现实"的强有力的方法,是改造社会的工具(申丹 2000)。与从事其他文体学派的学者形成对照,很少有文体学家声称自己搞的是"社会历史文体学"或"社会文化文体学"。这样的名称往往出现在总结概述性的论著中,它涵盖了数种采用不同的批评理论和语言学工具的文体分析方法。但万变不离其宗,在"社会历史/文化文体学"的大旗下,分析者有一个共同的目的,即揭示文本中的意识形态和权力关系(申丹 1998,2000)。

21世纪以来,随着认知语言学的发展,"认知文体学"发展迅速,逐步成为文体学研究的一个热点。2001年和2003年,劳特里奇出版社(Routledge)相继出版了《认知诗学导论》和《认知诗学实践》,极大地促进了认知文体学的发展。2002年塞米诺(Semino)和卡尔波珀(Culpeper)主编了《认知文体学——语篇中的语言与认知》一书,汇集了认知语体方面的最新研究成果,展现了认知文体学的研究现状和今后的发展方向(刘世生,朱瑞青 2006:187)。尽管到目前为止,"认知文体学"还是一门新兴的、不成熟的学科,还无法像"功能文体学"那样用来对文学作品进行较为全面系统的分析,但是我们有理由相信,"认知文体学"的研究必将为我们研究文学和语言的关系提供更加有力的工具(刘世生,朱瑞青 2006:207)。

目前,经过了一百多年的发展,文体学这门学科已经长成独立的参天大树,枝繁叶茂。

3. 文体在具体语言形式上有什么体现?

根据里奇的文体即变异说,文体在具体语言形式上的体现有八个类别。

3.1 文体即变异说的含义

文体即变异的观点是里奇(Geoffrey Leech, 1969)提出的。这种看法可简要总结为:文体是对常规的偏离(style is deviation from the norm)。

常规(norm)严格说来是一个概率统计概念,也就是概率统计得来的平均数。变异就是脱离常规的频率。常规的内涵比较广,包括了标准(standard)、正常(normality)以及典型(typicality)等。变异就是一种非标准(nonstandard)、非正常(abnormality)、非典型(untypicality)。作家在写作的过程中往往努力使自己的语言与众不同,只有超出平常的语言才能引人入胜,才能体现自己的风格。因此在分析作品的时候,要分析作品中的变异。变异的总和就是作品的独特风格。

3.2 文体变异的类别

里奇对诗歌语言中的变异做了大量研究,并对其进行了分类。他区分了八种变异形式,即词汇变异、语音变异、语法变异、书写变异、语义变异、方言变异、语域变异以及历史时代的变异。

1) 词汇变异

Leech 确认了两种词汇变异:新造词(neologism)和临时造词(nonce-formation)。临时造词就是"只用了一次"的新造词,即只为一个特定语境创造的词,而不是为了大众需要为语言的词库中增加新的词语,如:

the widow-making unchilding unfathering deeps.

— Hopkins, *The Wreck of the Deutschland*

其中 widow-making, unchilding 和 unfathering 都是英语的词汇中没有的,作者通过添加词缀和复合词的形式创造出了这些词,表达了一个该用定语从句表达的语义,如这句诗可以改写成 the deeps which deprive wives of husbands, children of fathers and parents of children。

2)语音变异

语音变异主要出现在诗歌中,主要表现形式有非重读音节的省略[其中包括 elision（元音省略）、aphesis（首字母省略）、apocope（尾音消失）]或添加现象（expansion）。如 *What was th'impediment that broke this off?* 中 th' 属于 elision。

改变读音也是语音变异的一种体现,如在某些诗句中将名词 wind 的读音改成动词的读音[waind]。

在诗歌中,为了韵律的需要,单词的重音也会发生变化,例如：

Ba'luster, bas'tard, 'July.

在这句话中,baluseter 和 bastard 的重音都从第一个音节转移到了第二个音节。

3)语法变异

语法变异主要有两种情况。一种是对常规语法形式的反复使用达到了非常规的程度,如：

> Our heart's clarity's hearth's fire, our thoughts' chivalry's thong's Lord.

这句诗中的所有格连续使用了三次。

另一种变异是不符合语法的结构,狄伦·托马斯诗中的短语 a grief ago 中的 grief 不是可数名词,也不能表示时间,用在这里表现诗人经历了很多悲伤,因而时间是以悲伤来度量的。

(4)书写变异

书写变异有两种情况,一种指发音的变异在书写上的体现,如萧伯纳 *Pygmalion* 中为了体现方言的特点,使用了变异的书写形式,如：aw rawt（=all right）, bo-oots（=boots）。

另一种指排版、标点以及打印等方面的变异,如：

seeker of truth

follow no path

all paths lead where

truth is here

根据胡壮麟(2000)的解读,这首诗中,诗人首字母的第一个字母没有大写,末行不再用句号,隐含了对真理的探索无始无终。各行无标点符号意味着对真理的探索无章可循,分段的不规范是为了营造认识的跳跃和对真理突然顿悟的氛围。

(5) 语义变异

语义变异是指一些词表面上看没有意义或者语义荒诞、不合逻辑,但在一定的语境下却有特殊的意义。一个经常被引用到的例子是华兹华斯的"My Heart Leaps Up"中的一句诗:

The child is the father of the man.

从逻辑上讲,这句话是说不通的。因为 child 是未成年人,而 man 指的是成年人,前者不可能是后者的父亲。但是在文学语言中,这句诗的意思是,从孩子现在的表现可以预见到他成人后的情况,与我们日常说的"三岁看老"是一个意思。这里的 father 的意义发生了变异,可以理解为"事物或人成长发展的基础"。

(6) 方言变异

方言变异指在文学作品中使用方言的词语或句法结构。方言一般可分为社会方言(与职业、城乡阶级等方面的差异有关)和地方方言。如英国文学作品中经常出现的伦敦底层市民所说的"土话"就属于社会方言。艾米莉·勃朗特《呼啸山庄》中人物所讲的方言则是地方方言。方言变异的使用可以达到体现人物身份和背景、增添地方气息等文体效果。

(7) 语域变异

语域变异指的是在一个语域中借用其他文体或语域的表达方式。语域变异既可以出现在词汇方面,也可以出现在语法方面。比如在下面 Henry Reed 的诗 *Lesson of the War: Naming of Parts* 开头的几行中:

To-day we have naming of parts. Yesterday,
We had daily cleaning. And to-morrow morning,
We shall have what to do after firing. But to-day,
To-day we have naming of parts. Japonica
Glistens like coral in all of the neighbouring gardens,
And to-day we have naming of parts.

这首诗的前四行仿佛是一个军队教官的独白,充斥着各种军事用语。"naming of parts","daily Cleaning","what we do after firing"都可以当做军事小册子上的标题。但第四行最后一个词开始,突然转换成了优美的描写:Japonica glistens like coral in all of the neighbouring gardens.(四周花园的山茶花像珊瑚一样散发着美丽光泽。)不同语域的混合产生了强烈的反讽意味,生动刻画出了士兵的厌战情绪。

(8)历史时代的变异

历史时代的变异是指作家在作品中运用与自己不属于同一时代的语言,如古语或废语。例如:

The association of man and woman
In daunsinge, signifying matrimonie-
A dignified and, commodious sacrament,
Two and two, necessarye conjunction,
Holding each other by the hand or the arm
Which betokenth concorde.

T.S. Eliot, *East Coke*

这里的古代英语和现代英语交替出现,象征着作者古今循环、今古同一的时间观念。

3.3 对文体即变异说的评价

刘世生、朱瑞青(2006)认为,变异理论有助于帮助我们抓住一个语篇的特征,懂得文学语言与日常语言的不同,引导我们去发现作品中的变异,从而对其起到的功能进行分析,具有很好的操作性。但这种文体观也有其自身的局限性。首先,如何区分变异和常规没有统一的标准。变异和常规都是相对概念,变异得多了也会成为常规,一些常规在不同的语境下也能成为变异。其次,并非所有的变异都有意义。将变异与其文学效果结合也是一个主观的过程。变异还会导致语言学家只关注那些高度偏离常规的语言,忽略研究语言相对不偏离的作家的作品。

4. 文体学常用的分析方法是什么?

文体学的方法论基础是语言科学,其发展与语言学的发展密不可分。在语言的各个层面,如语音、书写、词汇、句法、语篇、语义、语用等等,语言学都为文体分析提供了系统的理论框架和科学的方法。近年来认知科学的发展更为文体学理解、解释文学作品提供了新的视角。同时,作为一门交叉学科,文体学的方法也来自文学批评和修辞学(刘世生,朱瑞青 2006)。

语音和书写是文体分析的第一个层次。语音上的分析一般可以从语音的特质、语音象征(phonaesthesia)、拟声、重音等方面入手,诗歌还可以看其押韵模式和重音模式(刘世生,朱瑞青 2006:98)。另外,还可以考虑一些特殊的语音模式,如头韵(alliteration)、半谐音(assonance)、和谐音(consonance)、押韵(rhyme)等等。

诗歌有了语音的支持,文体效果会更加明显。以 Thomas Nash 的"Spring"为例:

Spring, the sweet Spring, is the year's pleasant king;
Then blooms each thing, then maids dance in a ring;
Cold doth not sting, the pretty birds do sing;
Cuckoo, jug-jug, pu-we, to-witta-woo!

首先是押韵的采用。这段文字每句话的结尾词 spring, king, thing, ring, sting, sing 完全押韵,使整段诗读起来朗朗上口,仿佛一首动听的音乐,使人遐想连篇。

其次是拟声词的应用。这首诗的全文有三段,每段的结尾都由四个拟声词 Cuckoo, jug-jug, pu-we, to-witta-woo 组成,模拟杜鹃、夜莺、田凫和猫头鹰的叫声,给人以百鸟齐鸣的感觉,非常逼真地刻画了春天里万物复苏的景象。

语相分析可以讨论的方面有印刷体和手写体、标点符号、特殊符号、字母大小写、斜体、单词的排列以及空间排列等等。(刘世生,朱瑞青 2006:86—98)。

标点符号、字体大小和段落划分在诗歌、散文、应用文中都有常规的用法,有意违反常规则有着创造文体效果的目的。文字符号的排列通常是从左到右构成线性序列,这样表达出来的意义是文字符号的象征意义。然而,作者有时打破常规,将文字符号排列成某种图像形状,使其既具有象征意义,又具有图像意义。例如:象征派诗人芬利(Ian Hamilton Finlay)在一首题为《换工女》(au pair girl)的诗中,把文学符号排成鸭梨形状,使图像意义与象征意义相结合,形象生动地表达出作者对作品主题的态度(刘世生,朱瑞青 2006:6)。

词汇是文体分析的第二个层面。一方面,可以从词类、造词和词源的角度来分析其文体作用;另一方面,还可以分析词汇使用的各种修辞格的文体色彩,如明喻、暗喻、拟人、换喻、提喻、婉转、夸张、间接肯定法、矛盾修饰法、反语、双关语等等。

分析动词除了要看动词的比重,还要看动词在文字中的重要性,是静态的,还是动态的;是指代物体的运动,还是人的行为;是人的感觉、言语行为,还是心理状态;是及物动词,还是不及物动词;是与格(factive),还是非与格(non-factive),等等。历来文体学家对于动词的分析都十分重视,韩礼德采用系统功能语法对小说《继承者》中的动词所做的分析是这方面的经典之一。对形容词的分析,则要注意它们修饰的是什么特征:物理性,还是心理性;视觉的,还是听觉的;感情的,还是判断的;主观的,还是客观的;限制性的,还是非限制性的;有比较级的,还是没有,等等。对于副词的分析可以从以下几个问题入手:副词使用的频率如何?其功能是什么?(如方式、时间、地点、方向、程度等等)有没有连接句子的副词(如 however, therefore, certainly, frankly 等等)?(刘世生,朱瑞青 2006:99—105)

作者在语言使用中常常根据英语的构词方式创造出一些新词,通常的手段有:词缀、词类转换、复合等,这种造词的结果往往具有突出的文体效果。对词汇的文体分析还要注意词源和词的大小。现代英语的词汇来源虽然很复杂,但是其最核心的部分还是本民族的成分。这些词大多属于基本的日常用语,古希腊、拉丁语和法语的词汇往往比较正式,多用于法律文书、宣讲布道等比较正式的场合。如果在一定的场合使用了一些不恰当的词汇,如在正式的场合使用了一些简单的基本词汇,甚至俚语、俗语,往往会闹出笑话,有时也会产生一些特殊的文体效果(刘世生,朱瑞青 2006:105—111)。

句子是文体分析的第三个层面。在句子层面上,分析文体的效果,要看以下几个方面:句子的时态(时态正常还是反常? 有没有不合乎语法的现象?)句子的语态(语态主动还是被动?)句子的结构(简单句还是扩展句?)句子的成分(简单还是复杂? 有没有特殊处理? 完整还是不完整? 有没有倒装? 圆周句多还是松散句多? 有没有渐升或突降? 是否有对偶、排比或重复的使用?)现代语言学也对句法的分析提供了新的视角。转换生成语言学对表层结构和深层结构的区分以及系统功能语法对于主位与述位的分类都为文体分析提供了新的手段(刘世生,朱瑞青 2006:112—135)。

以对句子的结构分析为例,按照里奇(Geoffrey Leech)等人的观点,把一个简单句扩展到有更多成分的句子,主要有三种方式:连接(linking)、列举(listing)和嵌入(nesting)。连接句一般表现出简洁、明快的风格,或者适用于描写动作性比较强的情况。而列举比起连接来,节奏显得比较快,更加紧促。例如:2008 年北京夏季奥运会的口号 One world, one dream(同一个世界,同一个梦想)采取了列举的方式,中间不用连接词只用逗号并列起来,给人以简洁明快的感觉,同时又引人遐想;如果采用连接句的方式 One world and one dream,则引人遐想的效果恐怕会大打折扣。嵌入式的方式往往使语言显得比较复杂,表现出思维严密、逻辑性强的文体风格(刘世生,朱瑞青 2006:117—124)。

语篇是文体分析的第四个层面。语篇分析的内容包括句间照应

(cohesion)、语义连贯(coherence)、段落、语篇以及语篇模式的分类等(刘世生,朱瑞青 2006:9)。

按照系统功能语法的理论,句间照应的手段主要包括参照关系(reference)、替换关系(substitution)、省略关系(ellipsis)、连接关系(conjunction)和词汇照应(lexical cohesion)(Halliday 1976)。

照应指句子之间形式上的联系,语篇中的文体效果还要依赖语义连贯。例如:在"What time is it? Well, the postman's been already."这个对话中,形式上并无任何照应手段,提问和回答之间似乎毫不相干。但是,由于有"邮差每天总是在一定时间经过"(例如,邮差每天下午四点经过此处)这样的共识,因而回答一方是在暗示已经过了某一特定时间,问答之间的逻辑关系由语义的连贯表达了出来。可见,照应属于语篇的表层结构,而语义连贯属于其深层结构(刘世生,朱瑞青 2006:9)。

一个段落通常由一个主题句和一个以上的句子或句群组成。这些句子或句群所讲述的具体主题有所不同,但其总体内容都在段落主题的概括之下,因而构成一个统一的段落。一个语篇具有一个宏观的逻辑框架,语篇中的所有段落都统一于这个框架中。这种逻辑框架可能是时间顺序、空间顺序、对照与比较、类比、渐进、分类、概括等等。语篇的模式,就其总体形式来看,可以是叙述、描写、说明、议论;就其内容而言,可以是广告、请柬、信函、访问记、演说词、科技论文、诗歌、戏剧、小说等等。语篇分析同其他语言层面上的各种文体特点的分析有直接关系。文体学家们正在借助于语言学和语篇分析的新发现,借助于修辞学、文艺学和其他相关学科,使文体理论更完善,使文体分析更客观、更贴切(刘世生,朱瑞青 2006:9)。

除以上四个分析层面之外,语义学和语用学的研究领域,也与文体学的研究息息相关。语义学方面,关于意义类型的区分、词与词之间的纵横关系、语义场理论、语义成分分析方法、修辞上的语义变异等等,都为文体学提供了分析方法。语用学方面,言语行为理论、合作原则理论、权力与话轮转换理论、礼貌和面子理论等等,都为探讨语言使用中的文体效果,提供了有用的工具(刘世生,朱瑞青 2006:138—185)。

最后，近年来发展迅猛的认知语言学，尽管还没有发展出一套成熟的理论体系，但是其中的一些基本理论和概念，也为文体学提供了新的方法，尤其在理解对文学作品的认知过程方面具有很强的解释力，如：角色—背景理论、典型范畴和基本层次范畴理论、概念隐喻理论、认知语法理论、象似性理论等等（刘世生，朱瑞青 2006:186—207）。

二、文学领域：文学文体与文学文体学

5. 什么是文学文体学？

文学文体学是用语言学的方法分析文学作品的语言风格和文体特点的文体学流派。文学文体学的根本目的在于考察文学作品如何通过不同的语言选择来表达主题思想、创造美学效果，并认为在语言学的分析工具辅助下能够更好地理解、欣赏并阐释文学作品。文学文体学被看做是连接语言学与文学批评的桥梁。(Carter and Simpson 1989：7；申丹 1998：84—85)

文学文体学修正了曾风靡英美的传统的印象直觉式批评，弥补了新批评衰落后批评手法上的空白。对我国的外语学习者来说，文学文体学的分析方法能够提高学习外语的效率；而对我国的外语教师来讲，文学文体学提供了实用有效的外语教学手段。

文学文体学始于德国文体学家斯皮泽(L. Spitzer, 1887—1960)的研究。他率先运用文体学的方法分析了文学作品，从而被誉为"文学文体学之父"。他提出了一种适用于分析长篇小说的研究方法，"语文圈"(philological circle)(Spitzer 1948)：即寻找作品中频繁出现的偏离常规的语言特征，然后对其做出作者心理根源上的解释，接着再回到作品细节中，通过考察相关因素予以证实或修正(申丹 2000：22)。

总体来讲，因为文本篇幅的缘故，很多文学文体学的著作更关注诗歌的研究。诗歌语言的研究吸收了20世纪早期俄国形式主义、布拉格学派的观点以及雅克布森对于诗歌语言及格律的探讨,文本分析主要是针对那些语言创造性和实验性强的诗歌作品。代表著作如里奇的《英语诗歌的语言学导引》(*A Linguistic Guide to English Poetry*)(Leech 1969)。里奇在此书中运用传统诗学的有关知识以及现代语言学的相关理论,对诗歌语言的分析方法进行了详细的描述。尤其是其中关于变异(deviation)、前景化或突出(foregrounding)、平行结构(parallelism)的讨论为其后的文学文体学分析奠定了方法论的基础。里奇对前景化或突出的解释是"作为艺术交流的一个总原则,艺术作品总会以某种形式偏离媒介中社会成员所期待的常规"。他总结了诗歌中语言偏离现象的种类,包括词汇上的偏离、语法上的偏离、语音上的偏离、语相上的偏离、语义上的偏离、方言上的偏离、语域上的偏离甚至历史时期上的偏离。例如在诗行"Thou hast bound bones and veins in me, fastened me flesh"中,fasten作为通常只带一个宾语的及物动词在这里加上了双宾语me以及flesh,产生了语法上的偏离。(参见本书诗歌文体学部分)。

另外威多逊的《文体学与文学教学》(*Stylistics and the Teaching of Literature*)(Widdowson 1975)也是一本重要的著作,其中的分析实例也是以诗歌语言为主,只有一些零散的小说选段。威多逊对文学作品中语言的前景化或突出有自己的理解,他在《文体学与文学教学》中提出"文学作品中的语言成分应被塑造成超越语言系统实际需要的模型。这些模型的成分究竟是偏离常规还是符合常规,或两者兼备,是个次要问题"。重要的是"对语言如此塑造是为了创造出独立自主、不受社会语境制约的交流行为"。作为例证,他分析了欧文(Owen)的"I am the enemy you killed, my friend …"和麦克尼斯(MacNeice)的"I am not yet born; O hear me"等诗句,发现里面的人称代词经常打破常规。按照社会常规,日常语言的交流是在发话者(即发送语言信号的人)和听话者(即接受语言信号的人)之间进行的,第一人称代词"我"既指发话者,也指信号的发送者。但在上例中,"我"是发话者,但作为一具尸体或者未出生的人,"我"是无法承担发送信息的任务的。这意味着日常生活中的信息发话者与信号发送者在文学作品中被分解开来。因此,这些作品中的语言创造出了脱离社会规约的独立的语篇系统。

关于小说文体的研究,较早期的代表作品有克拉森娜的《文学文体学介绍》(*Introduction to Literary Stylistics*)(Cluysenaar 1976)和福勒的《语言学与小说》(*Linguistics and Novel*)(Fowler 1977)。克拉森娜在书中除了讨论了诗歌语言的文体分析方法外,还详细分析了劳伦斯小说"盲人"(The Blind Man)的平衡式结构在语言上的体现。福勒使用多种语言学理论分析了小说的语言特色,并主张小说语言的分析脱离不了意识形态。但以诗歌研究为主流的现象直到1981年里奇与肖特合作出版了《小说中的文体》(*Style in Fiction: A Linguistic Introduction to English Fictional Prose*)(Leech and Short 1981)(参见本书小说文体学部分)一书才得以根本扭转。在这本著作中,里奇与肖特详细论述了小说中文体与内容的关系、文体与变异的探查与衡量方法、分析文体所应用的语言学项目及考查方法、语言风格在小说中各个方面所起的作用。该书不仅运用现代语言学、叙述学以及文学批评的有关知识对小说语言的分析方法进行详细的描述,而且探讨了文学文体学界关心的理论问题,使文学文体学的研究得到了进一步的发展,从此小说文体的研究得以广泛开展。例如,卡特主编的《语言与文学》(*Language and Literature: An Introductory Reader in Stylistics*)(Carter 1982)以及卡特与辛普森合编的《语言、语篇和文学》(*Language, Discourse and Literature*)(Carter and Simpson 1989)两本文集中收录了多篇分析小说文体的论文。另外,桑博罗和瓦伦的著作《语言模式:文体学入门》(*Patterns in Language: Stylistics for Students of Language and Literature*)(Thornborrow and Wareing 1998)对现实主义、现代主义以及后现代主义小说的文体特点都进行了简要的分析。

《英语诗歌的语言学导引》和《小说中的文体》这两部文学文体学经典专著理论阐述缜密,分析丝丝入扣,一直以来都是文学文体学爱好者的必读书籍。

进入20世纪80年代,随着语用学(特别是会话理论研究)的开展以及话语文体学的兴起,对戏剧文体的研究也兴盛起来,例如:肖特的

《诗歌、戏剧及小说语言的探讨》(*Exploring the Language of Poems, Plays and Prose*)(Short 1996)。(参见本书戏剧文体学部分)

在文学文体学家看来,语言学的理论和方法是进行分析的工具,所以他们并不限于一种语言学模式的选用,很多文学文体学的著作会灵活地应用一种或数种语言学模式来满足不同分析目的的需求。例如,韩礼德运用功能语法中概念功能的及物性系统考察了威廉·戈尔丁的小说《继承者》的文体特点,里奇和肖特则列举出了用于文学作品分析的涵盖面甚广的语言学范畴表。刘世生与朱瑞青在合编的《文体学概论》一书中总结出一种针对中国学生学习特点与实际需要的文学文体学分析模式:第一步观察前景化与语言形式。文学语言与非文学语言的差别,在很大程度上取决于语言的音位结构、语法结构和语义结构在某些方面突出的或者说是前景化的用法。第二步考察本义的语言与比喻的语言。文学语言习惯运用词的比喻意义。第三步应用文学文体学的分析方法。① 当词汇层面上出现前景化时,可采用形态分析法分析词的新组合。② 当句法层面上出现前景化时,可利用词类(如名词、动词、形容词等)知识分析非常规的或"标记性"的词序或句法组合。③ 在句法层面上,除了分析句子结构外,还可以寻找不同类型的短语(如名词短语、动词短语等)组合模式,这种模式往往使语言更趋于文学化。④ 在了解语言系统的基础上,控制某一范围内语法项的组合规则,辨别出变异性的文学性结构。⑤ 面对难以确定该从何处入手分析的语篇,可将之改写,通过比较原文与改写后的篇章,评价原文的正式或非正式等文体特征。⑥ 词义的结构方式,有无词义重叠或词义空白现象,有无反义词、同义词、下义词和上义词现象等。⑦ 语境对理解语篇的重要性。⑧ 某个词或短语如在文中不适用,要分析有没有明喻、暗喻、提喻和转喻现象,等等。(刘世生,朱瑞青 2006:268—269)

伴随着文学文体学的发展,在文学批评界与文体学界一直存在着一个争论:即是否应该把语言学的方法引入文学作品的分析之中,或者说文体学这门学科是否具有存在的必要性。争论始于文体学创立早期的"福勒—贝特森之争"。反对的一方提出,语言学是一门客观的具有科学性的学科,而文学是带有主观性的牵扯到文化背景的学科,语言学把语言分割成字、词单位的分析方法不适合用来对文学整体效果做出评价。支持的一方认为语言学的研究也要与文化、社会背景相结合,文学是语言写就的,语言学当然可以应用于文学文本的分析中;而且这种客观性的例证式分析可以弥补单纯的文学批评所得出的纯主观性阐释所存在的不足。正是因为有了这种争论,文学文体学更加注重采百家所长而丰富自身,时而亦步亦趋,时而昂首阔步,不断地向前发展着。

6. 什么是诗歌文体学?

6.1 诗歌文体学及相关著作

诗歌文体学是运用文体学的理论和方法分析诗歌的学术研究。文体学分析诗歌的标志性著作有里奇的《英诗学习指南:语言学的分析方法》(1969)、肖特的《诗歌、戏剧及小说的语言探讨》(1996)和桑巴罗和瓦伦合著的《语言模式——语言与文学文体导论》(1998/2000)等。

《英诗学习指南:语言学的分析方法》是一部"公认的权威课本","在巩固西方文学文体学的地位和完善其研究方法等方面起到了不可忽视的作用"。里奇运用现代语言学和传统诗学的有关知识,对诗歌语言的分析方法进行了详细描述,其关于变异(deviation)、前景化(foregrounding)、平行结构(parallelism)的讨论,对文学文体学有重大影响。

肖特出版于1996年的《诗歌、戏剧及小说的语言探讨》从教学的角度描述诗歌、戏剧、散文和小说的文学文体学分析方法,有很强的实用性和操作性,也是文学文体学领域内的权威之作。

桑巴罗和瓦伦合著的《语言模式——语言与文学文体导论》针对通过使用习得英语和通过正式语言教学学习英语的两类读者,提供了分析文学语篇和非文学语篇的工具。

文体学的其他著作〔如早期瑞恰慈的《实用批评》(1929)、考克斯和蒂森的《现代诗歌:实用批评研究》(1963)和威多森的《实用文体学》(1992)〕也都提供了运用文体学研究诗歌的方法。

6.2 诗歌语言的特点

诗歌是语言的艺术。诗歌语言源于日常语言的运用,但它也能突破常规的限制,违背语言的规则。这种对语言常规的有意偏离或违背,在文体学中称为变异(deviation)。诗人通过自由运用语言,展现语言的多样性(diversity)。而诗人本人的风格来源于他在不同作品中所反映出的带倾向性的变异之总和。

(1) 前景化

里奇将"前景化"作为文学语言的最重要的标志性特征。"前景化"的概念源于俄国形式主义思潮,后来又被布拉格学派进一步阐释。俄国形式主义学派的代表什克罗夫斯基(Shklovsky)认为前景化是一种偏离常规的艺术形式,任何事物的反复出现将使人们对它的感受力逐渐变弱,艺术则使许多人们司空见惯、熟视无睹的东西陌生化。文学艺术将日常生活中所使用的常规化或定义化的语言进行加工,使人们对其感觉新鲜、陌生。(Shklovsky 1965:18)布拉格学派的代表人物之一的穆卡洛夫斯基(Mukarovsky)认为,前景化是"自动化"(automatization)的对立面,是对一种行为的"非自动化"(de-automatization);客观地讲,"自动化"能使事件"程式化",而"前景化"则是对"程式"的违背。

里奇将前景化分为两类:组合前景化(syntagmatic foregrounding),即平行结构(parallelism);聚合前景化(paradigmatic foregrounding),即变异(deviation)。平行结构指在组合关系的不同位置上重复选择使用同一语言成分,而变异的实现则靠选择常规范围之外的语言成分。里奇认为,诗歌欣赏中存在八个方面的变异,分别在词汇、语法、语音、书写、语义、方言、语域和历史时代中存在。

里奇指出,诗歌语言中的"前景化"蕴藏着作家的"动机"(motivation),读者需要对其做出解释,只有这样,语言分析和文学理解之间的鸿沟才能得以填补。因此,文学文体学能够充当语言学和文学批评之间的桥梁。

（2）本义的语言和比喻的语言

比喻的语言是文学作品尤其是诗歌中的一大特色，它可使抽象的事理意深境远，读来耐人寻味。比喻的语言即语言的比喻性用法，也就是为达到一定的修辞效果，用比喻的方式来使用语言。常见的比喻手法有明喻、暗喻、提喻、转喻、拟人、双关等。（桑巴罗和瓦伦，1998）

（3）押韵、拟声、节奏与格律

诗歌是语言的艺术。它有着独特的语音及重音与格律模式。节奏、格律和一系列的语音变化是一首好诗的重要组成部分。

诗歌语言为什么会有这些特点呢？桑巴罗和瓦伦（1998）进行了如下总结。

1）为了形成美学的乐趣。押韵是通过语流中相同音素的重复和组合来造成共鸣和呼应的。音韵的组合不仅是赋予诗歌以音乐美的文学语言技巧，也是诗歌渲染气氛、抒发感情的一种手段。语音与格律模式从本质上看与音乐一样，其目的是使人愉悦。所以说诗歌是"带有音乐性的思想"。从早期的英语作家乔叟开始，到当代的英语诗人，诗歌的格律、韵式虽有变化，但作为诗歌灵魂的音乐性，从来就没有间断过。英国批评家佩特说："一切艺术都以逼近音乐为旨归"；克罗齐也说："一切艺术都是音乐"。大多数人都由于诗的语句具有节奏性、韵律性而欣赏诗歌，儿童似乎正因为这一特点而喜欢诗歌。

2）为了遵循某种规约、文体、形式。正如服饰和建筑一样，诗歌也有其流行风格。不同的语音模式会在不同的时代广为流行。所以诗人所处的时代对于他所选择的诗歌形式有着极大的影响。

3）为了革新某一传统的诗歌形式。通过革新，诗人向传统所认可的诗歌语言形式提出质疑和挑战，同时也创造出一种新的诗歌形式。比如：乔叟在他的《坎特伯雷故事集》里用10音节双韵诗体写作，后来这种诗体演变成英诗中最为流行的"英雄双行体"。在这以后又出现了各种诗歌格律，包括：雪莱《西风颂》所用的"三行体"（Tercet）、"四行体"（Quatrain）、"斯宾塞九行体"（Spenserian stanza）和"十四行诗"（Sonnet），济慈喜用的"颂歌体"（Ode）以及现当代英语诗歌中的自由诗,这些都充分表明了诗歌语言形式的革新与发展。

4) 为了展示诗歌语言的运用技巧并享受知识的乐趣。诗人能够从形式与意义的完美组合中获得极大的满足。

5) 为了在诗行中产生强调或对比的效果。使用某些格律模式(比如缓慢的"扬扬格")或者在规则的模式中突然加入变化,都会引起读者的特别注意。

6) 为了模仿自然界的声音。在诗歌中,音和意建立联系的一种方式是拟声(onomatopoeia)。当诗行的节奏或语音刻意模仿所描述事物的声音时,就产生了拟声。所谓拟声,就是模仿事物发出的音响,以听觉形象来表现世界,引发不同的联想。(刘世生 2002)

6.3 诗歌的文本分析

里奇从前景化角度出发,认为以下几种方法有助于分析诗歌文体:当词汇层面出现前景化时,可采用形态分析法分析词的新组合;当句法层面出现前景化时,可利用词类(如名词、动词、形容词等)知识分析变异的或标记性的词序或句法组合;还可以寻找不同类型的短语(如名词短语、动词短语等)组合模式,这种模式往往使语言更趋于文学化;从语言"日常的"、非文学的用法中辨认出"变异的"、"标记性的"或文学性的结构;对于难以入手的语篇,可采用改写原文的方法,把原文的正式或非正式程度以及它对读者的感染力同改写后的文本进行对比分析,分析语境和背景知识对理解文本的作用;比较本体语言和喻体语言之异同,等等。

威多森(Widdowson, 1992)在《实用文体学》中,从诗歌教学的角度,以多首英美短诗作为分析的实例,提出了不下十种可供参考的诗歌分析方法:例如复原一首诗行被打乱的诗;用完形填空完成诗文;比较改写的诗歌与原作;比较诗歌与散文描写的异同;把散文改写成诗并进行对比;比较各种诗歌的不同风格等。他的分析既有理论的深度,又有一定的可操作性。

对诗歌的文体进行分析,主要从诗歌的相关信息与诗歌本身的结构形式两大方面着手。相关信息包括题目、作者、写作年代、体裁(如史诗、抒情诗、十四行诗、挽歌等)、题材(如爱情、战争、自然风物等)。刘世生(2002:195—96)总结了诗歌文本分析的七种方法:

1) 总体布局。诗节中的诗行长度是相等还是不等?
2) 诗行数目。全诗有多少行?
3) 诗行长度。数一下诗行中有多少音节。音节的长度是有规则的吗?
4) 格律规则。哪些音节重读?重读音节之间的非重读音节数目相等吗?每行有多少音步(重读音节)?指出音步的类型和每行的音步数目,或者指明不规则的格律模式。一首诗可能无韵,而且偶尔会使用特别的格律模式以达到强调或拟声效果。
5) 尾韵。如果有尾韵,将之标出。可借助参考书弄清楚该诗的格律和尾韵是否与某一诗歌类型相符(例如,歌谣或十四行诗)。
6) 语音模式的其他形式,如元音韵、辅音韵、头韵、头尾韵、倒押韵、重复韵,等等。
7) 参照上面列出的建议,可点评这些结构形式在诗中产生的效果。还应查找语言的字面用义和比喻意义、句法及标点符号的特殊用法、互文性参照、语域等。

7. 什么是小说文体学?

小说文体学是文学文体学的一个分支,它使用现代语言学的理论,借鉴了文学批评方法及文论思想,还吸纳了叙述学的方法,对小说中的语言现象进行分析,从而更好地阐释小说的主题思想、人物性格、言语和思想表达形式、情节设置、环境描写以及美学价值等。

里奇和肖特在合作出版的《小说中的文体》(Leech and Short 1981)一书中指出了研究小说文体学的难度:一方面小说文本普遍很长,对宏观作品的语言技巧进行推敲,远比推敲一首诗歌的语言困难;而如果选取其中一段或几段,选取标准又是个问题。另一方面就是对小说风格的研究还没有形成理论。在上述著作中,里奇与肖特很好地解决了这两方面的问题。他们首先在理论上探讨了小说中文体与内容的关系、变异与文学相关性;他们融合了现代语言学、叙事学以及文学批评的有关知识研究出小说语言风格的考察方法及其在展现小说世界与现实的关系、人物思维风格(mind style)中所起的作用;同时还研究了叙事角度和话语与思想的表达形式。他们的研究使对小说风格的考察具有了理论依据。对于选材问题,里奇和肖特给出了选取典型句子或段落的例证。作者首先提出了一个进行文体分析所需的语言学项目总览,然后把这些项目应用在具体例证中。例如,在分析曼斯菲尔德(K. Mansfield)的短篇小说"一杯茶"(A Cup of Tea)时,里奇和肖特只选取了这篇小说前面部分中一个只含有七个单词的句子进行分析:The discreet door shut with a click. 为了深入分析此句在语义层、句法层、语相层、语音层上的特点,作者分别给出了十种改写后的参照句:

The discreet door shut with a bang.

She rushed from the shop, hat in hand.

The discreet door closed with a click.

There was a click as the discreet door shut.

The discreet door was shut with a click.

The door discreetly shut with a click.

With a click the discreet door shut.

The discreet door clicked shut.

The discreet door shut — with a click.

With a click, the discreet door shut.

这种对比分析充分说明小说的句子中"discreet","shut","click"等每一个词的使用都是最贴切的,都是用来反映店员在服务时对女主人公的恭敬与小心;句法和语相上的任何改变也都会破坏旨在表现店员悄无声息服务的信息;而语音上也起到了与主题一致的音响效果。总之通过这段分析作者淋漓尽致地展现了这个句子在刻画女主人公这个被娇宠惯了的角色的特点时所起的作用。虽然只是一句话,却在全文主题表达上起到了至关重要的作用。再如,作者分析了小说《声音与喧器》(*Sound and Fury*)中 Benjy 的极端不正常的思维风格(mind style)。里奇和肖特选取了小说开头 Benjy 观看高尔夫的一段，并从总体结构、词汇、句法、语篇连接上考察了选段的语言，发现选段中词汇与句法极其简单，还存在大量词汇重复现象，可其中没有任何关于高尔夫运动的专用语言，也没有表现上下文关系的连贯性词汇。这些语言特点展现出 Benjy 极其原始、类似儿童的思维风格。

在选材方法和对一种语言学模式的应用上，韩礼德的论文"语言功能与文学文体：威廉·戈尔丁的小说《继承者》探析(Linguistic Function and Literary Style: An Inquiry into the Language of William Golding's *The Inheritors*)"是一篇重要作品。在这篇论文中，韩礼德运用功能语法中概念功能的及物性系统考察了威廉·戈尔丁的小说《继承者》的文体特点。韩礼德从《继承者》中选取了三段：第一段选自作品的前部，描写落后种族尼安德特人的主要人物洛克躲在树丛中观察较为先进的种族智人的一举一动。此选段中使用了大量不及物过程以及身体的某一部位或无生命之物充当主语的过程；并且多数句子只有一个参与者即主语，而没有宾语或补足语。这构成了韩礼德在论文中所定义的"突出"句法模型，反映出尼安德特人观看世界的特定眼光，从而折射出他们在环境中处于被动地位而没有能力作用于周围物体的特点。与此形成鲜明对照的是第三选段，这一段摘自小说的最后一部分，描写智人观察世界的眼光。在第三选段中，大多数小句都由人来充当主语，这些小句有半数以上是动作过程，而这些动作过程又大多是及物的，这反映出智人对周围环境的认识能力及施加影响的能力。智人的这种能力已与我们现代人相去不远。第二选段摘自前面两种眼光的转折部分。在语言的及物性特点上，第二选段前面的部分更接近于第一选段，后面的部分更接近于第三选段，第二选段的语言特点恰恰反映了两种眼光的转折。这篇论文成为应用功能语言学分析文学作品的经典之作。

费什在题为"What Is Stylistics and Why Are They Saying Such Terrible Things about It"的论文中批评了韩礼德在上文中的分析方法。费什认为，韩礼德这位功能主义文体学家如很多形式主义文体学家一样,都急于把作品中的句法特征与某种固定的意义联系起来。他评论到:"韩礼德在分析时,先把文本的各部分拆开并冠以各种名称,然后又按原来的形式把它们重新组合起来。这个过程既复杂又繁冗,但批评家实际上一无所获。"他认为,文体学家应该关注描写过程,因为描写行为本身就是阐释。他强调读者阅读过程的重要性,并开创了感受文体学流派。刘世生在《西方文体学论纲》(1998)一书中考察了功能语言学分析在不同小说中的应用效果,发现功能语言学更适于分析展现矛盾双方权力关系的小说,而不太适用于分析没有行动或事件的心理活动的小说。他进而提出了社会符号・语言语义・文学心理的文体学分析模式。

关于应用多种语言学手段进行分析的做法,福勒的研究可供参考。福勒在《语言学与小说》(*Linguistics and Novel*)(Fowler 1977)中提出,作者的技巧归根结底是语言的技巧(Fowler 1977: 3)。在此书中,他分析小说的语言时分别应用了转换生成语法、功能语言学、社会语言学的有关理论以及结构主义文论、读者反映批评、叙述学中的思想。另外,在"Polyphony in *Hard Times*"(Fowler 1989)一文中,福勒把巴赫金的理论、韩礼德的功能语法、伯恩斯特恩的社会语言学思想结合起来,分析狄更斯的《艰难时世》。福勒将《艰难时世》中人物的语言特色分为个人性语言、社会性语言、对话性语言,而这三方面在小说中是混杂出现的。例如在Bounderby与Stephen的一段对话中,当涉及道德问题时,Stephen义正词严,一反自己平常温和而简朴的个人性语言风格,转而使用辞藻华丽、句法复杂的语言,从而展现了小说语言的杂语性。福勒认为狄更斯在文体上的成功之处在于小说针对不同人物的语言特点以及同一人物在不同场合下的语言特点所设置的杂语性。

申丹总结了小说文体学常用的几种分析模式。(1998:88—90)第一种为"逐层推进法",即选择作品中有代表性的一段,然后分词汇、语法、修辞方法、句间照应和语境等不同层次进行分析。这种方法源于里奇和肖特在《小说中的文体》(1981:75—110)一书中列举的四个层次:词汇层、语法层、修辞层以及衔接和语境层。在词汇层考察如下内容:

词汇的繁或简、正式抑或口语化;名词是抽象还是具体;形容词出现的频率等。在语法层则细分了九个种类,包括句式特征、句子的复杂程度、分句的类型、分句的结构特征、名词短语特征、动词短语特征、其他类型的短语特征、词性等等。在修辞层细分了三个种类,即语法与词汇方面的修辞、语音方面的修辞、比喻。里奇和肖特以康拉德的《秘密分享者》、劳伦斯的《菊花的气味》以及杰姆斯的《学生》中的三个选段为例,利用所给出的范畴进行了逐层推进式分析,读来令人信服,这种方法也是初学者易于掌握的。

第二种分析模式为"逐句推进法",即选择作品中较为典型的一段,逐句对其进行分析。有的文体学家先变换原文的词句,拿出一个与原文内容相同但表达形式相异的对照版,然后对两者进行比较分析,探讨作者所选择的特定表达法的审美意义。这种方法顺应读者的阅读过程,但不利于系统地运用语言学工具。现在,这种方法也被广泛应用于对一个作品不同译本的对比研究之中。

第三种模式为"段落比较法",即选择作品中的几个不同段落进行比较分析,探讨不同文体特征在不同段落中的特定主题意义以及它们之间的相互关系。前面提到的韩礼德的论文中的方法即属于这种。

还有一种为"全文追踪法",即在全文范围内集中研究某一或某些持续出现的文体模式或文体特征,如贯穿作品的某些句法结构、某些修辞手段或人物话语的某些特定表达方式。现在这种方法又与统计文体学结合在了一起。

刘世生与朱瑞青在合编的《文体学概论》一书中总结了小说文体学的分析方法:① 词汇模式(字词用法);② 语法组织模式;③ 语篇组织模式(语篇组织的单位,从句子到段落以及段落以上的单位是如何安排的);④ 前景化特征,包括修辞手法;⑤ 是否能辨别出风格变异的模式;⑥ 多种类型的话语模式,如话轮替换或推论模式;⑦ 叙述视角模式;⑧ 话语表述模式,⑨ 思想表述模式;⑩ 作家的风格;⑪ 作品的风格;等等。(2006:275)

8. 什么是戏剧文体学？

8.1 戏剧文体及其分析方法

戏剧有两种存在方式,即文本方式和舞台方式。文体学家所致力的戏剧研究,研究对象是纸上的文本。文本是不会变化的。他可以轻易地将页面翻回到先前的一幕,比较该剧不同部分的言语,或者拿另一个剧本来比较不同的戏剧。戏剧舞台上的现场表演则是一闪而过的。如果当时漫不经心,只听到了一部分言语,那么,另一部分是不可能在同一时间和地点再次听到的。然而这并不是说分析舞台上的表演永远是不可能的,尤其是现在我们已经具有录制戏剧表演的技术与手段。

对戏剧文本的书面语言或者戏剧舞台表演的口头语言进行分析研究的学问谓之戏剧文体学。本书探讨的是戏剧文本的书面语言。

8.2 戏剧语言的三大特点

根据桑巴罗和瓦伦(1998)的总结,戏剧语言同时具有诗歌、小说、对话等三大特点,具体如下。

1) 诗歌特点 戏剧具有诗歌的特点。语音和格律也与戏剧语言密切相关,因此,前面已经讨论过的应用于诗歌的一切与语音模式、格律、句法和比喻语言有关的方面,都可能适合分析戏剧的语言。

2) 小说特点 戏剧还具有小说的特点。小说中的两大要素,即人物和情节,在戏剧中也同样重要。因此可以使用小说分析的方法分析戏剧的人物和情节。同样,前面描述的小说分析的一些方法也可用来分析戏剧的语言。然而有一点使戏剧在根本上又不同于小说,那就是戏剧通常缺少叙述者,这种欠缺使小说很难成功地改编成戏剧。

3) 对话特点 戏剧更具有对话的特点。戏剧之不同于诗歌和小说,一个至关重要的方面是其对口头语言相互作用的突出应用,以及通过人物所说的话语来构建和协商人际关系的方式方法。这正是语言学真正显示其重要性的地方,因为关于对话的分析已经有了大量的研究。语言学方法,尤其是语篇分析的技巧,可帮助我们分析戏剧中人物之间的话语轮换。

8.3 戏剧语言分析的理论与方法

许多语言学理论模式可用于戏剧语言的分析,例如,① 话轮的数量和长度(turn quantity and length),② 话语交换序列(exchange sequence)、毗邻应对(adjacency pair)与会话分析(conversation analysis),③ 产出错误(production errors),④ 合作原则(cooperative principles),⑤ 言语行为(speech acts),⑥ 前提理论(presupposition theory),⑦ 语言标记身份(status marked through language),⑧ 语域(register),⑨ 言语与沉默——戏剧中的女性人物(speech and silence — female characters in plays),等等。总结起来,具体的分析方法如下。

1) 解释文本(paraphrase the text),即将文本的语言转换成自己的语言。这可能是一个比较粗略的方法,但它可以确保你对文本的基本理解是正确的。这是一个检测生疏词汇或语法结构的机会,也可以检测每个人物是如何对戏剧情节的完善起作用的。尽管你的解释试图尽量接近原文内容,但可能仍会有存在歧义或不同解释的地方。你应该尽量注意这些地方,或许通过不同的释义能够表明多种理解的可能性。

2) 给文本写个评论。这为你解释你所分析的节选部分在整个戏剧语境中的重要性提供了场所:你分析的节选部分是如何促使情节发展和人物成长的? 这一方法也能检查出文本中的文学暗指与多重意义;正是暗指与多重意义造成了文本有多种理解的可能性。

3) 选一种理论方法(或许是上面讨论过的)对文本进行分析。此方法有一定的局限性,在此你应用一种理论模式从一个具体的观点出发来考虑文本。这需要非常全面和细致,而且你所选择的方法是否恰当也很可能值得商榷。应用一种理论模式来分析文本可能使你感觉学到的新东西很少,或者学了很多。对大多数学生来讲,这种方法比解释的方法或者评论的方法要难一些。(刘世生,朱瑞青 2006/2011:275—277)

三、社会生活：普通文体与普通文体学

9. 什么是广告文体学？

对旨在介绍产品的语言进行文体分析的研究谓之广告文体学。这里从广告的定义和分类、广告的文体特征两个方面对广告文体学进行介绍。在介绍文体特征时，又分别从广告特有的语相、词汇、句法、语义修辞等四个方面进行介绍。

9.1 广告的定义和分类

广告是向公众介绍商品、报道服务内容和文娱节目等的一种宣传方式。广告的对象是广大消费者，是整个公众；广告传达一定的信息，其信息内容可以是有关商品的，也可以是有关服务的；广告通过一定的媒介传播，多数通过报纸、杂志、电视、电台等，也可用邮寄、传单等形式。按广告发布者的目的分类，广告可分为商业广告和公益广告。商业广告是特定组织和个人为了达到一定的目的而发起的，大多数是为了促进商品的销售或劳务输出以取得利润，但同时又需支付一定的广告费用。公益广告旨在向公众宣传一些有益的理念或信息，它既不是为获取利润，也不需支付广告费用。按媒介分类广告可分为报纸广告、电视广告和广播广告等。

9.2 广告的文体特征

1）语相特征

广告需要在很短的时间内抓住读者的注意力。因此，广告不但需

要具有视觉冲击,而且同时能够突出重点信息,从而做到成功推销自己的产品。广告的语相特征主要包括以下三个方面:

(1) 充分运用书写对比,以达到吸引读者、突出重要信息的目的。比如,广告标题的字号往往比正文的大很多,字体也往往会和正文有所区别;产品的名称或服务的提供者也会以醒目的方式在广告中重复出现。

(2) 醒目的插图。插图是广告最吸引人的部分,通常在整个广告中占很大的比例。插图的内容多为所宣传的商品或服务,有时还会是潜在客户的形象。

(3) 醒目标明产品或服务的提供者。产品或服务提供者的名称或标志通常会出现在广告语篇的结尾,作为整个语篇的新信息出现,从而加深读者对产品或服务提供者的印象。

2) 词汇特征

广告语言的主要词汇特征包括:正面的评价性语言和表达方式的大量使用,人称代词的使用,大量使用新造词和模棱两可词的使用。

(1)正面的评价性词语和表达方式的使用。广告语言的目的都是劝说对方购买产品,因此在使用词汇时喜欢用一些正面评价的词汇,比如 easy, right, abundant, renewable, natural, smart, close, efficient, new, beautiful, super, amazing, wonderful, top, first-rate 等等。在不同产品中,又有一些各自常用的形容词。在化妆品广告中常用的有 soft, silky, fragrant 等,食品广告中往往会出现 delicious, juicy, tender 等词。例如:

Introducing *new* Kodak Royal Gold Film

Superb Scotch whisky

Incredible sale:*beautiful*, *beautiful*, *beautiful* lynx and mink, *top* quality, latest style fur garment.

广告在使用形容词时往往使用其最高级形式或者以其他形式标明自己是最佳选择,如:

Along the way, you will enjoy the *warmest most personal* service.

由于广告法规定,广告不能直接贬低同类产品来抬高自己,因此广告在使用比较级时不能直接跟其他产品比较,因此很多产品采用无限制的比较级来抬高自己的产品。如:

Smart Touch-XL was designed to *shave more* with each stroke.

此外,广告语中的这些正面修饰语往往堆砌在表示产品的名词前面,作为名词的前置修饰语出现,如在一则 Dodge 汽车的广告中就出现了许多这样的词组:

v-6 or V8 gasoline-powered engines

new sequential multipoint fuel injection

the mighty Cummins Turbo Diesel

new charge-air cooling

our 7 year/70000 mile powertrain warranty

(2) 人称代词的使用

人称代词的使用在广告中也是非常重要的。许多广告中都是以第一人称指广告商,第二人称指消费者,第三人称指消费者熟悉、敬仰或喜爱的人或物。这样形成的对话模式比较容易拉近广告商和消费者的距离,使消费者放松戒备。在很多情况下,广告中会出现复数第一人称代词 we,指广告商和消费者本人。这种变化能缩短广告商和消费者之间的距离,增加广告的信誉度和消费者的参与感。比如,在一则剃须刀广告中:

Make *your* morning shake more efficient.

在一则戒指广告中,第三人称指消费者的爱人:

Real gold.

Slip it on *her* fingers and *she*'ll know what's in your heart.

(3) 新词的大量使用

广告的一个引人注目之处在于新词层出不穷。新词已经成为广告语言最为重要的一个特色。创造新词的主要手段有:派生、复合、转化、缩略、拟声等。

派生的方法在广告中非常常见,广告中经常出现以 super-、uni- 等前缀开头表示"超级"、"独特"等意思的词,比如减肥食品广告中的 superslim。一些广告中还使用了 superfine、superfit 等。

复合组词的方式也非常灵活,通常能以简洁的方式表达丰富的含义,比如:

Get great pictures from easy-to-use, and easy-to-afford 35mm cameras.

It will give you that oh-so-good-to-be-alive feeling.

诸如 pollution-free、brand-new、all-in-one、honest-to-goods、easy-to-stash、rain-and-stain、better-than-leather-miracle covering 等也属于复合构词。这些词在语言中多做前置修饰语,对产品性能的描述更加集中,更容易为消费者接触。

转化是指把原有的词直接转化成为其他词形的词,例如:

Food the way it used to taste.

I chocolate you!

第一句中的 food 从名词转化成了动词,第二句中的 chocolate 是手机的品牌,在这里也转化成了动词。中文广告中也有类似的例子,如"克力策干啤,很德国,很德国"中名词"德国"作为形容词使用。词类转化使广告的语言更加生动、准确、简洁、明了。

广告中用缩略法造词的情况也很多,首字母缩略、截短或者拼缀情况都有。比如,一些商品的名字就是以缩略的形式出现的,如 Windex(窗户清洁剂)、Kleenex(面巾纸)、Rolex(手表)等词就是以拼缀的方式产生的。ex 容易引起人们对 excellent 的联想,暗示该产品质量上乘。

(4) 模棱两可词的使用

模棱两可的词是指词义模糊、往往误导消费者思维的一些词,常见的有 help、virtually、like、feel 等等。如:

Natural fiber could help fight diabetes ... can be used to help prevent diabetes.

help 的意思是"帮助"而不是阻止、治愈,因此,广告中使用 help 的意思是这些产品只能"帮助抵抗糖尿病"、"帮助预防糖尿病",因此这些商品是否能真正治愈糖尿病,在这则广告中并没有提到。

类似的词还有 virtually, like, the feel of, the look of 等等。这些词的意思是"几乎但不全是","好像","具有……的感觉","具有……的样子",如:

It is virtually trouble-free.

virtually trouble-free 意为"几乎不会有任何麻烦",也就是并不能完全避免麻烦的出现。广告中经常会使用这些模棱两可的词,这既能给人以错觉,又能避免落下"撒谎"的口实。

3) 句法特征

广告语的句法一般比较简单。多采用简单句、祈使句、省略句以及疑问句。优秀的广告语无不以简短洗练著称,如:

I am loving it. (麦当劳广告语)

The taste is great. (雀巢咖啡广告语)

广告英语属于"劝说式语言",因此祈使句的使用在广告语中也比较常见,可以激起人们立即行动购买商品的兴趣,如:

Just do it. (Nike 广告语)

Come to where the flavor is. (万宝路香烟广告)

省略句结构简单,使语言果断、有力和自然,能使广告在有限的语言里传达尽可能多的信息,在广告语中十分常见。如:

Connecting people. (诺基亚广告)

疑问句在广告语中的比例也很高,其特点是浅显、随意、简练、口语色彩浓厚,有极强的表现力和浓郁的生活气息,能引起读者的思考与共鸣,从而突出商品的某些特征,引起读者的注意。如在一则打字机广告中,介绍该产品独特的自动拼写功能和复印功能的段落就是以疑问句开头的:

What happens when you're typing and you come to word you can't spell?

From time to time you want a copy of what you've typed, right?

这些疑问句针对消费者使用同类产品时遇到的问题进行提问,引起消费者的思考,从而更加突出了自己产品的优势。此外,这些问句的口语化特征也拉近了广告商与消费者的距离。

4) 语义修辞特征

广告语言要独具一格、引人注意,就必须增强语言的艺术性和感染力。因此广告语言往往大量使用修辞手段。广告中常用的修辞手段有比喻、双关、夸张、头韵、拟人和仿词等。比喻可以给人耳目一新的感觉,在人的心中留下深刻的印象。例如,下面一则童鞋广告:

As soft as mother's hand.

双关语的运用机智幽默、引人深思,如下面一则夏普电器的广告中,"sharp"既是产品的名称,又表明了产品的特性。

From Sharp minds, come sharp products.

夸张的修辞手法可以给人鼓舞力和感染力,如下面的广告:

Take Toshiba, take the world.

Where there is a way, there is a Toyota.

拟人的修辞手法会赋予产品人的性格,使产品显得更加人性化,更具亲和力,如下面的丰田汽车广告:

Poetry in motion, dancing close to me.

头韵和押韵的修辞手段可以使广告词朗朗上口,更容易为消费者记忆。如下面一则旅馆广告就运用了头韵的修辞手法:

*S*ea, *s*un, *s*and, *s*eclusion — and *S*pain!

You can have all these — at a price that is hard to believe — when you visit the Hotel Caliente, Barcelona.

下面两则广告则运用了押韵的手法：

The taste is great.（雀巢咖啡）

We integrate, you communicate.（三菱电器）

仿词是对人们熟知的词汇、短语或习语的模仿。比如前面提到的"where there is a way, there is a Toyota."就是对英语习语"where there is a will, there is a way."的模仿。飞利浦品牌的广告"Sense and Simplicity"就是对 Jane Austin 的小说《理智与情感》名称 Sense and Sensibility 的成功模仿。仿词的使用不但使广告语显得幽默机智，更能令读到它的人长久地记住相关产品。

10. 什么是计算文体学？

10.1 定义

计算文体学（computational stylistics）是在传统文本分析理论的指导下，利用计算机的方法，通过软件对各个语言层面的语言现象进行的统计和描述，旨在分析其出现频率、分布规律和语境特征，归纳出与文本主题意义有关的语言特征以及文本的文体特点（孙爱珍 2008：24）。计算文体学的目标是为文本分析提供数据的支持，弥补传统分析在数据统计方面的不足，从而归纳出作品整体的文学色彩和写作风格。与计算文体学这一概念有关的一些术语有：统计文体学、计量文体学、文体测量学、计算语言学、语料库语言学等。

统计文体学（statistical stylistics）运用统计学的原理来研究文体学问题，主要是利用对文本中的词汇、语法结构的频次统计分析来确定文本的特点（王建新 2005：186）；其偏重于统计的文体分析方法，分析家希望通过机器快速、全面地找出文体标记。

计量文体学/文体测量学（stylometry/stylometrics）通过对某时期或

某作家的作品惯用的表达特征做客观的定量统计,来判断语篇的统一性、作者的身份和语篇产生的年代(刘世生,朱瑞春 2006:69)。

计算语言学(computational linguistics)通过建立形式化的数学模型来分析、处理自然语言,并在计算机上用程序来实现分析和处理的过程,从而达到以机器来模拟人的全部或部分语言能力的目的(俞士汶等 2003);其研究是探索如何用计算机把各种语言学理论付诸实践,从而为人工智能的研究提供语言学方面的应用技术,初级机器翻译和计算机文体学是其主要应用领域。

语料库语言学(corpus linguistics)是一门与语料库直接有关的语言学科。语料库是载有语言信息的大量语言资料的集合。语料库中的语料可以是为了特定目的而收集的语言资料(如对讲母语的发音合作人的采访记录,也可以是某一特定范围的书面材料,如中古英语语料),也可以是为了一般语言研究的目的而收集的语言资料(如自然会话的转写资料和报纸、杂志、书籍的文字资料)。

经常刊登统计文体学方面的文章的期刊主要有 *Computers and the Humanities*, *Style*, *Language and Style*, *Literary and Linguistic Computing*, *Computer Studies in the Humanities* 等。

10.2　计算文体学的发展阶段

对文本进行量化分析已经有很长的历史,根据 Schreibman(2003)的研究,按时间划分,有四个阶段。

1) **开始阶段**:1949 年到 70 年代初期,意大利教士 Robert Busa 开始了一件开创性的工作:对 St Thomas Aquinas 作品中的 1000 多万词汇做了索引表,到 1974 年发表第一期成果。60 年代,有些研究者开始尝试利用搭配索引(concordance)做研究,欧洲学界开始设置计算部门,主要辅助词典的编撰工作。这一时期的量化计算工作主要集中在文体和作者身份研究方面。

2) **融合阶段**:20 世纪 70 年代到 80 年代中期,电子文本大量出现,相关研究项目得到设立。这一时期,除了计算机和人文学科协会(Computers and the Humanities)和相关杂志相继涌现之外,研究中心也纷纷创办,设立了有关人文学科计算的课程。处理技术也在发展,主要是从磁盘到光盘的飞跃。很多利用索引系统进行词汇研究的论文得以发表。但是新的有开创性的技术还没有得到开发,也缺乏相应的测试技术。这一时期,学术界对人文学科中以计算机为基础的研究工作尚未给予足够的重视。

3) **发展阶段**:20世纪80年代中期到90年代早期,个人计算机和电子信件得到进一步发展。从技术发展来看,80年代末,以DOS为基础的三个分析软件出现:Word-Cruncher,TACT和MicroOp。1987年11月在Nancy Ide召开的学术会议倡导研究对人文文本的标注,探讨建立一个标准附码系统的可能性。1986年出现了Standard Generalized Markup Language(SGML),后来出现了Text Encoding Initiative(TEI),两者成为文本标注的指导性系统(Guidelines for Electronic Text Encoding and Interchange)。

4) 互联网时代:20世纪90年代早期至今。90年代最突出的影响来自国际互联网,电子资源持续进入人文计算的理论研究领域,使得人文计算的研究范围得以不断地扩大。相关的学科设立也在表明更大的学术领域在接受人文计算。很多大学提供了涉及人文学科理论的应用计算课程,计算文体学应运而生。

计算文体学的发展经历了传统意义上的统计方法,后来利用计算机进行的文体测量,目前通过加标,把人的理解符号化,而后对这些经过人工定义的语言现象进行统计从而发现规律。

10.3 应用研究

根据文本处理的技术分类,目前计算文体学的发展主要表现在三个方面:作者身份鉴定、文本分类、语义计算。

1) 作者身份鉴定

计算文体学注重对文体特征的研究和描述,早期研究见于20世纪50/60年代,主要被用来确定文学作品的归属、确定作品的写作时间等,还曾用于解决法律问题,如确定合同、遗嘱或匿名信的作者等(杨惠中 2002:153)。通过对犯罪嫌疑人的写作文本和法律文本证据的词长、短语长度、句子长度、高频词汇等写作习惯的匹配,确定法律文本,以证明作者身份,从而协助确定犯罪者(Chaski 2005)。

作者身份鉴定(Authorship Attribution)的研究方法主要有 Newcastle 大学的 John Burrows 教授的 Delta 分析技术(Burrow 2002, Hoover 2001, 2002, 2003a, 2003b, 2004a, 2004b)。其主要理论依据是,选择某位作家的作品中出现频率最高的 80—150 个文体标记,多为边缘性词汇,包括功能词、非主题名词或动词等,计算出每个高频词的 Z 值(z-score),然后,对要鉴别的文章进行匹配性计算,各项 Z 值达到一定的总值,就可判定该文章的作者就是这位作家。

Burrow 还用此方法对 Jane Austen 的小说进行研究,主要利用对比小说人物对话和叙述中的情态动词(modal auxiliary verbs)的频率,揭示其所表现出的意义和价值观。

Mannion 和 Dixon(2004)利用 Oliver Goldsmith 的 16 篇文章作为样本,统计出平均句子长度,而后据此对 10 篇疑似(doubtful)文章进行鉴定,认定四篇肯定不是,两篇为可能是,四篇为确定是。结果表明 4 篇认定是 Goldsmith 的作品的结论是正确的。

Yule(Gisela & Vogel 2003;桂诗春 2002:134)提出一种 K 特征,企图寻找一个不受样本数影响的、表示类型(type)和标型(token)关系的统计量。Yule 自己认为这是一个词汇分布的统计常量,说明词汇的集中程度(density)。后来也有人提出,测定词汇的密度还可以用别的方法,比如利用测定特定词汇在所有所用词汇中的类型/标型(type-token)比率;而 Holms 认为这些技术是不可靠的,很大程度上受所选文本的性质和长度影响(转引自桂诗春 2002:133)。

Mosteller 和 Wallace(1964)利用对高频词的概率分析,例如 while, whilst, commonly, innovation, war, by, from, upon 等,测定出当时有预谋的 12 篇匿名的"联邦主义者"文件作者是美国第四任总统 Madison,而不是政治家 Hamilton,这在当时是很著名的一个事件。这些高频词汇多是功能词汇,写作者在写作过程中无意识地使用这些词汇,从而被认为是有效的写作习惯标记。

捷泽等学者通过对句子平均长度、词类、句子不同位置、词类状况、句子结构等进行分析,最终发现《静静的顿河》的真正作者是俄国作家肖洛霍夫,而不是哥萨克作家克留柯夫。

贝辛斯托克学院的历史学家汤·梅里安对剧本《汤玛斯·摩尔》之书经过一年的电脑分析后认为,原署名者"安东尼·文迪"只不过是个抄写者,而"莎士比亚"才是真正的作者。

1980年6月美国威斯康星大学陈炳藻在首届国际《红楼梦》研讨会上揭示出《红楼梦》前80回和后40回的用词特点,认为两者风格一致,从而得出了120回均系曹雪芹一人所做的结论。这一发现震惊了红学界。

2003年金明哲先生给日本警视厅鉴别了作为唯一破案线索的文书的作者,从而侦破了一起故意杀人案件。

2) 文体鉴别

文体鉴别(style checker)多用于鉴别语篇的文体类别以及大规模文档的分类和归档。成功的方法当属 Biber 的多维度/特征模式(Multi-dimentional, multi-feature, Md/MF)(Biber 1998, Xiao & McEnery 2005,杨惠中 2002:251—253)。该模型从多个维度上对某文本的特征进行描述。每个维度都包含一组在篇章中频繁共现或互斥的语言项目。其特点在于它强调从多个维度描述语体差异,强调维度的连续性,而且维度是通过经验的方法而非想当然地确定的。例如,对科技文章、对话、小组讨论的文体鉴别时,通过该模型的维度分析,得出科技文章和小组讨论在被动/名词化维度上有共同点,而在第一、二人称代词/缩略形式维度上,小组讨论与对话很相似。Biber 对六个维度都做了分析和定义,每个维度都包含一组独特的语言项目。该模型曾在口语/书面语以外的其他研究中被多次使用,并取得成功,证明其对同类的对比研究来说是一种行之有效的模型,研究单位是不同类别的语言现象,例如第三人称、被动形式、口语化特征等等。但是对那些语篇内部有着多种文体的文章,这种方法就有些捉襟见肘。

Argamon, Chase 和 Dodick (2005)在研究中采用的语料是 2003 年

六个学科中 12 家杂志的评论性文章,选取的 546 个功能词汇来自于信息检索系统 AIRE 的 stop-word(索引停用词)词汇表。得出的结论是实验科学文章类结论倾向于可能性的判断(readiness, possibility),而历史科学文章类倾向必然性的结论(obligation, necessity)。

有些技术利用文本中的某些词汇或短语(所谓的文体标记)的频率与标准对比来确定文本的文体类别,但是对结果的阐释需要人工来进行。

Gijsel 和 Vogel (2003) 通过对一元字母单位和二元字母单位 (letter unigrams and letter bigrams)的统计对右翼党派的政论文体的发展变化进行研究。研究目的是想证明完全的计算分析(computerized analysis),特别是不涉及内容分析的计算分析,就能够找到所研究对象的意义。采用的技术是作者身份测定技术(Authorship Identification Techniques, AID)。

张亚敏(2001)对《华盛顿邮报》前置修饰语现象进行了研究,认为新闻语言较多地使用前置修饰语,起到了浓缩信息和节省时间的作用。

也通过统计不同时代作品语言使用上的特点研究语言的变迁。国外曾经有人对 20 位德语作者的 22 部著作的平均词长和平均句长进行过计算,发现了德语书面语言的句子有变短的趋势。

Whitelaw 和 Argamon (2004)认为到目前为止计算文体学的研究都局限在文体标记的研究上,尽管出现的技术不少,如 RightWriter, CRITIQUE,但都没有涉及文体的用语和问题分析规则。他们研制的 STYLISTIQUE 和 PAULINE 两种技术都致力于理解文体特点,从而更好地服务于机器翻译和文本生成。

3) 语义计算

在语义计算这一领域,计算文体学家尝试把有关语义分析方面牵涉到的因素进行符号化,努力以计算的方式实现大规模的自动辨析语篇语义的机制,也在努力进入文学文体的自动分析和欣赏,如若实现,将对人工智能的发展有很大的促进作用。

Semino 和 Short 在 2004 年出版了《语料库文体学》(*Corpus*

Stylistics),该书详细论述了利用语料库和计算的手段验证 Leech/Short 叙述模式(Leech & Short 2001:318)用于多种文体分析的可行性。

有些文体分析家们编写了软件,试图实现意义的计算。比如,词汇链的计算(Hirst & Budanitsky 2001, Morris & Hirst 2000)利用电子词典 Wordnet 中所定义的词汇之间的关系,对语篇中的词汇链(lexical chain)进行辨识.

孙爱珍(2008)对曼斯菲尔德作品中表达情感的词语进行了计算,结论认为,情感流动对主题意义的表达起到一定的作用。

10.4 评价

计算文体学的发展标志着自然科学与文体学的结合,其发展前景广阔。但是,计算文体学也有其自身的局限,那就是"计算机无法发现研究人员没有预先规定的模式。"(胡壮麟 2000:139)。也就是说计算机只能够查找到研究人员预先规定好的有意义的语言模式,如果研究人员没有发现某种具有意义的语言模式,计算机无法自动发现。另外,计算文体学主要研究那些被传统方法所忽视、只有在计算技术手段下才可发现的语言现象。

11. 什么是特殊用途英语?

特殊英语是英语语言教学的一个分支,与通用英语相对。本部分从特殊英语的定义和分类、特殊英语的发展历程、目前流行的特殊英语分析法三个方面介绍特殊用途英语。在对目前流行的特殊英语分析法的介绍中,我们介绍了频率分析法、修辞分析法和体裁分析法三种方法。

11.1 特殊英语的定义和分类

根据 Dudley-Evans 和 St. John(1998),特殊英语可以从绝对特征和可变特征两个方面来界定。

绝对特征:

1) ESP 专门用来满足学习者的特殊需求。
2) ESP 教学过程中所采用的基本方法和课堂活动都与其自身所

涉及的具体学科相关。

3）根据语法、词汇、语篇以及学科门类的不同,ESP所采用的语言风格也会做出相应的调整。

可变特征:

1）ESP可能与某一具体学科相关或者为之专门设计。

2）在具体的教学环境中,ESP可能使用不同于普通英语的教学方法。

3）ESP是为成年学习者设计的,他们要么具有高等教育学历水平,要么处在某个专业性极强的工作场所。

4）通常ESP是为具有中级或高级水平的学生设计的。

5）绝大多数ESP课程采用的都是英语语言体系中的最为基础的知识。

Hutchinson和Waters（1987）认为,ESP按学科分类可以分为科技英语、商业经济英语和社会科学英语三大类,每个分支中又都有学术英语和职业英语的区别。

11.2 特殊英语的发展历程

Hutchinson和Waters（1987）认为ESP的发展分为五个阶段,第一阶段为语域分析（register analysis）阶段;第二阶段是修辞或语篇分析（rhetoric or discourse analysis）阶段;第三阶段是目标情景分析（target situation analysis）阶段,第四阶段是技巧与策略分析（skills and strategies analysis）阶段;第五阶段是学习中心（learning-centered approach）阶段。

语域分析的目的是找出不同语域中语言形式的特点,这一阶段的代表作是Swale（1971）对科技英语的特点分析。

语篇/修辞分析对ESP的影响主要有两个方面,一是学习者了解特定领域对话交流的各个阶段,如Candlin, Bruton和Leather（1976）对医生—病人互动交流的分析。语篇分析方法的第二个影响是它可以分析在语篇中意义是如何通过句子的组合体现的。这种分析可以帮助学习者对语篇的意义有更好的把握。

目标情景分析就是分析将来使用外语的情景和在这些情景下进行

交际的内容、方式、途径、媒介、手段等特点以及语言特点和技能,并根据这些分析来设置 ESP 课程和制定教学大纲,这一时期的代表人物是 John Munby。他在《交际大纲设计》(*Communicative Syllabus Design*)一书中,对学习者的交际目的、交际环境、交际手段、语言技巧、语言作用、语言结构等一系列问题进行了深刻、系统的论述。

技巧分析阶段的研究和分析重点是从语言的表层形式转向更深层次的思维过程。技巧分析的指导思想是:在任何一种语言运用中,都存在一些思维和解释规律。使用一定的技巧可以从语言的各种表面形式中悟出其规律来。比如,使用构词法和上下文可以猜测词义,从其布局和排列形式可以大致确定文章的种类等。这一阶段的研究较多地集中在阅读技巧的研究和教学上。

以学习为中心阶段既强调学生是学习的主体和内因、注意激发学生学习的积极性,又注意创造良好的学习环境、学习条件,使内因和外因相结合,既注意社会对外语人才的知识和技能的要求,又注意学生的学习要求;既注意努力实现教学的目标,又注意搞好教学的过程;既注意语言的使用,又注意语言的学习。

11.3 目前流行的特殊英语分析法

1) 频率分析法

频率分析法是通过对词汇和语法形式出现频率的研究,找出某类特殊用途语言的特点。频率分析法的优点是明显的,利用它往往能列出典型词汇和短语,以作为有效的教学最低要求。频率分析法的缺点在于尽管它能描述现象,却不能解释原因,即只有描写性,缺乏解释性。

2) 修辞分析法

针对频率分析法中的缺点,Trimble(1985)提出,某语言特点 x 或 y 出现频率固然重要,但研究在语篇中为何使用 x 而不用 y 更为必要。由此,语言分析重心从句子层面转移到语篇层面,从语言形式层面转移到作者意图层面。

Trimble 研究了 EST(English for Science and Technology,即科技英语)的修辞特点及与这些修辞特点相关的语法和词汇特点。在 Trimble

看来,"修辞"这一术语乃是"语篇"(discourse)这一广泛的交际模式的重要组成部分,Trimble 将其定义如下:修辞是作者用于构建一个期望的语篇的方法。这个方法主要指为某个特定的读者群选择和组织信息,以达到特定的交际目的。科技英语文本涉及事实、假设及类似信息的传达,其本质上不涉及发表议论、抒发情感、阐述基于情绪的观点、虚构小说或写诗等形式的书面语。Trimble 所说的 EST 中的信息组织包含两层意思:1)信息项在文本中的排列;2)信息项之间关系的表述。

3) 体裁分析法

Swales (1990:45—58)将体裁(genre)定义为"包括具有共同交际目的的一组交际事件"。Bhatia (1993)曾对此做过进一步的解释,其要点是:1)体裁是一种可辨认的交际事件;2)体裁不是一般的交际事件,而是一种内部结构特征鲜明、高度约定俗成的交际事件;3)在建构语篇时,我们必须遵循某种特定体裁所要求的惯例;4)尽管体裁有其惯例和约束性,内行人仍可在体裁规定的框架内传达个人意图或交际目的。Bhatia(1993)提出了体裁分析的七个步骤:

(1) 将所给体裁文本置于情景语境中;

(2) 检索已有文献;

(3) 提炼情景语境分析;

(4) 选择语料;

(5) 研究制度语境;

(6) 分层次语言分析;

(7) 在体裁分析中访问专家。

Swales (1990)对科研论文的引言(Introduction)部分的体裁特征做过归纳,即他著名的经过改进的三语步模式(the 3-move CARS model),见下表:

Move（语步）	Step（步骤）
1. Establishing a territory（建立研究领域）	1. Claiming centrality and/or（建立中心议题,并/或）
	2. Making topic generalizations and/or（概括论题内容,并/或）
	3. Reviewing items of previous research（回顾前期研究成果）
2. Establishing a niche（设置合适的研究地位）	1a. Count-claiming or（反面论证,或）
	1b. Indicating a gap or（指出研究差距,或）
	1c. Question-raising or（提出问题,或）
	1d. Continuing a tradition（继承前期研究传统）
3. Occupying the niche（占据研究地位）	1a. Outlining purposes or（概述研究目的,或）
	1b. Announcing present research（通报当前研究状况）
	2. Announcing principal findings（通报主要发现）
	3. Indicating RA structure（介绍科研论文结构）

体裁分析法的局限性也不难发现。首先,Bhatia 的体裁分析法步骤是原子化的(atomistic)。而在实际分析中这些步骤难以区分,而且分析者也不必历经所有的步骤。其次,Swales 断定科研论文引言部分属于同一体裁,也显得过于乐观。再次,它往往在教学应用中陷入"规定主义"(prescriptivism),从而限制学生的创造性。最后,体裁种类繁杂,在研究和教学中难以穷尽,这也是此法的一个需要克服的不足(李华东、栾述文 2000)。

12. 什么是新闻英语?

12.1 什么是新闻英语?

要了解什么是新闻英语,我们首先必须了解什么是"新闻"。"'新闻'(news)一词由 new 派生而来,该词的词源意义中就含有'最新消息'、'新近报道'等意思,所以以'新闻'的核心是'新',即新闻是读者应知而未知的重要事实"(朱 2008:1)。

对于什么是新闻英语,语言学者和英语新闻工作者似乎都没有下过确切的定义。上海外国语大学张健(2006:2)教授曾给新闻英语这样一个定义,"新闻英语集现代英语之大成,总统庄严的声明,民众轻松的闲聊,各学科的术语,各领域的行话,风土人情乃至市井俚语,新闻英语无所不包。简言之,新闻英语与其说是指某一特定的语体,不如说是受新闻学、传播学、社会学、政治学、经济学等多种学科和语体的综合影响所形成的,具有诸多研究价值。新闻英语作为一种应用的语言,以其所具有的特殊性,已逐渐从普通英语中独立出来,其用词造句等也与普通英语有着不少差异,从而使之成为一种具有鲜明语言形式和文体特点的语言资料"。

因此,新闻英语实际上是一种涵盖面非常广泛的综合体,主要是指以最快的速度把信息传播给大众的一种体裁。从内容上来说,它可以包括任何领域里发生的事件,如政治、经济、文化、科技、医疗等等;从形式上来说,它可以包含新闻报道(news)、特写(features)、社论(editorials)、评论(commentaries)、专栏(columns)等;从传播的方式和角度,可以有电视、报纸、杂志、广播、因特网、手机短信等多种媒介;按照写作的风格和事件性质,新闻可分为"硬新闻"(hard news,指"纯新闻消息报道",指题材严肃、具有一定时效性的客观事实报道)和"软新闻"(soft news,指情感味浓、写作方法诙谐的社会新闻,但不太注重时效性)(刘 & 朱 2006:213)。

英语新闻使用的语言是在新闻学、语言学、传播学、社会学等多种学科的综合影响下形成的语体,被称为新闻英语(Journalistic

English)。

12.2 新闻英语的语言特色

(1) 客观性与倾向性

新闻报道必须客观,这是新闻报道(尤其是新闻消息)的共同要求。在新闻领域中,客观报道是一种基本的报道形式和写作原则,它是客观主义理论所倡导的客观性原则在新闻写作方面的具体体现(李 1997)。新闻应该客观、公正、全面地报道事实,这是新闻真实性的保证(陈 1997)。因此,一篇倾向性过于鲜明的新闻将会导致读者的不满,甚至引起麻烦。

英语新闻报道中常见的客观性技巧主要有以下几种:白描、中性词、消息源与引文、相对客观性、实际倾向性(陈 & 卢 2006:2—9)。

(2) 语言简练流畅

英美记者善于运用易读性技巧,简洁明了地叙述新闻;与此同时,又很注重新闻中的人情味,让读者享有亲切感。"简单、明白、易读,不仅仅是让人容易读懂,文字流畅、明快,更重要的是让人愿意读、乐意读"(陈 & 卢 2006:9)。

(3) 信息时效性

信息时代,新闻时效性与新闻报道的融合已成为媒体挑战竞争的有效途径。新闻时效性追求的是新闻传播速度的时新性,要求记者以最快的速度对新闻事实进行真实、准确的报道(陈 & 卢 2006:11)。

新闻要新,这是新闻的生命力,也是对新闻的起码要求。新闻的新有两方面的含义:一是时间要新,是新近发生的事;二是内容要新,所反映的事实要有新意。

(4) 导语的多样性

导语是以简练而生动的文字表述新闻事件中最重要的内容并且能吸引读者往下读的开头部分(张健 1998)。因此,导语部分一定要精彩,能够引起读者继续读下去的兴趣。

新闻报道的导语句子短小,通常一句话一个段落,一个段落提供一个事实;而且句子信息容量高,结构严密,恰如其分地陈述事实。自1860年美国南北战争以后,倒金字塔结构问世,导语写作有了一个统一的规则,即结论性导语(summary lead),或称概括性导语,把五个WH(who——对象,what——发生了什么,when——发生在何时,where——发生在何地,why——为什么会发生)全部写入导语之中。结论性导语的最大长处是一句话就把整个新闻事件概括出来,让读者在最短的时间内了解一个完整的新闻事件,但它显得冗长、死板、不够简洁、生动。此后到20世纪50年代末,西方进入电视时代后,出现一种新的导语写作模式:主要事实导语(main fact lead),即把新闻事件的核心、最重要的、最令人感兴趣的某个部分写入导语。80年代以后,导语写作又出现一个新潮流:笔墨经济,内容丰富,形式不拘一格,引人入胜(陈 & 卢 2006:14)。

(5) 结构与形式

新闻报道通常由标题(headline)、导语(lead)和正文(body)三部分组成。在结构上,新闻报道可以概括出以下五类:传统的倒金字塔结构,线性结构,放射性结构,收束型结构和网状结构。本节主要介绍传统的倒金字塔结构模式。

英语新闻消息的基本结构最常见的是倒金字塔结构模式,它起源于美国南北战争和电讯的运用。南北战争一开始,一大批记者随军采访。为争取抢先发出最新战况,一些记者开始通过电报来发出重要的消息。当时的消息写作仍然采用按时间顺序的先后来叙述事实。而当时由于技术相对落后,记者无法在短时间内发出很长的消息,后来记者们想出了一种新的发稿方法:把战况的结果写在最前面,然后按事实的重要性依次写下去,最重要的写在最前面。倒金字塔结构由此演变而来。

倒金字塔结构,顾名思义,是一个底部在上的三角形,如图所示:

```
┌─────────────────────────────────────────────────┐
│ Intro containing most important or most interesting information │
│        导语包括最重要或最吸引人的消息        │
├─────────────────────────────────────────────────┤
│              More facts                         │
│            更多的事实材料                       │
├─────────────────────────────────────────────────┤
│     Supporting information or background        │
│         辅助性消息或背景材料                    │
├─────────────────────────────────────────────────┤
│    Quotes or more facts of lesser importance    │
│          引语或更多的次要事实材                 │
├─────────────────────────────────────────────────┤
│              Minor detail                       │
│              细节材料                           │
├─────────────────────────────────────────────────┤
│           Least significant                     │
│              information                        │
│           最不重要的消息                        │
└─────────────────────────────────────────────────┘
```

The Inverted Pyramid Form

倒金字塔结构

(周学艺 2003:79)

12.3 主要的英语新闻媒介（张 2006:494—504）

（1）美国

AAP（American Associated Press）美洲报联社

ABC（American Broadcasting Company）美国广播公司

AP（Associate Press）美联社

Business Weekly《商业周刊》

Time《时代》(周刊)

（2）英国

BBC（British Broadcasting Corporation）英国广播公司

Daily Mail《每日邮报》

Guardian《卫报》

Times《泰晤士报》

World View《世界观察》(月刊)

(3) 加拿大
CP (Canada Press) 加拿大通讯社
Globe and Mail《环球邮报》
Vancouver Sun《温哥华太阳报》
(4) 澳大利亚
AAP (Australian Associated Press) 澳大利亚联合新闻社
Daily Mirror《每日镜报》
Daily Telegraph《每日电讯报》
(5) 新西兰
New Zealand Gazette《新西兰公报》(周刊)
New Zealand News《新西兰新闻》(周刊)
New Zealand Press Association 新西兰报联社
(6) 中国
China Daily《中国日报》
21st Century《21世纪英文报》(周报)
China Radio International 中国国际广播电台

13. 什么是商务英语?

13.1 什么是商务英语?

商务英语(Business English),Jones & Alexander(1994)称之为"English for business"或"English used in business contexts"。商务英语不是一种独立的语言,它仍然是英语,是英语的一种社会功能变体,"是商务环境中应用的英语……也就是已在从事或将要从事商业行为的专业人才所学习或应用的专门用途英语"(王兴孙 1997:1—2)。

商务英语以满足职场需求为目的,内容涵盖商务活动全过程;它以语言为载体,把核心的商务内容放到其中,以职场人员和即将迈入职场的人员为目标,以商务活动中的常用英语为重点。商务英语的特点主要在于其教学的专业化、口语化和较强的针对性。归根到底,实用性是商务英语最大的特点。

13.2 语言特色

商务英语源于普通英语并有着普通英语的语言特征,但是商务英语是专门用途英语(ESP)。一方面,它有着自己固定的篇章结构形式和言语程式,即在用词造句、谋篇布局等方面有着与普通英语不同的言语修辞特征;另一方面,它还有着自己常用的专业术语和从普通英语词汇引申而来的半专业词汇。

(1) 内容准确完整

商务英语在使用过程中力求内容准确完整,即用正确的语言,准确、完整地把信息传递给对方。商务英语语篇的完整性特点要求商务英语信函涵盖写信人希望收信人做出积极反映的一切情况及问题,或者回答对方来信提出的所有问题或要求。在订货时,则需要写清所需商品、何时需要、收货人和收货地点及付款方式等。

在商务英语交流中,不完整的信息将会给客户留下不好的印象,有时还会引起不必要的纠纷和麻烦。试比较:

All sales representatives will meet **at 9:00 on Monday**. (不完整)

Cf. All sales representatives will meet **at 9:00 on Monday, February 27, in Conference Room C**. (完整)

(2) 表达清楚简洁

由于置身于商务领域的专业人士都很忙,没有时间阅读过长的商务文书,特别是商务信函,所以商务应用文应当在涵盖各种必须陈述的信息的基础上做到言简意赅、文字简洁。

所谓简洁,就是用精练的语言把信息传递给对方。使用词汇时,商务英语中经常选择常用的、有把握的词。俚语和出现频率太低的词,都会避免使用。也很注意句子长短合理搭配:短句太多,会给人留下琐碎的感觉;长句过频,读起来会吃力、难懂。另外,在制定合同、单证等商务文件中,必须强调具体,使用具体的事实、数据、时间,才有助于写得精确、具体、生动(廖 2004:23)。请对比分析和观察以下句子:

We wish to confirm our fax dispatched yesterday.

Cf. We confirm our fax of July 2nd, 2003.

像 today, tomorrow 等时间名词一样,yesterday 一词所表达的也是一个意义含糊、笼统的时间概念,它不适合用在这里,因此,要将它改为意义更具体的时间表达方式:July 2nd, 2003。

(3) 态度友好诚恳

在商务交流过程中,应多为对方着想,即便是在向对方催款或索赔时,也不能忽略这一原则。在商务英语书信中,需切记,无论是给谁写信,都应从对方的角度来看问题,考虑对方的处境,明白对方的难处,站在对方的立场上。采用"你方观点"("You-attitude")写信,说明我们理解对方、体谅对方。试比较:

We regret to say that **we** have to cancel your order because of your failure to open the L/C in time.

Cf. Please let us know if there is something in the way that precludes **you** from establishing the L/C.

从上例分析来看,第二句采用了"你方观点"的方法显得比第一句"我方观点"的方法更有礼貌,更为恰当。

而且,即使我们在信中谈的是诸如索赔、理赔之类的不愉快的事情,我们也应该不失礼貌。甚至在回复不那么客气礼貌的书信时,也得注意保持风度,做到有礼、有节。

Your letter in reply to ours of May 18 came this morning, and now we do not understand any more clearly your complaint than we did before.

Cf. Thank you for your letter of May 20. In order that we may be of the greatest possible help to you, will you please tell us just what you wish us to do about the matter?

第一句听上去生硬率直,写信人不会拐弯抹角,因此,说的话就显得不够礼貌。而第二句听起来彬彬有礼,因为写信人用词比较间接、模糊。

13.3 商务英语的文体类别

商务英语是在买卖商品或服务的商务活动中使用的各种正式与非

正式语体的篇章,或者说,商务英语主要是商务应用文英语(李 2006:58)。在商务应用文中,说明论证性文章占绝大多数,如:商务信函、备忘录、商务报告、广告、合同协议等。

(1) 商务英语信函

商务信函是企业用于联系业务、商洽交易事项的信函,适用于不相隶属机构之间商洽工作、询问和答复问题、请求批准和答复审批事项。

商务信函有几个较为明显的特点:1.内容单一。商务信函以交易为目的,以交易磋商为内容,不适用于与商品交易无关的事情。2.结构简单。商务信函内容单一,段落较少,篇幅也较短,整体结构比较简单,所以看上去一目了然。这种一目了然的结构,体现了商务信函完全服务于交易的实用功能,便于对方阅读和把握。3.语言简练。商务信函署名完整,或介绍业务范围,或报知商品品种与价格,或提出购买品种与数量,或要求支付货款,或通知货物发运和达到的日期,直截了当,言简意明。范文如下(蒋 2007:11):

Allen Incorporation

1470 St. Louis Street

LA, CA 10023

USA

Ref. No. 123

March 15, 2007

China National Imp. & Exp. Corp.

Beijing Branch

Beijing

China

Gentlemen,

<u>Order No. 123 for Color TV</u>

This is to inform you that Mr. Edwards, president of Poula Inc. resigned from that company and established a new company under the name of Allen Inc. We are pleased to place with you our first trial order as enclosed, which, we hope, would lead to good business relations between our two companies.

Please fax your sales confirmation with net prices on CIF LA basis.

Furthermore, please send us your catalogues and one sample each of the goods under our trial order.

Yours sincerely,

Allen Inc.

James Smith

Encl.

(2) 商务英语广告

广告的目的就是唤起大众对某种事物的注意,并进一步诱导大众的消费方向。成功的商务广告应当能够实现以下功能:提供信息、诱导争取、美感功能和表情功能(李 2006:91)。商务英语广告还有如下特征:

a. 用词简洁、易懂易读

广告语言要求简洁、生动、形象,富有感情色彩与感召力。因此,广告用词简洁、通俗、易记,口语词汇用得较多。例如:

My Goodness! My Guinness! ("健力士"啤酒广告)

b. 新词妙用、色彩纷呈

为迎合消费者好奇求异的心理,广告大都采用"有限手段的无限运用"。在词汇上,除了使用出现频率高的褒义词外,还挖空心思地臆造一些新词,糅合出一些妙词。例如:

We know Eggsactly how to sell eggs. (售蛋广告)

"Eggsactly"是"exactly"的谐音拼法变异,与后面的"eggs"相呼应,语义相互映衬。这种别出心裁的构词方法给消费者以深刻的印象。

c. 多用简短句、省略句、祈使句等句式

商务英语广告倾向于使用简短句、省略句、祈使句等句式结构。例如:

It's a lifetime. (钟表广告)

Coke adds life. (可口可乐广告)

Always Coka-cola!

此外,商务英语广告还大量使用积极肯定的和褒义的词语,特别是形容词;也常常使用文学技巧、艺术手法和修辞手段等来实现广告的美学功能。

d. 商务英语合同

英文合同,或者称为合同英语,是人们在社会交往和经济贸易来往的过程中形成的一种语言交际形式(宋 2006:1)。

英文合同多采用正式的词语,且语言精练,结构严谨;国际贸易英文合同还有一些专用词语,以使在表达上准确无误、避免争议,体现了合同条款的严肃性和严密性;在句式结构上,也是相对复杂的,商务合同语句一般较长,中间插入的成分较多;篇章结构程序化,表述结构条目化,每份合同都可以划分成约首、本文、约尾三个部分,而且必须按照这个顺序排列。举例如下(宋 2006:2):

> Party A and Party B have entered into this contract through amicable consultation. Both parties should try to abide by and carry out the contract in accordance with the regulations relating to the tourism administration of China.

译文:根据中国有关旅游事业管理规定,甲乙双方经友好协商一致,签订本合同,共同信守执行。

分析:文中使用 amicable consultation, 为英语正式用语,意为"友好协商"。此外,剧中 abide by, in accordance with 均属正式用语,在英文合同中较为常用。而第二句也是比较长的句式。

14. 什么是科技英语？

14.1 什么是科技英语？

科技文体主要是指传播和推广科学技术知识时使用的一种变体，所有用英文撰写的有关自然科学和社会科学的著作、学术论文、实验报告、专利以及产品说明书等都属于科技英语的范畴（刘 & 朱 2006：238）。

科技英语是由普通英语演变而来的，遵循普通英语的词法和句法规则，所以与普通英语具有共性。但科技英语的交际目的和交际对象比较特殊，所以科技英语在句法、词汇等方面都有自己的独特之处。科技英语讲究逻辑上的条理清楚和思维上的准确严密，不像文学语言那样充满感情色彩，而是以一种冷静而客观的风格陈述事实和揭示真理，因此它的文体特点是：清晰、准确、精炼、严密（刘 & 朱 2006：238）。

14.2 科技英语的语言特色

（1）大量使用名词化结构

大量使用名词化结构是科技英语的特点。因为科技文体要求行文简洁、表达客观、内容确切、信息量大，它强调存在的事实，而非某一行为本身。例如：

> The rotation of the earth on its own axis causes the change from day to night。

名词化结构 the rotation of the earth on its own axis 使复合句简化成简单句，而且表达的概念更确切、严密。

此外，常用前置性陈述，即在句中将主要信息尽量前置，通过主语传递主要信息。例如：

> Television is the transmission and reception of images of moving objects by radio waves。

名词化结构 the transmission and reception of images of moving objects by radio waves 强调客观事实。

(2) 广泛使用被动语句

科技英语中的谓语常是被动语态。这是因为科技英语叙述的主体多为客观现象、过程或事务等,要求不带任何主观色彩。第一、第二人称使用过多,会造成主观臆断的印象。而被动语态则可以体现这种客观性和规范性。如:

> As oil is found in the ground, its presence cannot be determined by a study of the surface. Consequently, a geological survey of the underground rock structure must be carried out. If it is thought that the rocks in a certain area contain oil, a "drilling rig" is assembled. The most obvious part of a drilling rig is called "a derrick". It is used to lift sections of pipe, which are lowered into the hole made by the drill. As the hole is drilled, a steel pipe is being pushed down to prevent the sides from falling in. If oil is struck, a cover is firmly fixed to the top of the pipe and the oil is allowed to escape through a series of valves.

句中共出现 14 个谓语动词,其中有 13 个用于被动语态。

(3) 使用长句居多

为表达一个复杂概念,使之逻辑严密、结构紧凑、节省篇幅,科技文章中往往出现许多长句。一般情况而言,学术性越强的文章,采用的句子越长。例如:

> It may be economically sound, in the long run, to subsidize their initial production, even at prices above the projected market for natural hydrocarbon fluids, in order to accelerate the deduction of dependence on oil imports.

(4) 专业技术词多

科技英语词汇的一个显著特征就是专业技术词的广泛运用,用词更倾向于使用正式词汇以及属于同一语义场词的共现等等。科技英语中的词汇大多来源于古希腊语和古拉丁语,如,magnetosphere(磁气圈),magnetopause(磁层顶),magnetosheath(磁鞘)等等均由拉丁语词根 magnet-拼缀而来。

由于现代科学技术飞速发展,新理论、新概念、新发现、新技术不断涌现,新的术语也就随之应运而生。这些词语要么是创造的新词,要么是赋予旧词以新的词义,如:camcorder(摄录机),skylab(天空试验室),lead time(研制周期),biopic(生物图)。

15. 什么是体育英语?

15.1 什么是体育英语?

体育是以身体活动为基本手段,其根本目的又是为了表现或改善运动者自身的身体机能能力的一种人的实践活动(罗 & 关 2005:37)。要与世界体育接轨,就要运用体育英语进行交流。体育英语作为一种在专业领域内使用的英语,内容广泛,涉及各种体育运动项目、各种专项技术动作、裁判用语等各方面的术语,带有自身的语言特色。

15.2 体育英语的词汇特色

(1) 缩写词的运用

为了简洁、明了、便于记忆和表达,英语中使用了大量的缩写词,体育英语也不例外。缩写词大多为一些国际性组织、比赛项目、世界各个国家及地区名称等。例如:

国际性组织:IOC(the International Olympic Committee,国际奥委会)、IABA(International Amateur Boxing Association,国际业余拳击协会)、UEFA(Union of European Football Association,欧洲足联)、AFC(Asian Football Confederation,亚洲足联)、NBA(National Basketball Association,美国职业篮球联赛)、CFA(Chinese Football Association,中国足协)、CNBA(Chinese National Basketball Association,中国男子篮球职业联赛)等。

比赛项目:AT(Athletics,田径)、GY(Gymnastics,体操)、CA(Canoeing,皮划艇)、WR(Wrestling,摔跤)、WS(Wushu,武术)、VB(Volleyball,排球)、HB(Handball,手球)、SB(Softball,垒

球)等。

国家及地区名称:AUS(澳大利亚),CAN(加拿大),CHN(中华人民共和国),FRA(法国),GBR(英国),GER(德国),ITA(意大利),JPN(日本),NED(荷兰),RUS(俄罗斯),USA(美国),BUR(布基纳法索),CIV(象牙海岸)等等。

(2) 外来词的运用

有些体育项目的术语具有鲜明的民族个性或地方特色,因此,直接采用这些外来语名称,更能体现这些运动项目的来源,这也是体育英语词汇的一个特点。例如:Wushu(武术),Taijiquan(太极拳),Judo(柔道),Sumo(相扑),Ju jitsu(柔术),Tae Kwon Do(跆拳道),Kabaddi(卡巴迪),Sepak Takraw(藤球)等。

15.3 体育英语的语气特色

(1) 简洁明了,带命令口气

在国际比赛中,裁判员会经常使用体育英语,由于裁判在赛场上的地位类似法庭上的法官,他必须对比赛中所发生的情况有准确、敏捷的判断,因此在表达上一般简洁明了,带命令口气。例如:

You touch the net! (你触网了!)

Love all, play! (零比零,比赛开始!)

Don't hold up the game! (不许拖延比赛!)

(2) 介绍性、陈述性的语气

因为许多比赛都是借助电视进行转播,而观众不仅仅是体育迷们,更包括广大非专业人士,所以介绍性、陈述性语气在体育英语中随处可见。例如:

> Volleyball is an Olympic sport in which two teams separated by a high net use their hands, arms or (rarely) other parts of their bodies to hit a ball back and forth over the net.

(3) 对抗性、好奇性的语气

在体育新闻报道中,体育记者通常会使用对抗性气息浓厚的语句来烘托大赛前的紧张气氛。例如：在一篇马刺队战胜爵士队的篮球英文报道中，我们看到了如下语气：With three NBA championship flags high above the court, and many of the key players from those title teams in the lineup, the San Antonio Spurs opened the Western Conference finals like a team ready to add to their collection（主场上三面NBA总冠军旗帜高高飘扬，并有许多出自著名球队的最佳球员跃跃欲试，马刺队拉开了西部联盟冠军之战的大幕，似乎准备在自己的冠军收藏柜中再添一枚奖杯）。这句报道中，球队的激烈对抗气氛被渲染得恰到好处。

16. 什么是电子语篇？

16.1 电子语篇有哪些方式？

现代的交际性电子语篇可包括短信、电子邮件、电子公告信息系统、博客、微博、微信等人际交往方式。

随着网络信息技术的发展和社会前进步伐的加快，人际交往过程中传递和交流信息的需求不再只依赖纸质邮件或电话联络，信息技术和移动通讯手段为人们提供了丰富多样的沟通方式，如短信、电子邮件、电子公告信息系统、博客、微博、微信等。电子语篇这个概念也在这种背景中产生，语言学家也开始研究电子语篇的特点。Muniandy (2003)将电子语篇定义为"电脑空间中用于交际的语言"，黄国文认为电子语篇是"人们在电脑空间中进行的互动的、电子的、通过键盘输入信息并在荧幕上显示相应文本结构的交际形式。其特点是在'电脑空间'里进行沟通交流"（黄国文，2005），而电脑空间包括计算机和智能手机。

16.2 几种电子语篇简介

1）短信

短信short message service，简称SMS是用户通过手机或其他电信终端直接发送或接收的文字或数字信息，用户每次能接收和发送短信的字符数有限制。近年来短信成为现代社会沟通的重要途径，短信语言丰富多样，被运用在不同的沟通中，起到了事务沟通和感情联络的重要作用。

2）电子邮件

电子邮件也称电子信箱、电子邮政,它是一种用电子手段提供信息交换的通信方式。是 Internet 应用最广的服务;通过网络的电子邮件系统,用户可用非常低廉的价格(不管发送到哪里,都只需负担网费即可),以非常快速的方式(几秒钟之内可以发送到世界上任何你指定的目的地),与世界上任何一个角落的网络用户联系,电子邮件的内容形式可以是文字、图像、声音等各种方式。同时,用户可以得到大量免费的新闻、专题邮件,并实现轻松的信息搜索。这是任何传统的方式也无法做到的。正是电子邮件的使用简易、投递迅速、收费低廉、易于保存、全球畅通无阻,使得电子邮件被广泛应用,它使人们的交流方式得到了极大的改变。另外,利用电子邮件还可以进行一对多的邮件传递,同一邮件可以一次发送给许多人。最重要的是,电子邮件是网与网之间以至所有其他网络系统中,可以直接进行人与人之间信息交流的系统,它的数据发送方和接收方都是人,所以极大地满足了大量存在的人与人通信的需求。

据中国互联网权威机构 CNNIC 调查报告,在用户最常用的网络功能中,电子邮件以 74.9% 的绝对优势高居首位。电子邮件这种沟通方式正在逐步取代传统的书信、电话、传真等,成为正式或非正式的信息方式。电子邮件的发送者可以是日常的亲朋好友,也可以是商业上的往来伙伴。目前许多大公司都有自己的电子邮件系统,他们规范电子邮件的结构和风格。一般的电子邮件结构主要由收件人地址、发件人地址、主题和正文组成。理论上一封电子邮件只需收件人地址便可发送,而正式的电子邮件(如商用电子邮件)则需要填写主题和格式规范的正文。正文填写在一个文本框中,没有固定的格式,电子邮件有便捷的特点,有时会省略称谓和落款。

3）电子公告信息系统

BBS 的英文全称是 Bulletin Board System,简称 BBS,翻译为中文就是"电子公告板",也称为"论坛"、"虚拟社区"等。国内的 BBS 站按其性质划分,可以分为两种:一种是商业BBS站,如新华龙讯网;另一种是业余BBS站,如天堂资讯站。电子公告栏(BBS)是一种交互性强、内容丰富而及时的Internet电子信息服务系统。

一般BBS的管理人员由版务、站务组成,有些BBS还有区务。管理人员负责BBS服务器的日常维护和言论管理等。BBS上分为不同的版面,如国内著名的BBS天涯社区有"旅游休闲"、"体育聚焦"、"诗词比兴"等版面,人们只要在BBS上注册网名(ID),便可以拥有自己在BBS上的信箱,可在版面发文,并可和其他ID进行聊天对话。

4) 博客

中文"博客"源出英文"weblog",web指worldwideweb,即万维网;log原意为"航海日志",记录每天在航海中遇到的情况,以方便后人查寻。weblog是"一种表达个人思想和网络链接、内容按照时间顺序排列并且不断更新的出版方式"。

博客文章的类型有四种:文字,作者可以记叙、抒情、议论、说明,字数可多可少,篇幅可长可短;声音,上传到博客上的作品可以是原声录音,也可以是音乐作品;图像,作者可以以纯图片作为文本,也可以在图片旁边附上短则一句话、长则一篇文章的评论;视频,博客还可以上传一段摄影作品。

5) 微博

微博(Weibo),微型博客(MicroBlog)的简称,即一句话博客,是一种通过关注机制分享简短的实时信息的广播式的社交网络平台。微博是一个基于用户关系信息分享、传播以及获取的平台。用户可以通过WEB、WAP等各种客户端组建个人社区,以140字(包括标点符号)的文字更新信息,并实现即时分享。微博的关注机制分为可单向、可双向两种。

微博作为一种分享和交流平台,更注重时效性和随意性。微博客更能表达出每时每刻的思想和最新动态,而博客则更偏重于梳理自己在一段时间内的所见、所闻、所感。因微博而诞生出微小说这种小说体裁。微博包括新浪微博、腾讯微博、网易微博、搜狐微博等等,但如若没有特别说明,微博就是指新浪微博。2014年3月27日,在中国微博领域一枝独秀的新浪微博宣布改名为"微博",并推出了新的LOGO标志。

微博具有普及性、即时性、原创性、草根性等特点。

6) 微信

微信(WeChat)是腾讯公司于2011年1月21日推出的一个为智能终端提供即时通讯服务的免费应用程序。微信支持跨通信运营商、跨操作系统平台通过网络快速发送免费(需消耗少量网络流量)语音短信、视频、图片和文字,同时,也可以使用共享流媒体内容的资料和服务插件"漂流瓶"、"朋友圈"、"公众平台"、"语音记事本"以及基于位置的社交插件"摇一摇"等。截止到2015年第一季度,微信已经覆盖中国90%以上的智能手机,月活跃用户达到5.49亿,用户覆盖200多个国家、使用的语言20种超过。此外,各品牌的微信公众账号总数已经超过800万个,移动应用对接数量超过85000个,微信支付用户则达到了4亿左右。

微信提供公众平台、朋友圈、消息推送等功能,用户可以通过"摇一摇"、"搜索号码"、"附近的人"、扫二维码方式添加好友和关注公众平台,同时微信将内容分享给好友,并将用户看到的精彩内容分享到微信朋友圈。

微信具有聊天、添加好友、实时对讲等功能特点。

16.3 电子语篇的特点

短信、电子邮件、BBS、博客、微博、微信作为信息和网络服务飞速发展的产物,在文体特征上有以下共性。

1) 词汇方面

词汇简洁、口语化。由于这些电子文本都具有免费、即时的特点,用语都十分口语化,比如生活中的常用连词"和"、"还有"及常用副词"非常"、"特别"等都是使用频率很高的词汇。短信中这个特征更明显,很多时候一个简单的"好"字,就是短信包含的全部信息。即使在

商务电子邮件中,不字斟句酌也是完全可以的,我们可以看一封经理发给下属的要求参加会议的邮件:

Dear all,

I invited Mr. Hu from Marcom to share with us his BI experiences.

Will be on next Mon. meeting room 4.

It's going to be an interactive session.

Bring your questions. And reply ASAP if time is ok.

Thx

Amos

我们可以看到这封安排会议的商务电子邮件使用的都是常用词汇,这样的词汇如同谈话般随意,文字、语气和结构都体现了口语体的特征。

词汇多使用如缩写、符号语等创新性语言。上例中的缩写如"ASAP","Thx"等是电子邮件词汇的创新,英语中这样的例子比较多,如"FYI"(for your information)、"BTW"(by the way)、"Pls"(please)等等,还有公司内部缩写(如例子中的BI),都体现了简单易读的特性。BBS中也有很多创新的词汇,如LZ("楼主",发表主题的人)、"顶"(表达同意)、"拍砖"(表达反对)、"沙发"(表示第一个回复主题)等,已经被认可并广泛使用。符号语也经常出现在电子文本中。这些符号语被称为"emoticons"或者"smileys",是一种表达表情和感情的符号。例如":)"(表示情愿或笑脸)、":P"(表示做鬼脸)、":("(表示生气或失望)等等。这些符号生动、形象,也简洁地表现了对话双方的情绪。人们乐于电子文本的语言创新,因其具有传播快的特点,因而有了很多的网络流行语,这是传统的通信方式所不具有的。如新华电讯评选的"2008年度主流媒体十大流行语"中有多项都是BBS的创新语,如"人肉搜索"和"山寨"等。

2) 句法方面

电子文本句法随意,无定式。短信、电子邮件的句式都在明确的基础上尽量简短,使用易懂的语言和句式,也体现了节省时间的目的。如上面的例子,"Reply ASAP if time is ok",祈使句干脆利落,征询时间是否合适用到的也是最简单的句型。在 BBS 上发文通常被称为"灌水",这是因为一些文章及其回复并无深入的讨论,只是简单表达"楼主"(发表该主题的人)情绪的几行文字,所以文章内容被称为"水文",而楼主发文被称为"挖坑"。博客的句法因其作者的风格而异,无定式。

3) 语言风格

电子文本的语言风格多样,很多时候有文学语言的使用。比如,短信拜年成为近年来春节的风俗。这些短信风格幽默风趣,也不乏文采,如:"天苍苍,野茫茫,回家的路太漫长;路条条,车趟趟,眼望家乡心迷茫;家未到,情先至,愿君牛年乡挚牛角,骑牛归家牛气旺,金牛叩开幸福门。"颇有曲和诗的意境,在有限的字数下精彩地传递了祝福。里奇(1969)提出的八种词汇变异:词汇、语法、语音、书写、语义、方言、语域和历史时代,皆能在短信中找到。如短信:"饿响四你聊,庆景常联系"(我想死你了,请经常联系)是语音变异;"女口果人尔能看日月白这段言舌,那京尤言兑日月人尔白勺眼目青有严重白勺散光"是书写变异等。

电子邮件主要分为商用电子邮件和生活邮件,根据语境选用正式或非正式的语言。

BBS 是网友聊天和讨论的场所,语言风格最为非正式和轻松。

博客日志的风格也因语境而异,有以下几种:生活博客形式内容最为多样,因作者的语言风格而异,一般语言倾向于口语化,忽略标点符号的使用也是这类博客的特征;社会观察博客记录博主自己对社会问题的评论;专家博客一般由某个领域的专家撰写,形式如同报刊专栏,采用书面形式,以正式的结构讨论问题。

微博更注重时效性和随意性,相对于博客偏重于梳理自己在一段时间内的所见、所闻、所感,微博更能表达出每时每刻的思想和最新动态。

微信具有语音聊天、实时对讲等新的功能特点,网络空间大,文字、图像、音频综合运用,比其他电子语篇更加具有多模态语篇的特点,使人们当下的交流时尚、现代,更加即时,更加便捷。

电子语篇由于其类型多样、发展迅速,很难对其下一个令人满意的定义。语言学家们还在对其语言风格、使用场景、和传统的体裁(小说、散文、戏剧、诗歌)的区别和联系进行探讨。但毋庸置疑,它已经融入到我们每个人的生活中,它的广泛参与性也为广大人民群众提供了创造的舞台。

17. 什么是网络文学?

17.1 什么是网络文学?

网络文学可以被定义为由网民在电脑上创作,通过互联网发表,供网络用户欣赏或参与的新型文学样式,它是伴随着现代计算机特别是数字化网络技术发展而来的一种新的文学形态(欧阳友权 2008)。网络文学作为一种新型的文学样式的特征在于:(1)借助电脑完成,借助互联网发表;(2)首次发表须是在互联网上,电子化的印刷文学即使放在互联网上也不能算作网络文学;(3)互联网是网络文学的生存空间。网络文学须由网民创作,由读者在网络上浏览,并可能形成网民之间的互动。

17.2 网络文学的产生和发展

网络文学大约产生于 20 世纪 70 年代。1971 年,美国伊利诺伊大学材料研究实验室 Xerox Sigma V 主机开始将传统的文学作品制作成可以在互联网上传播的文件。1978 年,麻省理工学院推出了超媒体系统"白杨电影图",成为原创性网络文学的先导。

中文网络文学最早是从北美留学生中起家的。1991 年 4 月 5 日,全球第一家中文电子周刊《华夏文摘》诞生,其编辑主体是在美国各大学读书的中国留学生。次年,美国印第安纳大学的魏亚桂请该校的系统管理员在 USENET 上开设了 alt. Chinese. text（简称 ACT），这是 Internet 上第一个用中文张贴的新闻组。1993 年起，遍布世界各国各校的中国学生学者联谊会主办的综合性中文电子杂志大量涌现，如美国的《威斯康星大学通讯》、《布法罗人》和《未名》。1994 年由方舟子倡导成立的《新语丝》、1995 年成立的以诗歌为主的电子刊物《橄榄树》和第一个女性文学网站《花招》都是华文文学网站的早期代表。中国大陆于 1994 年正式加入国际互联网，域名为".cn"，早期的文学作品多栖身于各大学 BBS(如清华大学的"水木清华"等)和门户网站的讨论社区和新闻组。随后，网易、新浪等大型网站开始提供免费个人主页空间，网络文学得以主页形式在网上流传。

目前比较有代表性的网络文学中文网站有：榕树下、起点中文网、天涯社区、红袖添香、清韵书院和中国网络文学联盟等。

17.3 网络文学的体裁、内容及结构特点

根据金振邦(2008)的研究，网络文学的基本体裁可以分为网络诗歌、网络散文、网络小说和网络戏剧四种。

网络文学在结构和内容上的特点主要体现在三个方面：1)超文本；2)开放性与互动性；(3)作品的多媒体呈现。

1) 超文本

超文本是指含有与其他文本、图像或声音影视链接的文本。点击文本中含有超文本链接的文字或图像，浏览器就会从当前文本跳转到所链接的文本。超文本与传统文本的不同之处在于，传统文本是以线性组织的，超文本是以非线性的形式组织的。超文本技术的使用使网络文学作品显示为多种平面文本的叠加，文本结构变成立体化的开放性网状结构，向读者展示意义发生的不同路径和多种可能，从而重构了阅读空间。比如，1996 年一个名为 Elea 的网络写手在 BBS 站点发表了一首用 html 语言写成的诗《超情书》。《超情书》的主体是以分行格式写作的一首普通情诗，它与传统诗歌不同的地方在于在阅读过程中有九处字词或短语以下划线方式显示了超文本链接，点击这些链接就会转向相应的页面，显示一首以该链接关键词为题的短诗。

2) 开放性与互动性

超文本链接的使用使网络文学产生了与传统文学截然不同的结构和阅读方式。许多网络文学作品的结构是开放式的,其阅读过程也需要读者与文本的互动才能完成。传统文学作品在情节叙述上是线性的,其显著特点是情节叙述的顺序性。虽然叙事可以有许多种叙述顺序,但是只要作品印刷在报刊或书籍上,其情节叙述的顺序就是固定的和线性的。人们只能按固定的顺序一页页读下去。网络文学作品的叙事可以是非线性的、待组合的,它采用网状结构块状信息,读者可以根据自己的文化背景和审美情趣对情节进行重新组合。作品会呈现多路径的故事情节和结尾。

"超文本小说"就是这种开放性和互动性文学的代表。在这种小说中,作者在情节发展的某些转折点上为读者提供了多种阅读选择,选择不同,故事的发展过程就不同,结局也因而五花八门,或者说根本就没有结局,你什么时候读累了,什么时候就停止阅读。读者的阅读成为超文本小说得以展开的必要条件,文本只是一个过程,而不是一个作品。美国小说家迈克尔·乔伊斯(Michael Joyce)1990年推出的超文本小说《下午》(*Afternoon, a story* http://www.easregate.com/catalog/fiction.html.),共设计了951个技术链接,使作品组成了539个文本板块,读者可以选择不同的链接方式,形成不同的阅读路径,得到不同的叙事文本和故事情节。小说的第一句话是:"我想说,我可能已经见到我儿子在今天早上死去。"(I want to say I have seen my son die this morning)。读者点击这个句子中的不同词语,如"儿子"、"死"等,就会被导向完全不同的故事中去。

文学网站常举办的故事接龙、小说接龙活动也体现了网络文学的互动性。

3) 作品的多媒体展示

网络文学不再以文字为唯一表达媒介,它可以综合运用文字、图画、动画和视频等多种媒体达到自己的艺术效果。文本的多媒体化为文本的形式提供了无限的丰富性,借助它我们可使文本的外在形式更具审美效果,更为充分、完美地表达内容。flash 小说就很好地体现了网络文学这方面的优势。在这种小说中,人物对话是通过字母展现的,人物的行为通过 flash 动画来表现,同时还配有背景音乐,渲染故事的氛围。

17.4　网络文学的语言特色

1) 语言简洁明快

网络语言一般简单平实,节奏较快。这主要体现在网络文学语言以短句居多,且段落短小精悍。

长句一般结构复杂,表意周密、严谨、细致;短句则表意简洁、明快、灵活。短句的特点符合多数网络文学作品临屏写作、快餐化的特点。短句便于展示生活的本真状态,给人不事雕琢的感觉;另一方面短句动词频率高,爆发力、穿透力强,便于快速浏览而无需细细品味。与之相适应,网络文学作品的段落也更加短小,有利于加快阅读的节奏。下面两段文字很好地体现了网络语言的文字特点。

> 桃花岛只有两间房。一间向东,很大。雅致。黄药师住。一间在西,小。潦草。女人住。
>
> ……
>
> 我知道你要离开我了。却又不甘心。我拿出剑,立在你们中间。我要和他打一场,我要战胜他,夺回你。他只是一挥手,我便向后飞了出去,躺在一片水果摊中,眼看他带着你策马离开。你甚至没有回过头,看看我。
>
> ——有病呻吟《欧阳锋的前世今生》

17 岁那一年。苏美考上了一所音乐中专学校。拉拉什么都没考上。辍学。种地。

……

拉拉说,苏美,你继续读书吧。我给你提供学费。说着挺了挺肩膀。

苏美落了泪。

那个假期20天。很短。苏美学会了抽烟。

——银两《沉香》

2) 语言时尚化、切口化

网络文学语言中经常会出现一些时髦的语言,如"哇噻"、"帅呆"、"我是女生"、"找扁啊"、"你去死吧"等。网络文学的创作者和读者以年轻人居多,他们大多受过高等教育,有一定英文基础。英文是因特网上的通用语言,长期接触网络的人不免受到英文的影响。年轻人中讲英文或中文中夹着英文词已经成为一种时尚。语码转换现象的大量出现正是这种追求语言时尚化、洋化的表现。如:

在月色皎洁的司马台长城上,在一个彻夜狂欢的 rave party 中,和着震耳欲聋的 TECHNO 误区,我大喊:"Will you marry me?"Catherine 忘情地舞着,摇头冲我笑:"No, not yet."见我一脸迷惑,她把脸凑过来小声说:"Because u r so young."

——宁财神《爱的进行式》

3) 语言表达具有谐谑与炫技色彩

网络写作要用短、平、快的方式表现凡俗和平庸,谐谑是吸引网民眼球的有效手段。炫耀谐谑的技巧,展示幽默的智慧和诙谐的语言,编制高效的噱头,常常能为作品找来更多的看点。

4) 语言符号化

为了适应网络快速交流的需要,网络语言通常用符号和字母缩写表意,以便在最短的时间内完成语言交流。这主要体现在:

(1) 数字符号表意,如:

065:原谅我

7456:气死我了

520:我爱你

5366:我想聊聊

(2) 字母缩写,如

PPMM:漂漂美眉

BT：变体,变态

Btw：随便说一句(By the way)

CU：See you

(3) 脸谱符号,如下面一段文字：

(―,．○)：我够可怜了吧??让我坐会儿!

(―_― +)：连这都受不了,还算男人吗?

(^_^)：你看看,我都出冷汗了?

(。)：让我扁你一顿就让你坐下,怎么样?

(^。^)：哈哈!那……你坐……你坐!

——金浩植:《我的野蛮女友》

5) 大量使用新造词汇,如：

竹叶：主页

大虾：大侠,技术高超、乐于助人、有良好声誉的资深网虫

板砖：用心写的、文字很长、有内容的帖子

菜鸟：涉网未深的初学者

潜水：在聊天室中沉默或私聊

见光死：令人失望的网友见面。

四、工具方法：问题探讨与理论文体学

18. 什么是语言文体学？

语言文体学(linguistic stylistics)，也即"语言学文体学"。在西方文体学界，"语言学文体学"多与"文学文体学"(literary stylistics)相对，从意义上说，有如下两种不同所指。

首先，"语言学文体学"与"文学文体学"同义，都为"文体学"的统称。文体学有时被统称为文学文体学或语言学文体学。被称为文学文体学，主要因为它倾向于将研究兴趣集中在文学语篇上；被称为语言学文体学，是因为它使用的模式均来自语言学(胡壮麟，刘世生 2004：306)。西方文体学往往运用语言学模式对文学文体展开分析(20世纪90年代以前尤其如此)。在统称文体学时，有的学者，特别是语言学阵营的文体学家，倾向于采用"语言学文体学"这一名称，而有的学者则倾向于采用"文学文体学"这一名称。在这种情况下，这两个名称虽然能指不同，但所指相同，构成一种"混乱"的状况(Wales 2001：373；申丹 2008：295—296)。

其次，"语言学文体学"与"文学文体学"相对，特指这样一种文体学：它的兴趣焦点不完全是研究文学语篇，而是提炼和完善一种语言学模式，以便进行进一步的语言学或文体分析(胡壮麟，刘世生 2004：306)。不少声称进行"文学文体"研究的语言学家仅将文学文本视为语言学分析的一种材料或检验语言学理论可行性的实验场所(这在

60年代末以前十分常见)。他们以发展语言学理论为目的,在研究时将注意力集中于阐述和改进相关语言学模式,仅注重语言学描写本身的精确性和系统性,而不考虑作品的思想内容和美学效果(即使有所涉及也只是一笔带过),这是"语言学文体学"的典型特征(申丹 2000:23)。

关于西方文体学的流派划分,卡特和辛普森(Carter & Simpson 1989)于1989年提出了一个影响较大的正式区分,包括"形式主义文体学"、"功能主义文体学"、"话语文体学"、"社会历史文化文体学"、"文学文体学"、"语言学文体学"等派别。申丹(1998:82—83)认为这一看似简单清晰的区分,实际上像以往不少类似区分一样涉及了不同标准:对于"形式主义文体学"、"功能主义文体学"、"话语文体学"的区分,是依据文体学家所采用的语言学模式做出的,而对于"语言学文体学"、"文学文体学"、"社会历史文化文体学"的区分则主要以研究目的为依据。当"文学文体学"与"语言学文体学"相区分时,二者是一种对照或对立的关系:"语言学文体学"旨在通过文体研究,来改进分析语言的模式,从而为语言学理论的发展做出贡献,而"文学文体学"则旨在通过文体分析,更好地理解和欣赏文学作品(Carter & Simpson 1989:428; Mills 1995:425; Wales 2001:373;申丹 2008:293)。

"语言学文体学"与"文学文体学"的多义是西方学术语境中的特定产物。在国内没有出现"语言学文体学"与"文学文体学"这两派之间的对立,因此容易忽略上面提到的两者相对的情况,也容易将"文学文体学"和"语言学文体学"视为单义名称。(申丹 2008:296)

19. 什么是形式文体学?

形式文体学的基本分析模式是二元对立模式,它植根于形式主义语言学的二元模式理论,认为内容或者抽象的认知意义是首要的,文体风格的不同取决于形式上存在的差异。它着重分析语言特征所具有的文体效果是什么。

关于形式主义语言理论的发展情况及其代表人物,J. R. 马丁

(1990:ch.7)有一个较全的概括,但他没有包括结构主义语言理论在内,下面的图示是经过笔者修订后的情况:

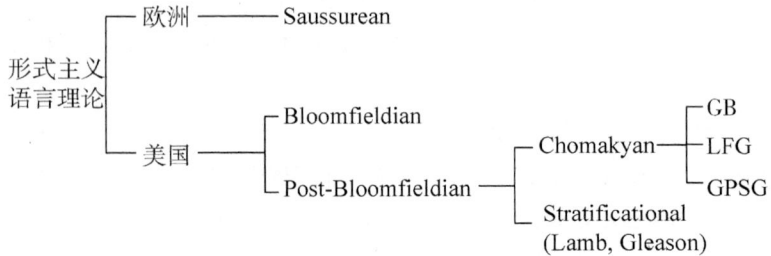

19.1 形式文体学的二元对立模式:内容——形式

形式文体学以形式主义的语言学理论为基础,其核心是关于内容与形式的二分对立模式。所谓二分对立(dichotomy),指的是一个具有两个层面的互补体系,如内容与形式(form and content)、意义与表达(meaning and expression)、语言与言语(langue and parole)、历时与共时(diachrony and synchrony)、聚合关系与组合关系(paradigmatic relations and syntagmatic relations)、语言能力与语言行为(linguistic competence and linguistic performance)、深层结构与表层结构(deep-structure and surface-structure),等等。

形式文体学家认为内容或认知意义是首要的,形式或表达层面的差异对内容或认知意义并无大的影响。这种观点的痕迹明显地见于索绪尔的结构主义和乔姆斯基的转换生成语言理论。索绪尔在其语言与言语的二元模式中确定了语言的首要性,乔姆斯基在其语言能力与语言行为的二元模式中确定了语言能力的首要性。下面我们以形式文体学的几个主要分析模式为例,说明形式文体学的特点。

19.2 巴依的内容对立说

如同索绪尔被尊为现代语言学之父一样,巴依(Charles Bally)被认为是现代文体学的创始人。他是索绪尔的学生,直接继承了老师的结构主义语言学思想,并且同其老师一样,重视研究抽象的语言(la langue)。

巴依认为,文体风格来源于内容,并且是内容的组成部分。例如,"我的牙很疼。""哎哟!我的牙,疼死我了!"这两个句子所表达的基本思想(或曰认知意义,或曰概念意义,或曰内容)是一致的,但其感情色彩却是不同的。各句的感情色彩是其表达形式的组成部分(Taylor,1980:30),也就是各句的文体风格。

巴依按照索绪尔语言学的二元对立模式,把人的思想区分为概念性(理性)思想(conceptual/ intellectual thought)和非概念性思想(non-conceptual thought)两个方面。非概念性思想是感性的(affective/emotional),是文体学研究的对象。但这种感性思想与理性思想一样,同属于语言(langue)层面,而不属于言语(parole)层面。巴依认为在研究文体风格时要首先将感性内容与理性内容分离开来,然后对感性内容进行分析。其分析方法也是来自于结构主义的语言观,即语言是一个互相对立的符号系统。因而他的分析就是揭示这种对立的现象,找出其相同之处和不同之处。他设计的分析模式如下(Taylor, 1980:39):

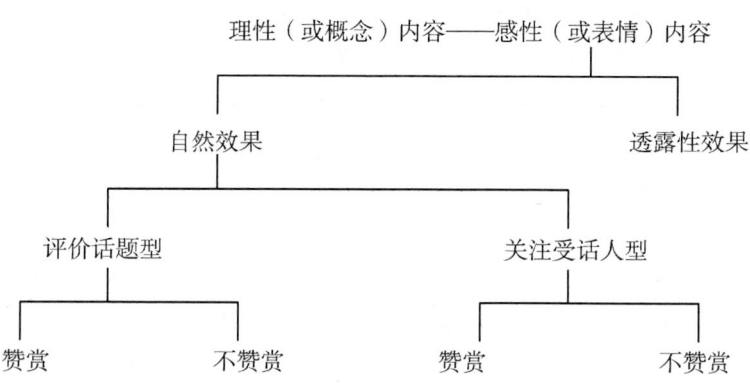

可以看出,这个分析模式是由不同层次的二分对立构成的。首先是理性内容(intellectual content)与感性内容(affective content)的对立,后者又分为自然效果(natural effect)和透露性效果(evocative effect)。透露性效果反映出语言的社会差异,如语域、地域或职业"方言"的不同。自然效果反映出语言的不同表达方式在表达同一概念时所产生的不同效果,例如人们在听到某个词时可能产生一种美好优雅的印象,而听到另一个词时则可能产生一种不愉快的印象(譬如"少女"和"母夜叉")。自然效果又分为评价话题型(topic-evaluative)和关注受话人型(recipient-design)。关注受话人型的自然效果指发话人或作者在讲话或写作时考虑到了自己同受话人或读者的社会关系,比如,人们在对孩子说话时同对上司说话时所用的语言是不一样的,童话故事与学术著作的语言是不一样的,等等。这种效果所反映的,是发话人对话语情景社会性的主观印象。评价话题型的自然效果指抒发渴望、气愤、厌恶、兴奋等诸种个人情感时的表达效果。在这类纯属主观的自然效果中,表达方式与人的思想是一致的,巴依认为这种效果反映了发话人对其话题的评价,而其话题则是直接由所用词语的理性内容来表达的。自然效果的这两种情况又各自分为赞赏与不赞赏两种对立状态(Taylor 1980:20—41)。

巴依的这种模式被称作感性文体学(affective stylistics)。他试图对文体风格做出结构主义的客观分析,但其方法是主观的,他对表达效果类别的划分,完全凭借直觉印象,缺乏科学的严密性。

19.3 雅各布森的结构形式对等说

雅各布森(Roman Jakobson)是布拉格功能主义语言学派的重要人物。他的语言观是功能主义的,但他提出的文体学分析模式却是形式主义的。本文主要探讨文体学的分析模式,故而在此论及雅各布森,恰当与否,请读者批评。

雅各布森把语言交际行为划分为六个组成部分:发话人(addresser)、受话人(addressee)、语境(context)、信息(message)、接触程度(contact)和代码(code)。与之相关联的是语言的六种功能:同发话人相关的是情感(emotive)功能,同受话人相关的是意动(conative)功能,同语境相关的是指称(referential)功能,同信息相关的是诗歌(poetic)功能,同接触程度相关的是寒暄(phatic)功能,同语言代码相关的是元语言(metalingual)功能。可图示如下:(Sebeok 1960:353)

```
                        语境/指称功能
                        信息/诗歌功能
    发话人/情感功能 ——— 接触/寒暄功能 ——— 受话人/意动功能
                        代码/元语言功能
```

雅各布森认为六种功能在语言交际中共同起作用,但在不同的情况下不同的功能起着主导作用,例如在文学语言中,诗歌功能起主导作用。文体学研究的对象是诗歌功能和元语言功能,二者分别指向信息和代码,不涉及语境或语言系统以外的情景。

他设计的文体学分析模式见于他那著名的关于诗歌功能的宣言:"诗歌功能把对等原则从选择轴投射到结合轴"(Sebeok,1960:358)。这里,选择轴(the axis of selection)相当于索绪尔的纵聚合关系(paradigmatic relations),结合轴(the axis of combination)相当于索绪尔的横组合关系(syntagmatic relations)。据此,雅各布森比索绪尔的学生巴依更为准确地实践了索绪尔的结构主义语言学理论。

雅各布森研究语言学的文体学(linguistic stylistics),他使现代文体学摆脱了初期的主观印象主义倾向(如巴依的模式,又如布封的"文如其人"),成为语言科学的一部分(Taylor 1980:62);这是他对现代文体学的巨大贡献。但其不足之处也是很明显的,他过分依赖于把语言代码作为文体风格的标准,把文体分析纯粹当成语言上的结构形式分析,因而他的文体学模式不能明确地区分文体现象和纯粹的语言结构现象。他和列维—施特劳斯对博德莱尔的《猫》(Les Chats)一诗的分析就是明显的例证。究其原因,他的功能主义语言观在他进行文体学研究时已蜕变成为形式主义的二元对立模式;其代码相当于结构形式,信息相当于内容。他的分析过程是由代码到信息,即由结构形式到内容。虽然他在实际分析中主要是讨论结构形式问题,但其内容的首要性却是不言而喻的。这同巴依的只谈内容可谓异曲同工。

19.4 雷弗梯尔的读者反应说

雷弗梯尔的语言观与雅各布森的大致相同,他认为语言交际行为可分为同样的六个部分:发话人、受话人、语境、信息、接触、代码。不同的是,雅氏的文体分析模式注重信息和代码,而雷氏的则注重语境和受话人。再者,雅氏同巴依一样受索绪尔结构主义语言学理论的影响,而雷氏则受了布龙菲尔德描写语言学理论的影响。

雷氏文体分析模式的理论基础是行为主义的"刺激—反应"理论;他认为文本中的文体结构是一种刺激,能在读者心目中产生一种直观性的幻觉,文体分析的对象就是这种幻觉。文体结构的辨认要靠超级读者来完成。超级读者实质上是一组身份不同的受试读者对文体做出的反应总和,是雷弗梯尔创造的一种辨认文体结构的手段,其作用是把文体结构从一般的语言结构中辨别出来。进行辨别时需要在文体的上下文中进行对照(contrast within context)。以上是雷氏模式的第一个步骤。第二个步骤是分析,分析方法与雅各布森的模式相同,即进行全面的语言学方式的描写。

雷氏把主观反应的原则投射到文本的客观现实上,得出一种使用客观的语言学分析方法解释主观反应的文体学模式。他的第二步骤是客观的,但其第一步骤却具有极大的主观性,因为他依靠读者反应辨别文体结构,而读者的反应却仅仅是凭借刺激所得的印象。我们知道,读者由于认识水平、文化素养、地域、民族等差异因素,对某一文本的反应肯定是不同的,并且不可避免地带有各自的主观性。雷氏试图以所谓超级读者的反应作为评价文本的依据,以求文学批评的客观性、科学性,这实在是把一个复杂的问题过于简单化了。

雷氏模式可说是顺应了美国布龙菲尔德时期描写语言学理论的潮流,他收集的读者反应往往都来自文本本族语的受试者,在这种读者反应的背后,隐含着雷氏对文学本质及其读者的评价(Catano 1988:170)。但是,正如泰勒所指出的,雷氏的感性文体学模式,是巴依理论的主观模式与雅各布森的客观模式相结合的混合物。这种结合从其本质上来说是不稳定的,因为综合性的看法与分析性的看法之间是不可能达到同一和平衡的。也就是说,文体分析不可能同时既是归纳性的又是演绎性的(Taylor 1980:80)。

19.5　奥曼的转换规则说

奥曼的文体分析模式以乔姆斯基的转换生成语法理论为基础。乔氏在其心理学和语言学理论中明确无疑地拒绝行为主义,认为人文科学中依赖行为主义求得客观的做法实际上是把人作为没有思想、没有心理行为的动物来对待(Taylor 1980:86)。乔氏在语言学研究中提倡心灵主义(mentalism),他区分了语言能力和语言行为。他认为,语言能力是语言规则的内在化(internalization),语言行为依赖于语言能力,语言的生成就是处在深层结构的语言能力通过转换规则转换成表层结构的语言行为。

奥曼以上述"标准理论"为依据发展了他的转换生成文体学模式。他的论文《转换生成语法与文学风格的概念》(1964)是生成文体学的先驱之作。他认为,深层结构是意义的源泉,转换规则并不影响深层结构的意义。文体风格是一种写作方式,来自同一深层结构的两个表层结构给了作者两种不同的方式来叙说同一个意义。也就是说,虽然两个表层结构可以从同一个深层结构转换而来因而具有同等的意义,但它们的表面差异可以看做是风格的不同。例如,"他想,她使我撒了谎,"和"他想她使他撒了谎"这两个表层结构就是表达了相同的意义,来自同一的深层结构,但二者的风格是不同的(Taylor 1980:88—89)。

奥曼用此模式分析了海明威和福克纳这两位风格迥异的作家。他发现,这两位作家的区别在于他们喜欢使用不同的转换规则。他的结论是,福克纳频繁使用添加转换的规则,如关系从句转换和连接性转换,而海明威倾向于更多地使用删除转换。

19.6　形式文体学的特点

上述讨论说明,形式文体学的诸种分析模式都是在形式主义语言学理论的二元对立模式基础上建立起来的。在此基础上还衍生出了许多其它的很有影响的文体理论,它们各有不同看法,比变异说(style as deviance)以标准用法(norm)和变异用法(deviation)的二分对立为基础;突出说或前景化(style as foregrounding)以背景(background)和前景(foreground)的二分对立为基础,等等。戴维·伯奇(Birch 1989: 47)认为,结构主义语言理论的弱点并不在于它关于语言与言语的二元对立模式,而在于它认为语言比言语更重要;这是因为它过分地热衷于使语言研究成为一门科学。在文体风格研究中,结构主义的科学性往往抹杀了文体风格的人文性。而在转换生成文体学模式中,作品的所有表层特征都可缩减成一种本质,即所谓的深层结构(Eagleton 1983: 112)。(刘世生,朱瑞青 2011/2006:47—53)

20. 什么是功能文体学?

功能文体学的全称是功能主义文体学(functionalist stylistics)。

长期以来,正如语言学研究中一直存在着形式主义和功能主义两大阵营,文体学研究中也存在着形式主义文体学(formalist stylistics)和功能主义文体学的分野。Taylor & Toolan(1984)认为现代文体学在重描述的 C. Bally 的结构主义文体学(structuralist/structural stylistics)之后分为两大阵营:一是描述性的客观主义文体学(objectivist stylistics),另一个是以 Stanley Fish 为代表的规定性的情感文体学(affective stylistics)。其中,客观主义文体学认为文体是语篇本身的内在特性,又分为形式主义和功能主义两个派别。功能主义认为语言的文体系统是二维的,把形式文体特征与具体的文体功能(效果或价值)相连接。因此,功能主义文体学家只关注语篇中那些具有显著文体功能的语言特征,而形式主义文体学家倾向于通过纯粹的形式手段来确认文体模式和特征。考虑到 Fish(1973/1996,1980)70 年代对形式文体学和功能文体学的发难以及当时文体学的发展状况,Taylor & Toolan 在 80 年代初对文体学的这一划分是有其合理性的。时至今日,情感文体学的风头早已不在,文体学研究中客观主义的光环也已淡去。

但是,形式主义和功能主义的区分却代表了文体学发展史上两种基本的文体观。这两种基本的立场可以追溯到古希腊时期高吉亚斯的"文体即修辞"和亚里士多德的"文体即形式"的文体观(刘世生 1998: 9)。不管我们给"文体"下多少个定义,不管有多少个文体学流派,它们基本上都可以划入这两个阵营中的一个。我们正是在这一意义上使用"形式主义文体学"和"功能主义文体学"这一称呼的。有时候人们分别将其简称为"形式文体学"(formal stylistics)和"功能文体学"(functional stylistics)。下面我们将主要探讨文体学研究中的功能主义文体观,包括布拉格学派的功能文体观、系统功能文体学以及巴赫金的有关文体理论等。

20.1 语言学和文体学中的功能主义

在具体探讨功能主义的文体观之前,我们有必要首先澄清一下文体学中的形式主义和功能主义的区分与语言学中的形式主义和功能主义之间的关系。文体学中形式主义和功能主义的区分与所借鉴的语言学理论中的形式主义和功能主义是密不可分的。也许正是在这个意义上,Carter & Simpson(1989)声称在文体学发展史上20世纪60年代是形式主义的时代,70年代是功能主义的时代。但是,人们往往把它们等同起来,认为借鉴了乔姆斯基的转换生成语言学理论的文体学就是形式主义的,而采用了韩礼德的系统功能语言学理论的文体学就是功能主义的。这种看法似乎有点过于简单化了。文体学作为一门独立的学科有自身的特点,并不能完全跟纯粹的语言学研究画等号。按照所采用的语言学模式来描写文体学流派并不等同于它就恰当反映了文体学自身研究对象的本质和规律,即:文体观。

Bradford(1997)曾经把文体学分为"文本主义文体学"(textualist stylistics)与"语境主义文体学"(contextualist stylistics)。他把英美新批评、雅各布森等的形式主义文体学列入文本主义范畴,而把斯坦利·费什的读者反应批评(reader response)和罗杰斯·福勒的社会语言学方法(sociolinguistic approach)等划为语境主义文体学。更有甚者,他还把深受乔氏转换生成语法影响的Ohmann等的生成文体学(generative stylistics)称为"功能文体学"(functional stylistics),并将其列入语境主义文体学。Bradford的这一划分虽然颇值得商榷,但也反映了大家在文体学分类上的分歧,尤其是在形式主义和功能主义的区分上。无独有偶,封宗信(2000)探讨了生成文体学中的功能主义思想,认为形式语言学和功能语言学之间的对立并不一定是形式文体学和功能文体学之间的对立。胡壮麟(2000:64)也指出:"严格地说,当代文体学如果想采用语言学的方法去研究,除了词汇外,谁都回避不了对语言的结构分析和研究。功能主义的韩礼德早期的文体学研究就是采用结构主义的路子,转换生成语言学家所采用的两个基本概念(表层结构和深层结构)更离不开结构分析。"因此,我们不能把文体学中的形式主义和功能主义简单等同于语言学中的形式主义和功能主义,不能混淆按照所采用的语言学模式(如:乔姆斯基的形式主义语言学 vs.韩礼德的功能主义语言学)与按照文体观(文体作为结构或形式 vs.文体作为功能)来划分的文体学流派。在这个意义上,"生成文体学"指采用乔姆斯基的转换生成语言学作为理论模式的文体学流派,而"系统功能文体学"(systemic-functional stylistics)[一般简称为"功能文体学"(functional stylistics),这往往与功能主义文体学相混淆。]主要是指采用韩礼德的系统功能语言学作为理论模式的文体学研究,两者都不等同于形式主义文体学或功能主义文体学。

具体说来,功能主义语言学理论与功能主义文体学既有密切联系,又有不同,我们不能把运用功能主义语言学理论进行的文体研究都简单归入功能主义文体学范畴。例如:著名语言学家和文体学家 R. Jakobson 的语言观是功能主义的,但是他的文体观("文体即对等")却是形式主义的;系统功能语言学的创始人 M.A.K. Halliday 早期的文体研究也是结构主义的路子。当然,不可否认,功能主义文体学家的语言观一般都是功能主义的。韩礼德(1987/2007)在回顾功能主义文体学的发展历程时,提到了 20 世纪中叶的一些伟大的语言学家为功能文体学理论做出的有益贡献,例如:布拉格学派的 J. Mukarovsky 关于语言的多功能观、伦敦学派的 J.R. Firth 关于意义的多层次性和情景语境的理论、哥本哈根学派的 L. Hjelmslev 的语言作为系统和语篇作为实例(instance)的理论以及美国人类学派的 B.L. Whorf 的"隐型"(cryptotype)理念等。60 年代也出现了一些基于语言的层次—功能模型对文学语篇进行语言学分析的重要先驱人物,包括 M. Gregory, R.

Hasan、G. Leech、A. McIntosh 和 J. Sinclair 等。与此同时,以韩礼德本人为首的一批语言学家(包括 M. A. K. Halliday、C. Kennedy、J. R. Martin 和 J.L. Lemke 等)发展了一种适用于文体研究的多功能、多层次、抽象的语法理论——系统语法。今天,以系统功能语法为分析模式的系统功能文体学已成为功能主义文体学的主流。此外,运用语用学、社会语言学、话语分析、语篇语言学甚至认知语言学等理论的许多话语文体学和语境文体学研究也基本属于广义上的功能主义文体学范畴。下面我们将进行具体分析。

20.2 布拉格学派的功能文体理论

布拉格学派的语言学家们(如:B. Havranek、V. Mathesius、J. Mukarovsky 和 J. Dubsky 等)十分注重语言的实际使用,他们区分了标准语言和诗歌语言。他们认为语言是一个开放、动态的符号系统,体现着一定的功能。Mukarovsky(1977)指出,如果一个语篇具有很高的价值,这不是因为它是用特定语言写出来的,而是因为它所使用的语言体现了一定的功能。诗歌语言只有通过它的功能才能表现出来,但是功能不是某个特定现象的属性而是运用这些属性的方式。这很好地体现了布拉格学派的文体观:文体即功能。

布拉格学派的语言学家们重视对语言的分析,但他们认为语言学和文体学研究的对象和目的并不一样。语言学注重对语言进行词汇和语法分析,目的是为了研究语言的结构和发展规律;文体学以言语为研究对象,重点考察语篇的一般文体特征。文体学的主要任务是对具体言语行为的结构、选择方式和特定要素的运用进行探索,尤其是在特定民族地区如何使用特定的民族语言手段。布拉格学派对实际使用的语言进行了分类。例如:Havranek 区分了标准语言的四类功能(参见胡壮麟 2000:105):

(1) 日常交际功能,采用会话形式;
(2) 实际技术交际,注重事实的或技术上的交际形式;
(3) 理论或科技交际,采用科学论文形式;
(4) 美学交际功能,采用诗歌形式。

有的学者还按信息接受者将语言分为私人话语和公众话语,并按交际渠道分为口语和书面语。这样,两类话语类型交叉搭配可得到四种功能语体(参见胡壮麟2000:106):

(1) 私人话语:对话或独白;
(2) 公众言语:讨论或演讲;
(3) 书面私人话语:私人信件;
(4) 书面公众话语:布告、海报、新闻报道和书刊等。

从以上区分可以看出,布拉格学派对语言功能和语体的划分与韩礼德系统功能语言学的语域理论(register)具有某些相似之处,基本涉及语场(field of discourse)、语旨(tenor of discourse)和语式(mode of discourse)三个方面(胡壮麟2000,2001)。他们都十分注重把不同语体与语言在实际使用中的功能结合起来进行考察。布拉格学派认为,标准语言的语体选择取决于交际功能、说话者态度、话语情景和语言的物理属性等。由此,我们也可以发现布拉格学派的语言功能观与该学派的主要成员之一 R. Jakobson 后来划分的语言的六种功能具有相似之处。

特别值得指出的是,布拉格学派提出了一些重要的区分各种标准语功能体的术语,如自动化(automatization)、前景化(foregrounding)和理性化(intellectualization)等概念。其中,自动化指在交际中使用各种常规的、自然的、不引人注目的语言表达方式。前景化与自动化相对,是对语言常规的偏离,是一种语言使用的非自动化行为(de-automatization),这与俄国形式主义文论中的"陌生化"(estrangement或defamiliarization)手段具有异曲同工之妙。理性化主要指语言表达尽可能与客观思维一致,即:词汇选择与概念相一致,句法结构与逻辑判断相一致。在语言的实际使用中,以上手段的使用程度和比例可以表明不同的功能文体。例如:日常会话中自动化和前景化并存,科技语篇中自动化占优势,诗歌中前景化占据突出地位。

对于标准语言和诗歌语言关系的探讨以及前景化手段的运用最深入、细致的探讨当属该学派的重要成员 Mukarovsky 的研究。前景化的概念最早是由 Mukarovsky 在 20 世纪 30 年代提出来的。他认为"文体即前景化",是引起人们的注意力的、新颖的表达,是对常规的系统性违反。在诗歌作品中,标准语言和传统美学标准只是背景或陪衬,与它对照的诗学语言是从美学角度有意识地被扭曲的语言成分,即:有意识地背离标准语言的常规。这就是前景化现象。Mukarovsky 认为诗歌语言的功能在于最大限度的前景化,而标准语言的最纯粹的形式是避免前景化。当然,标准语言中也有前景化现象,例如在新闻报道中,但是这种前景化的目的是为了更好地吸引读者的注意力,因此从属于交际目的;而在诗歌语言的前景化中交际退居次要地位,表达效果和美学价值上升到主要位置。总之,布拉格学派关于功能文体和前景化的理论对后来的文体学家具有重要影响,包括对韩礼德的系统功能文体学。但是,他们对于标准语言和诗学语言的区分后来受到话语文体学家们的挑战。

20.3 系统功能文体学

如上所述,我们通常所说的功能文体学有两种涵义:一种是指功能主义文体学,另一种是指系统功能文体学。这不是单纯的广义和狭义的差别,而是划分标准的差异:前者是按文体观——文体即功能,后者是按所采用的语言学模式——系统功能语言学。从系统功能文体学的发展历史来看,并非所有以系统功能语法为分析模式的文体学研究都是功能主义的,例如:韩礼德早期的文体学研究(以系统功能语法早期阶段的阶和范畴语法为分析模式)应属于结构主义文体学的范畴(胡壮麟 2000)。当然,这一区分有时候是困难的,因为系统功能文体学处于不断发展之中,而且不同的系统功能文体学家之间也会有差异。如果我们把韩礼德的那篇著名论文"语言功能和文学文体:威廉·戈尔丁的《继承者》的语言分析"(1971)作为系统功能文体学正式诞生的标志,总的来说,系统功能文体学是功能主义的文体学派别,它的文体观是:文体即意义潜势(meaning potential)。根据韩礼德的观点,语言有三大元功能(metafunction),即:概念功能(ideational)、人际功能(interpersonal)和语篇功能(textual),这三大功能是"意义潜势"。人们在构建语篇时,要同时从所有的功能系统中进行选择。刘世生(1994)认为这种功能主义的三元交叉模式与形式主义的二元对立模式有明显不同,它强调各功能成分的同等重要。毋庸置疑,系统功能语言学的创始人韩礼德是系统功能文体学理论的主要开拓者。我们将辟专章论述他本人的系统功能文体学理论和实践的发展历程;在这里,我们将主要介绍以系统功能语言学为分析模式的其他功能文体学家的研究。

早期的系统功能文体学研究基本上是沿着韩礼德1971年的那篇论文所开辟的路子,侧重运用系统功能语法的三大元功能中某一功能或其中的某一子系统对语篇进行细致的文体分析。在概念功能中,功能文体学家一般注重对及物性、时态和名词化等的分析;对于人际功能,多关注语气、情态、人称、态度和评价等方面所反映出的参与者之间的关系等;至于语篇功能,功能文体学家往往着重探讨语篇的主位结构、信息结构和衔接等方面与主题意义的表达之间的关系。例如:C. Kennedy(1982)仿照韩礼德的分析方法,采用概念功能中的及物性系统分析了康拉德的小说《特务》(*The Secret Agent*)中威洛克太太为替死去的弟弟报仇而杀死自己丈夫的片断。Kennedy之所以选择这种属于标准英语的小说是为了说明韩礼德的分析方法也适用于分析符合常规的文本。作者认为,涉及威洛克先生的及物性结构基本符合常规,较为客观地反映了威洛克被动顺从、缺乏反抗能力的状态;而关于威洛克太太的及物性结构将她与自己的动作剥离出来,似乎她处于无责任状态。关于及物性结构的文体价值,申丹(1997)认为有必要区分及物性结构的两种不同的表达对象:一是人物的经验本身;二是看待人物经验的特定眼光(这眼光可能是小说中人物的,也可能是叙述者或作者的)。前者往往是符合常规的,后者一般是偏离常规的性质上的前景化,具有文体价值。此外,Cummings & Simmons 的文体学专著《文学语言》(1983)也采用韩礼德的系统功能语法从语音、词汇、句法等各个层面对小说、诗歌和戏剧等不同体裁的文学语篇进行了细致分析。

近年来,随着功能文体学研究的日益深入,功能文体学家们已经不再满足于单纯从某一个特定的语言元功能对语篇进行描述,他们开始注意把不同方面结合起来进行分析,以达到对作品的文体特征更全面的描述,从而更好地展示作品的表达效果和主题意义的阐释。韩礼德在为 D. Birch & M. O'Toole 主编的《文体的功能》(1987)一书所作的"序言"和文集中他的论文"诗歌作为科学话语"里也指明了将来系统功能文体学研究的发展方向。他提出了四点建议,包括三大元功能在文体分析中的结合问题(combination)、不同层面的结构模式的实现问题(realization)、语篇和系统的体现关系(instantiation)以及语篇的阐释问题(interpretation)等(具体参见功能文体学部分)。D. Birch(1989)从批评语言学的角度对具体语篇中的及物性、名词化、人称代词等的运用进行了分析。P. Simpson(1993)从情态的角度分析了小说叙事中的视角,并结合批评语言学的成果重新阐释和发展了 Halliday(1971)对及物性系统的分析方法。M. Toolan 在《文学中的语言》(1996)一书中结合具体例子详细介绍了衔接、情态和态度、及物性等理论,并建立了一个简单的模式来分析信息交流。国内的一些功能文体学者也为系统功能文体学的发展做出了重要贡献。除了上面提到的胡壮麟和申丹两位教授外,刘世生和张德禄两位教授分别出版了自己的功能文体学专著。其中,刘世生(1998)结合具体语篇分析分别对系统功能语言学的三大元功能理论进行了详细探讨,并指出了其局限性,进而提出了自己的文体分析模式——"语境·语义·文学心理"。该模式包括三个系统:社会符号系统、语言语义系统和文学心理系统,集社会批评、语言学分析和心理分析三者于一体。该模式与 Weber(1992)提出的批评话语文体学模式具有异曲同工之妙——Weber 的模式包括符号、认知和语言三个层面,分别涉及符号学、认知科学和语言学(韩礼德的系统功能语言学和批评语言学)。张德禄(1998,2005)主要基于韩礼德的系统功能语言学理论,尤其是他的功能文体学理论,同时吸收了语用学和语篇分析的有关理论,构建了一个功能文体学分析框架,并运用该框架具体分析了一系列实用语篇和文学语篇,从而证明该模式的系统性、实用性和有效性。

对语篇和语境关系的重视是近年来系统功能文体学发展的另一个

显著特点。Halliday（1978）认为语言是社会符号,语言的三大元功能（概念功能、人际功能和语篇功能）分别与语域的三个方面（语场、语旨和语式）相对应。语域是情境类型（situation types）,而情景语境是文化语境的体现。因此,语篇与特定的情景语境和文化语境相联系。此外,80年代以来,人文社会科学领域十分注重对话语和社会文化语境之间的关系的考察。在这种大环境下,许多功能文体学家开始关注语篇的文体特征和社会历史/文化语境的关系。80年代中期,韩礼德曾经指出在过去的五到七年中由于基于语法和话语的语篇的语言学阐释与文学的、社会政治的和意识形态的多视角的符号学的结合,文体学领域获得了极其丰富的研究成果（Halliday,1987a,1987b;韩礼德,2007）。他指的这些研究包括:(1)G. Kress & R. Hodge对语言和意识形态关系的研究,即:语法如何建构政治现实;(2)R. Fowler结合社会历史语境对文学语篇的分析,即:文学作为社会话语;(3)M. Gregory提出的交际语言学模式和对文学语篇"相"（phases）的研究;(4)R. Hasan对文体学在言语艺术研究中的地位和文学符号的层次的看法;(5)M. O'Toole对俄国短篇小说的叙事分析和对艺术的系统功能符号学阐释;(6)R. Carter对海明威的短篇小说《雨中的猫》的文体分析和意义阐释;(7)J. Sinclair关于文学和语言学交叉的观点;(8)P.J. Thibault在其博士论文中分析了弗拉迪米尔·纳博科夫的小说《艾达》（*Ada*）中的叙事结构和叙事功能,在另一篇论文中从主位系统的角度分析了话语中知识和信仰的建构,对语篇作为主体间的过程和主体作为互文性建构的论点提出了质疑;(9)T. Threadgold根据各种符号学话语进行的多语篇阐释;(10)D. Butt基于对诗歌的分析探讨了语法对现实的建构作用以及概念意义与诗歌结构的关系等。从前的功能文体学研究虽然也重视语言结构和功能对作品主题意义的解释,但是很少专门考察语言使用所揭示的权力和意识形态关系。上述研究大大拓展了功能文体学的研究视野。

系统功能文体学一直是功能主义文体学阵营中的主流,也是文体学研究队伍中的重要流派。自70年代初诞生以来,一直不断发展壮大,显示了强大的生命力。这一方面得力于它的语言学基础——系统功能语言学的发展,另一方面也是由于它以其开放性和包容性,积极吸收了不同学科和领域的研究成果。当然,我们也要注意它自身存在的问题。譬如:它采用系统功能语法来进行文体分析,分析程序往往十分繁琐和程式化,不适合进行长语篇的分析。今后也许要进一步考虑如何跟语料库和计算机技术的结合。此外,包括韩礼德本人在内的许多功能文体学家注重发展语言学分析模式并证明其可行性,这恐怕容易忽视文体学自身的发展规律,不能从文体学内部出发来思考问题,容易造成先入为主的印象。韩礼德(1964:19)本人早就指出,"语言学不是、永远也不会是文学分析的全部,只有文学分析家而不是语言学家能够决定语言学在文学研究中的地位。"

20.4 巴赫金的文体思想

前苏联文艺批评家米哈伊尔·巴赫金(M. M. Bakhtin)是20世纪最伟大的思想家之一。他在诸多领域都卓有建树,影响遍及文艺学、美学、哲学、语言学、语言哲学、符号学、修辞学、诗学、社会学、人类学和心理学等学科。但由于历史的原因,巴赫金的思想一直不为国际学界所知,甚至在本国也是直到50年代末期以后才逐渐被发现。20世纪70年代,随着巴赫金的著作被逐渐译介到西方,他的思想才为人们所了解并很快成为显学,对许多人文社会学科产生了重大影响。其中,在文艺学和语言学领域,他批判了文艺学中的俄国形式主义、语言学中的抽象客观主义(索绪尔结构主义语言学)和心理主义(福斯勒学派),提倡用社会学方法研究诗学和语言学问题。他的诗学、美学和语言哲学等理论中蕴含着丰富的修辞学和文体学思想。从广义上来说,它们也属于功能主义的范畴(胡壮麟 2000,2001)。下面我们将主要介绍巴赫金对文体学有重要影响的一些诗学和话语理论,包括交往、言语体裁、作品风格、对话性和狂欢化等。

首先,巴赫金强调话语的社会交往性。在《生活话语和艺术话语》(见《巴赫金全集》第二卷)中,巴赫金(1998:Vol. 2, 82)指出:"艺术作品只有在创作者和观赏者相互作用的过程中,作为这个相互作用事件的本质因素才具有艺术性……那些忽视艺术社会本质的方法,试图只在艺术本体的组织中寻找艺术本质,事实上被迫将创作者和观赏者的相互关系投射到作品形成的材料和手法的各个方面。"他认为要理解作为以话语为材料的特殊审美交往的形式的那种艺术表现形式,必须深入平常的生活语言中,因为在那里已奠定了未来艺术形式的基本潜能。生活话语不是自给自足的,它产生于非语言的生活情景中,并与它保持着最紧密的联系,而且话语直接由生活本身补充,不能脱离生活。话语是一种社会事件,是说者(作者)、听众(读者)和被议论者或事件(主角)这三者的相互作用的表现和产物。他主张对作品进行社会学的分析,反对形式主义者封闭在作品之内的纯语言学分析。他指出:"在语言学分析仅看到词汇和它们抽象成分之间相互关系(语音的、形态的、句法的等等)的地方,生动的艺术感知和具体的社会学分析则揭示着只反映和固定在语言材料上的人们之间的关系。话语就是创作感知过程,从而也仅仅在生动的社会交往过程中形成长满活生生血肉的骨骼。"(巴赫金 1998,Vol. 2, 97)语言哲学在巴赫金庞大的思想体系中是具有方法论上的重要意义的。在《马克思主义和语言哲学》中,他指出,话语是一种独特的意识形态现象,是最纯粹、最巧妙的社会交际媒介。它是普遍适应性的社会符号,可以承担任何意识形态功能,如生活交际的、科学的、美学的、伦理的和宗教的等。此外,话语还是意识的符号材料(内部言语),这个特殊作用决定着话语作为必不可少的成分必然伴随着任何一种意识形态行为。任何话语都是在对他人的关系中来表现一个意义的,它是连接"我"和别人的桥梁,是说话者与对话者之间的共同领地。

风格和体裁理论是巴赫金修辞学思想中很重要的一部分,它们散见于作者早期的诗学和语言学著作中,尤其是在反对形式主义和纯语言修辞学的分析中。巴赫金指出,文学作品的形式不能归结为修辞手段的总和,它是一种有目的、有目标的概念。他认为:"每一修辞手法或所有修辞手法的总和,都是一部作品、一个学派、一种风格实现完整而统一的创作任务的功能表现。"(巴赫金 1998:Vol. 2, 9)风格的本质不是由手法的存在和新颖决定的,而是由手法的特殊目的和独具匠心的运用决定的。他批判了形式主义者只重手法和技巧、不重内容和价值的倾向。巴赫金坚持一元论的立场,认为内容的选择和形式的选择是同一行为,它确定了创作者的基本立场,同样的社会评价也就表现在这个行为中。风格的相同性指的是形式和内容的评价等级的相同性。作者、主人公和听众是决定作品形式和风格的力量。话语风格的基调首先是由下列情况决定的,即谈论的是何人、他与说话人的关系如何,如:地位高低等。艺术作品风格也渗透着作者对内容的评价态度,并表达着他的基本社会立场。主人公和作者相互接近的程度(人称形式表达)也决定着作品风格。此外,听众及其与作者和主人公这两方面的相互关系也影响表述的风格。同样,体裁也是由面向生活中事件的主题、听众、接受者以及表演和接受的条件所决定的。

在《言语体裁问题》(见《巴赫金全集》第四卷)中,巴赫金对言语体裁和语言风格的本质及其关系进行了较为系统的探讨。他认为,语言的使用是人类在某一活动领域中参与者单个而具体的表述形式(包括口头的和书面的话语)中实现的。这些表述不仅以自身的内容(话题内容)和语言风格(对词汇、句子和语法等语言手段的选择),而且首先以自身的布局结构来反映每一活动领域的特殊条件和目的。这三个因素不可分割地结合在表述中,并且为该交际领域的特点所决定。每一单个的表述都是个人的,但是语言使用的每一个领域都锤炼出相对稳定的表述类型,即:言语体裁。言语体裁具有多样性,每一个活动领域都形成一系列言语体裁。根据风格与表述和体裁的关系,巴赫金区分了个人风格和语言风格(功能语体)。任何风格都与具体的表述联系着,与表述的典型形式(即言语体裁)联系着。任何表述都是个人的,反映着说者或笔者的个性,即具有个人风格。但不是所有的体裁都有利于表现个人风格:艺术作品的体裁最为适宜,而程式化的言语体裁则最不适宜。在文学体裁中,个人风格是表述的主要目标之一;在其他绝大多数言语体裁中,个人风格不在表述的意图之内,而只是表述的一个副产品。风格(语体)与体裁之间有机而不可分割的联系在语言风格或功能语体问题上也得到了明确的揭示。从本质上说,语言风格或功能语体正是人类活动和交际的特定领域中的体裁风格。每一个领域都拥有自己的特定体裁,与这些体裁相适应,也就有特定的风格。巴赫金(1998:Vol. 4,145)指出:"一定的功能(如科学的、技术的、政论的、公务的、日常生活的功能)以及每一领域特有的言语交际的特定条件,产生着特定的体裁,也就是特定的、相对稳定的有着不同题材、布局和修辞的表述类型。"风格不可分割地与一定的题材相联系,尤其是与一定的布局结构相联系,即:与整体构建的一定类型、完成整体的一定类型、说者与其他言语交际者(听众或读者、伙伴、他人言语等)的一定关系类型相联系。语言风格(语体)的历史嬗变与言语体裁的演变不可分割地联系在一起。标准语是由语言风格构成的复杂而能动的体系。在标准语的演变过程中,言语体裁起着主导作用。哪里有风格,哪里就有体裁。风格从一种体裁转入另一种体裁,不仅使自身在新的体裁中表现异常,而且会破坏或改变这一体裁。

语言手段和言语体裁的选择首先是由言语主体或者作者设定的指物意义的任务(主旨)决定的。这是在表述中第一个决定着它的布局修辞特点的因素。第二个决定着表述的布局和风格的因素是情态,即说者对自己表述的指物意义内容所持的主观的情感评价态度。在言语交际的不同领域中,绝对中立的表述是不存在的。表述的个人风格主要是由情态因素决定的。巴赫金认为,语言体系中有丰富的语言手段来表现说者的情感评价立场,但是这些语言手段本身是不具有情态性的,是完全中立的。第三个决定表述的风格和布局的因素是各种典型的诉诸受话人的形式以及对受话人的各种典型的见解,即表述的诉诸性、针对性。这是各种言语体裁的基本的决定性特征。巴赫金(1998:Vol. 4,177)指出:"每一表述都以言语交际领域的共同点与其他表述相联系,并充满他人话语的回声和余音……每一表述都充满对该言语交际领域中他人表述的种种应答性反应。"这种应答体现在意义的精微之处,体现在情态和风格中,体现在布局的微妙之处。任何表述都是言语交际链条中的一个环节,它不仅与此前的环节而且与后续的环节相联系。表述充满对话的泛音,不考虑这种泛音,就不能彻底地理解表述的风格。无视说者对他人及其表述(现存的和预见的表述)的态度,就不可能理解言语体裁和言语风格。巴赫金认为,传统的修辞学只注意到前两个因素,因此是具有狭隘性的。修辞分析要涵盖风格的一切方面,就必须分析完整的表述,把表述放到言语交际的链条中,作为其中的一个不可分割的环节来分析。

对话性是巴赫金思想的核心,它几乎贯穿在巴赫金诗学和话语理论的每一个领域和发展阶段。但对话性在论述陀思妥耶夫斯基的诗学问题时得到了最充分、最完整的表述。他认为陀思妥耶夫斯基的小说突破了欧洲传统的独白型小说模式,创造了一种全新的艺术思维类型,即复调型。巴赫金(1998:Vol.5,4)指出:"有着众多的各自独立而不相融合的声音和意识,由具有充分价值的不同声音组成真正的复调——这确实是陀思妥耶夫斯基长篇小说的基本特点。在他的作品里,不是众多性格和命运构成一个统一的客观世界,在作者统一的意识支配下层层展开;这里恰是众多的地位平等的意识连同它们各自的世界,结合在某个统一的事件中,而互相间不发生融合。"这种复调小说渗透着一种全方位的对话性,一种多声部性,它涉及小说的各个层面,包括作者与主人公的关系、主题思想、体裁特点、情节布局以及小说语言等。关于体裁,巴赫金认为一种体裁在每个文学发展阶段上,在这一体裁的每部具体作品中,都得到重生和更新。体裁过着现今的生活,但总是在记着自己的过去和自己的开端。在文学发展过程中,体裁是创造性记忆的代表,它保证了文学发展的统一性和连续性。值得注意的是,巴赫金在论述小说的时间和空间关系时,还提出了"时空体"的概念。它表示时间和空间不可分割的关系(时间是空间的第四维)。作为一个形式兼内容的文学范畴,时空体决定着体裁和体裁类别以及人物形象。同时语言也具有时空体性质。意义的表达要想进入我们的社会经验中去,必须采取某种时空的表现形式,即符号的形式。在一部作品或一位作者的创作范围内有许多时空体,它们相互处于对话性的关系中,这种对话性进入作者、表演者、听众和读者的世界。

关于小说语言的对话性,巴赫金提出了"超语言学"的概念,以区别于索绪尔等的语言学。超语言学研究语言中超出语言学范围的那些方面,即对话关系。在复调小说中,关键不在于有无各种语体、地域方言、社会方言和职业行话等语言手段的差异,即不在于根据纯粹语言学标准来判断有什么成分;关键在于上述各种语言材料是按照怎样一种对话的角度组织在作品中。巴赫金(1998: Vol. 5, 242)说:"语言只能存在于使用者之间的对话交际之中。对话交际才是语言的生命真正所在之处。语言的整个生命,不论是在哪一个运用领域里(日常生活、公事交往、科学、文艺等等),无不渗透着对话关系。"对话关系不等同于逻辑关系和语义关系;这两种关系要想成为对话关系必须获得具体的体现,即化作言语或话语,同时还要体现作者的存在。巴赫金区分了三种类型的语言,即直接指述自己对象的语言(表现说话人最终的意向)、客体的语言(人物的语言)和双声语(包容他人话语的语言,如仿格体、讽拟体、故事体和对话体)。他认为现代修辞学只注意到了第一种类型的语言,双声语应该是超语言学的主要研究对象之一。双声语是对话交际的必然产物。

最后我们谈一下巴赫金的狂欢化理论。在考察陀思妥耶夫斯基的复调小说体裁的传统时,巴赫金已经对文学传统中的狂欢化有所论述。在论拉伯雷的创作中,巴赫金集中探讨了狂欢化问题。狂欢化把一切表面上稳定、已然成型的、现成的东西全给相对化了,使它们在共时的空间里形成一种对话关系。欧洲文学中的狂欢化是与欧洲文化中的狂欢节庆典仪式密切联系的,它通过降格、贬低和夸张等来达到一种诙谐、怪诞,体现了一种平民性。巴赫金指出狂欢节式的笑文化的三种基本形式之一是各种形式和体裁的广场语言,如粗话、诅咒、发誓、民间的褒贬诗等,这涉及古老的方言、俗语、谚语等非标准语言。这种广场语言不仅表现了一种多语杂陈的对话性,而且作为非官方、非教会的民间文化的表现形式之一有力地挑战了严肃、高雅、正统的官方文化和教会权威。巴赫金认为,文学狂欢化问题是体裁诗学的重要课题之一。

以上我们简要回顾了巴赫金诗学和话语理论中一些重要概念和理

论,他主张从社会学的角度研究语言的使用,强调语言的交际性和对话性以及表述(话语)的风格和类型等。他切中了当时形式主义诗学和结构主义语言学的弊病,而在文艺学和语言学领域对这些弊端的反思却要等到70年代之后。因此,我们不能不钦佩巴赫金思想的深刻性、洞见性和预见性。虽然巴赫金批判了与布拉格学派有密切关系的俄国形式主义的理论,例如:"自动化"和"可感觉性"等心理主义的观点,但是我们仍然可以看出他们具有一些相似之处,如:功能语体理论。巴赫金的语言观也许与韩礼德的系统功能语言学具有更多的相通之处,如:在社会学方法、人际功能、体裁、语境和语域理论等方面。然而,虽然巴赫金的理论思辨性比较强(这一点为后结构主义者所看中),却未能建立起一门真正的具有系统性和分析性的超语言学;而韩礼德的语言学理论具有很强的系统性和操作性,两者形成互补。但是,巴赫金的思想在西方被发现,首先要归功于法国结构主义者。在这一过程中,有个关键人物发挥了重要作用,她就是法国文学理论和批评家朱丽叶·克里斯蒂娃(Julia Kristeva)。她最著名的贡献是关于互文性的理论,具体参见本书"什么是互文性?"部分。同时,这一时期随着社会语言学、系统功能语言学、语篇语言学、话语分析和语用学等的发展,文体学领域中的话语文体学和语境文体学正在崛起,系统功能文体学也处于繁荣时期。由于它们在理论上有相通之处,巴赫金的话语理论很快进入了文体分析领域。在这一过程中,上面提到的英国文体学家罗杰·福勒(Roger Fowler)发挥了重要作用。关于福勒对巴赫金理论的运用,我们在"什么是话语文体学?"部分以及前面的"什么是功能文体学?"部分中有所提及。他主要利用韩礼德的系统功能语法结合巴赫金的对话理论来分析文学语篇中的杂语(heteroglossia)和多声(polyphony)等现象,注重揭示语篇的意识形态涵义(Fowler, 1981,1986,1989)。福勒的批评语言学研究影响和带动了一大批文体学家进行批评文体学研究。因此,巴赫金的思想也越来越引起功能文体学家尤其是批评话语文体学家的关注。当然也听到不同的声音,譬如,Bek(1999)认为巴赫金的话语理论与韩礼德的系统功能语法和社会符号理论在语言观和方法论上是不可通约的,因此对福勒的批评语言学提出了质疑。

20.5 结语

20世纪80年代以来由于文体学领域对话语和语境的普遍关注,许多重视语言使用和语境的语言学分支,如话语分析、语用学、社会语言学,甚至认知语言学等学科的理论,被纷纷引入文体分析中来,话语文体学和语境主义文体学迅速崛起。它们与功能主义文体学在许多方面不仅具有相似之处,而且形成一种优势互补。90年代以来,文体学领域多元化趋势不断加强,同时也出现进一步融合之势。因此,传统的文体学派别划分变得越来越困难,一项研究按不同的标准可能会分属几个不同的派别。例如,韩礼德的系统功能语言学理论和社会符号学思想不再仅是系统功能文体学的理论基础,也是话语文体学和许多语境主义文体学分支的重要分析工具。这对以往的划分标准提出了挑战。例如,Burton(1982)利用M.A.K. Halliday的系统功能语法中的及物性系统对Sylvia Plath的自传体小说《钟形的坛子》的片段进行了分析,着重揭示了语言背后所掩盖的阶级压迫、性别不平等和种族歧视等权力关系。按所采用的语言学模式,它似乎可以归入系统功能文体学麾下,但是如果按研究目的,它又该划入语境主义文体学之列("社会历史/文化文体学"或女性文体学)。又如,R. Fowler等对语言和意识形态关系的研究,既采用了韩礼德的系统功能语法,也吸收了社会语言学和巴赫金等的话语理论等。因此,有人把它们列入系统功能文体学范畴,有的列为话语文体学领域,还有的划入语境文体学范围。他们自己则称之为"新文体学"、"批评社会语言学"、"批评文体学"、"语言学批评"或"批评语言学"等。G. Leech & M. Short(1981)对小说文体的研究在文体观上接受了韩礼德的功能文体观,自称为功能主义多元论。Taylor & Toolan(1984)认为,这种功能上的多元论决定了结构上的多层次性,即:语篇的形式文体特征和结构类型可以从若干不同的功能视角来识别。实际上,G. Leech & M. Short在方法上确实是谨慎的和实用的,或者说是折中主义的,它们涉及系统功能语法、格莱斯的语用学、布拉格学派功能主义、定量文体学、言语行为理论、结构主义诗学、话语分析以及法国符号学等。由此我们不难看出,今天功能文体学与话语文体学和语境文体学越来越紧密地结合在一起,你中有我,我中有你。从广义上来说,它们都可以称为是功能主义的。在学科交叉和方法多元化的今天,我们不必过多地去追求界限分明的学科划分或涉入派别之争,文体学本来就是一个不同理论和方法的争鸣之地。

21. 什么是话语文体学?

英文术语 Discourse Stylistics,有的学者译成话语文体学,有的学者译成语篇文体学,二者基本同义,为方便讨论,笔者未做进一步区分。

话语文体学是20世纪80年代初以来兴起的文体学派别。它是话语分析和文体学研究交叉形成的新兴文体学分支,是当今文体学研究的主流派别之一。刘世生(1998:41)指出:"话语文体学的理论基础是话语分析理论。"申丹(2000:25)也认为话语文体学是按照其采用的语言学模式来界定的,指"采用话语分析模式以及语用学和语篇语言学来进行分析的文体派别。"这些定义十分简洁、明确,然而在实际操作中我们却往往陷入困惑:到底哪些研究可以划入话语文体学范畴?这也许是一个仁者见仁、智者见智的问题。作为话语文体学的母体学科的话语分析和文体学本身就是界限模糊的学科,它们的理论方法也大都来自语言学或其他相邻学科。注意到这一事实,我们就会意识到话语文体学的界限是十分宽泛的,其理论来源也是多样的。因此,很难给话语文体学圈出一个界限明确的领地。但是,根据"家族相似性"原理,我们仍然不妨列出目前话语文体学研究的一些经典案例、所运用的主要理论分析模式以及它们所具有的一些基本特征,并对当前的发展状况作一简单介绍。

21.1 话语文体学的诞生

话语文体学产生的时代背景是20世纪七八十年代重视语言的实际使用的话语分析、语用学和语篇语言学等学科日益崛起,其对会话等语篇结构的细致分析以及对语境的重视受到越来越多的文体学家的青睐。许多文体学家发现这些以语言的实际使用为主要分析对象的研究与他们自己注重书面语篇尤其是文学语篇的文体分析具有天然的契合性。因此,许多文体学家开始尝试把这些话语分析模式运用到自己的研究中来(Carter & Simpson 1989;Coupland 1988)。这些早期的话语文体学研究主要是针对文学作品,包括小说、戏剧和诗歌中对话的研究。

在话语文体学的发展历史上,最具有里程碑意义的著作也许当属Carter & Simpson 1989 年出版的文集《语言、话语和文学:话语文体学入门》(*Language, Discourse and Literature: An Introductory Reader in Discourse Stylistics*)。尽管他们声称这个集子是本书的作者之一 R. Carter 1982 年出版的另一本文集《语言和文学:文体学入门》(*Language and Literature: An Introductory Reader in Stylistics*)的姊妹篇,但正是 Carter & Simpson 1989 年的这个集子正式奠定了话语文体学的学科地位。从一定意义上说,这本书的"引论"是话语文体学的宣言书。正如两位作者在该书的"引论"最后所说的,"我们希望这本书表明了语言作为话语的特殊重要性,为话语文体学的发展提供了一个开端。"(Carter & Simpson 1989:18)当然,这本书也被视为语言/文学界面研究进程中的重要一步。在这本书里,"文体学"是我们通常所说的"文学文体学"(与"普通文体学"相对)的代名词。为了表明他们的话语文体学立场,Carter & Simpson 引用了 G. Leech 对"文体学"的定义:"文体学……可以被简单地视为研究文学话语的那类话语分析。"很显然,此处的"文体学"也是指"文学文体学"。更为重要的是,在这里文学语言被视为一种话语。这不由得令人想起形式主义文体学对日常语言和诗学语言所做的区分。话语文体学似乎要打破这一严格的界限。这是新兴的话语文体学区别于以往的文体学的特征之一。

该书"引论"中十分重要的一点是作者对两种"文体学"和两种"话语分析"的区分。其中,两种"文体学"指"语言学文体学"(linguistic stylistics)和"文学文体学"(literary stylistics)。前者试图通过对文体和语言的研究来改善语言分析模式,从而对语言学理论的发展做出贡献;后者的显著特征是语言分析主要为更全面地理解、欣赏和阐释以作者为中心的文学语篇提供基础,它虽然在语言分析上对实用或新批评的"细读"(close reading)提出了挑战,但是在目的和技巧上仍联系密切。作者认为,语言学文体学的分析模式具有系统性和可重复性的优点,但是它不可能完全做到价值中立的科学性和客观性,任何语言学分析都是阐释性的;文学文体学的分析仍然是以语篇内的语言分析和作者中心为主,往往把语篇外的社会、政治、心理和历史等因素排除在外。前者在七八十年代受到了 S. Fish(1973/1996)等的挑战,后者在后结构主义和解构主义的浪潮中岌岌可危。因此,许多文学文体学家转向了教学文体学(pedagogical stylistics)(如:Carter, 1982),有些文体学家采取了谨慎、折衷的立场(如:Leech & Short, 1981),还有的文体学家仍然坚持中立的、客观的语言学描述,认为语言形式和意义存在一一对应的关系(如:Cummins & Simmons, 1983)。在此,我们且不去评价 Carter & Simpson 对两种文体学的区分是否合理,作者的意图是很明显的:他们试图通过审视过去各种文体学研究的优缺点,进行一种反思,以摆脱当时笼罩在文体学研究的阴影和低迷状态,从而为一种新的文体学——话语文体学——的闪亮登场做铺垫。

接着,作者讨论了两种"话语分析"传统:一种是基于自然语言的社会语言学分析的"话语分析",这是我们通常所说的作为语言学的"话语分析"学科;另一种是广义的社会语言学意义上的"话语分析",这种话语分析受到人文社会科学中的话语理论的影响。前者以社会语境中的实际语言使用(如:会话)为研究对象,一般注重句子以上的语言单位,它包括语篇语言学、语用学和话语分析等学科;后者更注重书面语篇,包括文学语篇中的社会历史/文化语境和意识形态因素,它从社会符号学思想、巴赫金的对话理论、福柯的权力话语理论以及阿尔都塞的马克思主义话语理论中获得启示。这以 Fowler 的"批评语言学"为代表,他既采用了韩礼德的系统功能语言学方法和社会符号学思想,也借鉴了社会语言学的研究成果以及巴赫金的对话理论。这方面的开山之作是 Fowler(1981)的《文学作为社会话语》(*Literature as Social Discourse*)。作者认为,这两类话语分析理论克服了先前文体学研究所面临的一些弊病,既有系统的、可再现性的严格的语言分析模式,也有结合社会历史/文化语境的意义阐释。因此,作者看到了一种新的、具有活力的文体学——话语文体学的诞生。同时,作者对这两类话语分析的区分也意味着后来话语文体学发展的两种倾向:一种注重通过系统的、可再现的语言学分析来探讨语篇的主题和意义表达,这与语言学文体学具有相似之处;另一种更重视揭示文体选择的社会意识形态的内涵,这在某些方面类似文学文体学。作者肯定了前一种所取得的成就,但似乎更看好后一种的发展潜力,因此说80年代是话语文体学的时代,90年代是社会历史/文化文体学研究的时代。此外,值得注意的是,在探讨这两类话语分析时,作者似乎有意淡化口语语篇和书面语篇的区别以及文学语篇与非文学语篇的界限。他们视文学语篇为自然发生的交际事件,实际上文集收入的文章也非常注重分析小说、戏剧和诗歌中人物间的对话以及作者、叙述者、隐含读者和实际读者之间的对话互动。需要指出的是,如同语言学文体学和文学文体学的区分一样,这两类话语文体学的区分也不是界限分明的。

21.2　话语文体学的早期研究及主要理论模式

如上所述,早期的话语文体学研究主要以对文学语篇的分析尤其是对话分析为主,这也许与所采用的话语理论模式有关,因为早期的话语分析研究以实际交际中的会话分析为主。例如:研究话轮之间的转换、句子之间的衔接和话语成分之间的语义关系等。但是,不同的话语文体学家由于个人研究兴趣的不同,所研究的重点以及所采用的话语分析模式也不同,有的甚至综合运用多种理论模式(具体可参见刘世生1998;申丹2000)。现结合具体的经典案例介绍如下。

首先,英国伯明翰大学的 Deirdre Burton 是早期话语文体学研究不可忽视的开拓者之一。Burton(1980)的重要著作和 Burton(1982)的著名论文分别代表了话语文体学研究的两种倾向。其中,Burton(1980)采用伯明翰大学 J. Sinclair & M. Coulthard 的课堂话语分析模式分析了现代戏剧作品中的对话。她对 J. Sinclair & M. Coulthard 的课堂话语模式(课—课段—回合—话步—行为)进行了修正,详细分析了

Harold Pinter 等作品中的戏剧对话中的话轮转换,尤其是话步(mover)和行为(act)等,并探讨了对话中大量的"沉默"(silence)现象所揭示的人物间的权力关系。M. Toolan(1989)后来沿用 Burton 的模式分析了 James Joyce 的小说《一位青年艺术家的画像》中圣诞晚餐里的人物对话中的话步。为了较为全面地解释人物对话的结构和意义,他还借鉴了 M.A.K. Halliday 的系统功能语法、H.P. Grice 的合作原则、W. Labov 的自然叙事语法以及 Sacks 等的会话分析中的有关理论。Burton(1982)利用 M.A.K. Halliday 的系统功能语法中的及物性系统对 Sylvia Plath 的自传体小说《钟形的坛子》的片段进行了分析。在这一文章中,她走得更远。该研究一反以往注重语言学分析模式改进的做法,更注重揭示语言背后所掩盖的阶级压迫、种族歧视和性别不平等等权力关系。在话语分析理论方面,她更倾向于下述政治思想和意识形态色彩比较浓厚的传统:R. Barthes、J. Derrida、M. Foucault 等的后结构主义,J. Lacan 的结构主义心理分析,L. Althusser 的结构主义马克思主义以及 E. Showalter 的女性主义批评等,重视语言对现实的建构作用,认为文体分析是一种政治化的活动,不是中立的和客观的。因此,她提出了"激进文体学"(radical stylistics)的概念。Burton(1982)的研究成为重视揭示语言使用中的意识形态思想的话语文体学传统的先声,它也深刻影响了 Sara Mills 等的女性主义文体学,被视为女性主义文体学的早期代表作(Weber, 1996)。

英国利物浦大学的 Paul Simpson 是另一位重要的话语文体学家。多年来他从社会语言学的角度对小说、戏剧等进行研究,发表了很多重要的话语文体学著作和论文。如大部分话语文体学家一样,他的研究也不局限于一种话语分析理论模式。在这里我们只介绍他收入 Carter & Simpson(1989)文集的两篇重要论文中的一篇,即他运用 P. Brown & S. Levinson 关于礼貌策略的理论模式对 Eugene Ionesco 的戏剧《课》(*The Lesson*)中人物对话的研究。Brown & Levinson 的礼貌理论中的核心概念是"面子"(face)。面子是一种公开场合的"自我形象"(self-image),它包括两个相互联系的方面:积极面子(positive face)和消极面子(negative face)。前者指每个说话者都希望他的需求至少是其他一些人所认可的,后者指每个说话者都希望他的行动不被其他人所阻碍。说话者会常常做出"威胁"听话者面子的行为。因此,在交际中人们会运用积极礼貌策略(positive politeness)和消极礼貌策略(negative politeness)来维持自我和他人的恰当形象。Simpson 通过礼貌理论框架分析了戏剧中人物间言语行为中礼貌策略的变化,以此来评价戏剧中对人物发展具有重要意义的社会关系的奇特性,从而揭示出戏剧所要表达的荒诞性。

通过以上具体个案的分析,我们可以看出话语文体学研究的理论模式是十分灵活和多元化的。话语文体学家们可以根据自己研究的对象以及兴趣选择自己所采用的一种或多种理论模式,不一而足。又如:M. J. Toolan 在其《小说文体学》(1990)一书中不仅运用了交际民族志学的会话分析理论,还借鉴了语用学中 H. P. Grice 的会话合作原则等话语分析模式,以分析 William Faulkner 的小说《去吧,摩西》(*Go Down, Moses*);M. Short(1989)结合戏剧对话高屋建瓴地向我们展示了如何把语用学中的一些模式(包括言语行为理论、语用预设、会话合作原则以及称呼等)用于剧本分析;M. Pratt(1977)也是较早把言语行为理论应用到文学话语分析的话语文体学家。需要特别指出的是,M. A. K. Halliday 的系统功能语言学和社会符号学思想是话语文体学的重要理论来源,许多话语文体学家在进行具体语言学分析时都把它作为分析工具,如:R. Fowler、David Birch 以及上面提到的几位。当然还有一些重要的话语文体学家在具体分析实践中发展了自己的话语分析模式。总之,话语文体学从诞生之日起就是一个开放和包容的文体学分支,显示了其强劲的发展势头。

21.3 话语文体学的基本特点

话语文体学作为文体学大家庭中的后起之秀,它有什么不同于从前的文体学研究的特点呢?话语文体学作为一门开放的、不断发展壮大中的文体学分支,其特征是难于概括的,根据 Carter & Simpson(1989)的观点,它具有如下几个共同特征:

1) 话语文体学的分析对象是句子或单个会话交流之上的语篇,它还考察影响语篇描述和阐释的那些更宽广的语境属性;
2) 话语文体学的分析方法具有明晰性、系统性和可重复性,读者对所分析的材料可以有不同的阐释,但是读者可以检验和再现原来的分析程序,因此在教学实践中具有可操作性;
3) 话语文体学一般都有具体的分析模式可循,对于个别语篇可能只适合用某一种现成的模式,但是大部分语篇分析都需要根据具体情况以假设的形式提出和运用某个特别的分析模式,而且所有的模式都需要根据不同的新材料不断改进和提高。话语层面的分析是复杂的,同一语篇也可以从不同角度用不同模式来分析;那些认为一个语篇只有唯一一种分析模式的观点是幼稚的。
4) 话语文体学虽然采用具体的分析模式并追求分析的系统性和可重复性,但是它也日益重视语境化和更广义上的话语参数,尤其是那些超越语言学描写的因素。话语文体学的语言观认为语言是一种社会符号。因此,话语分析不仅要关注微观语境(上下文),还要考虑宏观语境(社会语境)。在语篇阐释过程中,话语文体学家需要探讨系统的语言描写如何与性别、阶级和意识形态立场等兼容。话语文体学的跨学科性使其需要一种折中的立场。

应该说以上几点基本概括了当时话语文体学的发展状况。80年代,文体学在进行自我反思、寻找出路走出困境的时候,适逢话语分析、语篇语言学、语用学以及社会语言学等重视语篇和语境的语言学科呈现繁荣气象之时,再加上它们之间的天然亲和力,不难理解它们很快走向融合。然而,尽管作者说80年代是话语文体学的时代,我们应该看到它当时还处于探索和形成时期,许多方面还很不成熟。其实,作者当时的态度是有些矛盾的,或者是有顾虑的。他们一方面希望话语文体学继续保持所谓语言学文体学分析模式的系统性和可重复性的"科学性"特征,另一方面希望新兴的话语文体学能够满足当时对语境化呼声日高的需要,力求在语篇阐释中像传统文学批评等学科一样考虑社会历史/文化因素。作者似乎觉得这种社会意识形态阐释会妨害语言学模式的科学性。但是不管怎么样,作者还是看到了当时的发展趋势,预言将来的90年代是社会历史/文化文体学研究的时代,在文集中为这一话语文体学传统留了一席之地。

21.4 最新发展趋势

90年代以来,随着语言学研究向语篇层面的不断迈进以及语境化诉求的日益高涨,话语文体学研究多元化趋势加深,学科交叉、融合进一步加强,话语文体学阵容里产生了许多独立的流派,如语用文体学、批评语言学、批评话语分析、批评话语文体学、女性主义文体学、社会文体学、认知文体学和语料库文体学等。它们保持了80年代话语文体学研究重语篇、语境和分析模式的系统性等基本特点,同时吸收了语言学、认知科学和文化研究等学科的新理论以及计算机科学等新技术,无论在研究广度和深度上都有了前所未有的发展。今天,我们已很难在较短的篇幅内涵盖所有这些领域的研究成果,因此我们只选取有代表性的研究略作介绍,或许可以窥豹一斑。

话语文体学家Weber 1992年出版了《小说批评分析:话语文体学论集》(*Critical Analysis of Fiction: Essays in Discourse Stylistics*)。在这本著作中,作者吸收了M.A.K. Halliday的系统功能语言学、批评语言学、社会符号学以及认知科学中的图式等理论,提出了一个"批评话语文体学"分析模式,包括语言、符号和认知三个层面。因此,该模式集语言学分析、社会符号学批评和认知图式建构于一体,显示了该模式的强大。然后,作者从不同角度(包括语篇、作者和读者等)对一系列的经典小说作品进行了分析,从而展示了该模式的解释力。Clark & Zyngier(1998)也从批评话语文体学的角度分析了四位当代侦探小说家的作品,揭示了这些语篇的语言中所显示的意识形态成见,如:人物由社会决定的传统角色。两位作者认为通过对妇女形象的传统表征的挑战这些作家也许可以重构这一体裁。因此,具体说来这篇文章采取的是一种女性主义文体学视角。

Simpson & Hall 2002年发表了一篇重要的话语文体学综述文章:"话语分析和文体学"("Discourse Analysis and Stylistics")。在这篇文章中,他们综述了话语文体学的最新进展,包括重要的专著、有关著作章节和论文等,研究对象不仅涉及文学话语,还有非文学话语。该文接受了现代话语文体学研究的一个关键性假定:文学话语和非文学话语的区分不是单纯建立在语言基础上的,而是依据语篇、读者、惯例和社会文化语境的多元互动。文章还突出了当代话语文体学研究理论和方法的多样性,涉及语用学、会话分析、认知语言学、言语行为理论和话语心理学等领域。譬如,Magnusson 的专著《莎士比亚和社会对话》(*Shakespeare and Social Dialogue*)(1999)采用了新历史主义、会话分析和语用学中的礼貌理论等,结合伊丽莎白时代的书信、礼仪和宫廷书信手稿等,分析了莎士比亚戏剧中的对话,从而揭示了权势关系在主体性和个人身份的社会建构中的作用。Culpeper 的专著《语言和人物塑造:戏剧和其他语篇中的人物》(*Language and Characterisation: People in Plays and Other Texts*)(2001)也分析了莎士比亚的戏剧等中的对话和话语结构在人物塑造中的作用,但是 Culpeper 在分析方法上更加多元化,包括礼貌理论、图式理论、话语处理模式以及社会语言学中的变异理论和言语风格等。在叙事文体学研究方面,Toolan(2000)认为当代英语虚构作品中由第三人称标准英语叙事向第一人称方言英语叙事转变,并且小说会话中越来越多地使用日常会话中的口吃、重复等现象。Culpeper,Short & Verdonk(1998)分析了戏剧中的对话。在非文学话语研究方面,Culpeper & Semino(2000)从言语行为理论的角度运用早期现代英语巫术叙事语料研究了表示诅咒和愿望的言语行为动词"curse"和"wish"等的用法变化。此外,还有一些研究考察了公众和媒介话语对现实事件的建构。在考察了一系列研究之后,Simpson & Hall 的结论是话语文体学变得更加跨学科化,研究范式更加多样性,文学话语和非文学话语的界限也变得更加模糊。

总之,这一时期话语文体学的发展最显著的特征应该是其语境主义转向。我们相信随着认知科学尤其是认知语言学的发展以及多媒体和语料库技术的发展,话语文体学的研究会继续向深度和广度推进。在传统文体学在教学实践领域依然拥有自己广阔市场的同时,注重揭示意识形态的批评性文体学在大众话语分析领域将依然保持强劲发展势头,认知文体学、语料库文体学和多模态文体分析等将受到越来越多的研究者的青睐。

22. 什么是语境文体学?

文体学家很早就关注到语境在文体形成和理解中的作用。但是语境文体学(Contextualized Stylistics)的出现却是文体学发展史上晚近阶段的一个发展趋势。语境文体学是一个十分宽泛的概念,主要指那些自20世纪70年代末80年代初以来突出强调文体和语境互动关系的文体学研究派别。它的真正兴盛伴随着20世纪90年代以来人们对话语和社会历史/文化语境关系的日益关注。借用Thomas Kuhn(1996)的"范式"理论,语境文体学不过是文体学理论和流派发展史上继20世纪60年代的形式主义文体学(formalist stylistics)、70年代的功能主义文体学(functionalist stylistics)和80年代的话语文体学(discourse stylistics)之后的一次"范式"转换,是一次强调文体与语境关系的"语境主义"转向。因此,更确切地称呼应该是"语境主义文体学"(contextualist stylistics),简称语境文体学。有些文体学家称之为"语境化的文体学"(contextualized stylistics)(如:Bex et al. 2000;Mills 1992/1996;Toolan 1992;Weber 1996;刘世生1998)。还有的文体学家干脆直接采用"语境文体学"(contextual stylistics)这一称呼(如:Mills, 1995),内容所指大体一致。时至今日,似乎没有哪个文体学家公开否认语境在文体研究中的作用,他们在构建自己的理论模式或文体分析实践中都或多或少考虑到语境因素。因此,从一定意义上说,今天的文体学研究都是"语境化"了的。

22.1 文体与语境

如上所述,对于语境的关注并不是语境文体学家的专利。例如:结构主义文体学家里法特尔(M. Riffaterre)强调语境在读者在解读作品时的作用,他把语境分为微观语境(micro-context)和宏观语境(macro-context)。但是,他的语境主要指语言语境,包括上下文语境和文类互文语境等,很少考虑具体的情景语境和社会文化语境在语篇的产生和阐释中的作用。早期的功能文体学虽然也强调语境,试图把语言分析和意义阐释结合起来,但是许多功能文体学家往往过于简单、静止、机械地把形式与功能对应起来,给人以跳跃感(Taylor & Toolan 1996/1984; Weber 1996)。形式主义文体学和早期功能主义文体学存在的这些问题在 70 年代受到一些文体学家和文学批评家的非难,其中最著名的是 Stanley Fish 的挑战(Fish 1996/1973)。Fish 的指责不无中肯之处,但是他过于强调读者的作用,忽视作者的意图和语篇意义的相对稳定性,陷入了一种主观主义和相对主义的泥沼。他最终也无法提出一个令人满意的解决方法。因此,在 20 世纪 70 年代末,文体学自身在寻找出路的过程中逐渐放弃了对科学性和客观性的盲目追求,而转向理论模式和方法论上的实用性、系统性和可重复性。这导致文体学向两个方向发展:一个是教学文体学(pedagogical stylistics),另一个就是对语境化的诉求(Weber 1996)。文体学的语境转向受到当时正在崛起的语言学分支社会语言学、语用学、语篇语言学和话语分析等对语境的重视的影响。这里的语境不仅包括语篇内语境,而且包括语篇外语境。胡壮麟(2000:136)指出,"语言语境或语篇语境仅仅是语境文体学的一个方面,不是主要方面。因为这个问题在处理文体和读者关系时就可解决,读者必然是通过语篇来理解、发现和欣赏文体的。因此,语境文体学家更关心的是情景语境。"的确,对情景语境的关注代表了很大一部分语境文体学模式的研究重心。此外,许多文体学家也十分关注对语篇和社会历史文化语境关系的考察,譬如阶级、性别、种族和权力等因素与文体的关系;有的甚至从认知语境的角度考察语篇的文体特征。

Mills(1996:241)认为:"语境化的文体学(contextualized stylistics)是文体学一个十分新的发展方向——它从语篇内在批评转向理论上更加关注可能决定语篇内成分或与之互动的语篇外因素。"她对语境和语境化的看法不同于传统文学批评和文体学分析。她指出,传统批评大多数都是强调语篇产生的社会历史背景,文体分析对作者以外的其他语篇外的世界不感兴趣。话语文体学的出现开始关注语境因素(Carter & Simpson 1989),但是米尔斯(1996:242)认为即使话语文体学也采用了十分传统的语境模式,如下图:

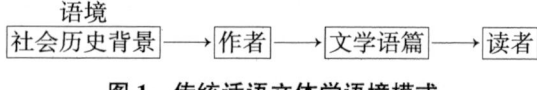

图1:传统话语文体学语境模式

在这一模式中,作者控制着他所生产的素材,语篇的结构和效果取决于作者,文体学家的任务就是找出这些结构和效果。这一模式存在着以下问题:首先,作者不能完全控制他的素材,他需要遵守文类规范;其次,很难证明文体学家所发现的结构和效果与作者的意图相一致;此外,这一语境模式没有考虑读者在阐释过程中更为重要的角色。据此,米尔斯(1996:243)提出了一个修正模式,如下图:

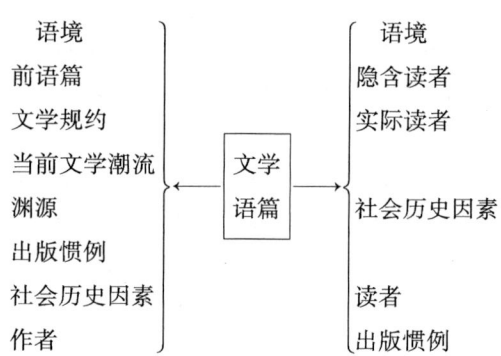

图2:修正后的话语语境模式

这一模式的一个优点是语篇生产和接受均被视为语境的一部分而不仅仅是语篇生产环节。另一个优点是读者角色被放到突出位置,他是一个积极的参与者而不是被动的接受者,积极协商语篇的意义,可以对此提出质疑,甚至抵制它。米尔斯认为尽管对语篇有多种解读方式,但是主导性的解读绝不是无止境的。总之,这一模式注重语篇和语境的互动,在语篇的生产和接受过程中语篇受到一系列因素的影响,并对读者和其他语篇产生影响。这不同于其他很多声称关注语境和读者的形式主义文体学模式的共性：在他们的模式中，主体（作者和读者）、语篇和语境很少处于互动和建构关系中。语境文体学家们越来越认识到，文体特征并非内在于语篇，也不完全靠读者的解读，而是语篇和读者互动的结果。意义和文体效果不是固定的、一成不变的，而是作者、作者的生产语境、语篇、读者和读者的接受语境等对话互动的结果，这里的语境包括各种社会历史、文化和互文因素（Weber，1996）。

22.2 语境文体学的主要分支

语境文体学作为文体学发展史上的一次"语境"转向，不是指某一个单一的文体学分支，而是一种潮流，它由许多支流汇合而成。胡壮麟（2000：124）指出："语境文体学家最大的困境是情况千变万化，有无数的言语情景，每一个都可以按无数的语境特征加以描写。文体学家的任务是从中提取在语言中可作为文体学上显著的选择的那些特征……在发现语境中和文体学有关的特征之后，需要用某些语言理论和模式作描写。在原则上，文体学家可以自由选择最适合他意图的描写模式。"因此，根据语境文体学家的研究对象、研究目的、所关注的语境类型以及所选用的理论模式的不同，语境文体学可以划分为不同的派别。Weber（1996）将语用文体学（pragmatic stylistics）、批评文体学（critical stylistics）、女性主义文体学（feminist stylistics）、认知文体学（cognitive stylistics）等都纳入语境主义文体学的范畴。刘世生（1998）认为语境文体学主要指继形式文体学（formal stylistics）、功能文体学（functional stylistics）和语篇/话语文体学（discourse stylistics）之后的社会历史/文化文体学（socio-historical or socio-cultural stylistics），包括 C. MacCabe 的语文学方法和 R. Fowler 的政治化的文体研究方法。

以上划分都是有其道理的。其中，Weber 的分类涵盖了当代关注语境的主要文体学派别，它们所运用的理论模式或关注的焦点比较明确。例如，语用文体学主要采用语用学的有关理论，包括言语行为理论、合作原则、礼貌原则、语用预设等（Pratt 1996；Short 1996）；批评文体学关注语言使用与社会意识形态的关系（Fowler 1996）；女性文体学重点考察文体与性别的关系，尤其是女性角色的语言建构（Mills 1992/

1996,1995);认知文体学指利用认知科学(尤其是认知语言学)的研究成果来研究文体特征的文体学分支(Freeman 1996; Semino & Culpeper 2002)。这些分支大多处于上升阶段或者正在成为新的研究热点,值得单列出来给予特别关注。当然这一划分也不是很严格,标准不一致,存在着诸多交叉重合,如:女性文体学从广义上来说是批评文体学一个分支。此外,Weber (1996) 将 Short 的 "话语分析与剧本分析"("Discourse Analysis and the Analysis of Drama")一文根据其所运用的理论模式列到语用文体学名下,这一文章原来收在 Carter & Simpson (1989) 的话语文体学论文集中。其实,Carter & Simpson (1989) 一书所收入的许多文章几乎都可以列入 Weber 所划分的不同语境文体学分支,如:Birch (1989) 的文章("'Working Effects with Words' — Whose Words?")被重新收入 Weber (1996) 文体学文集中的(批评文体学)一栏中。从广义上来说,话语文体学也可以划入语境文体学的范围,Weber (1996) 似乎也没有刻意做出这一区分。因为话语文体学也是注重语言的实际使用和语境的,许多话语文体学研究不仅考察 Carter & Simpson (1989) 所说的微观语境(即:语篇内语境),而且考察宏观语境(即:意识形态等社会政治文化语境)。文体学研究中的话语转向和语境转向是密不可分的,这种合流之势近年来日趋明显,人们越来越重视话语实践与社会历史/文化语境的互动关系。因此,从这一意义上说,当今文体学研究的语境转向,就是社会历史/文化文体学的崛起。当然,社会历史/文化文体学也只是一个统称,它内部涉及许多派别,我们将在下一节重点探讨。

此外,需要指出的是,Richard Bradford (1997) 较早明确地使用了语境主义文体学这个称呼,他指出:"语境主义文体学(contextualist stylistics)是一个包容的流派,它的各种派别统一在它们对于语境在文学风格的形成和影响方式的强调之上。这包括:(1)读者的能力和性格倾向;(2)控制所有语言话语,包括文学的主要社会文化力量;(3)各种意指系统,通过它们我们处理和阐释所有现象,语言的和非语言的,文学的和非文学的。"(Bradford 1997:73)他的界定似乎更广泛,范围涉及罗兰·巴特的后结构主义文本理论、乔纳森·卡勒的结构主义诗学、斯坦利·费什的读者反应批评(reader response)、罗杰斯·福勒的社会语言学批评(sociolinguistic approach)、萨拉·米尔斯的女性主义文体学(feminist stylistics)以及功能文体学(functional stylistics)等。Bradford在这里主要是针对文学文体学(literary stylistics),并把语境主义文体学与"文本主义文体学"(textualist stylistics)(如:英美新批评、雅柯布森等的形式主义)相对。但是,令人费解的是,他把深受乔氏转换生成语法影响的Ohmann等的生成文体学(generative stylistics)也列入语境主义文体学。更令人摸不着头脑的是,他把诺姆·乔姆斯基作为"功能语言学"领域最有影响的人物,并把生成文体学称为"功能文体学",而绝口不提韩礼德的系统功能语言学以及受其影响的功能文体学,只是在谈到语篇连贯时提到他的名字。也许作者有自己的划分标准,但是功能文体学这一术语的使用已经十分广泛,内涵相对稳定,这种明显的术语混乱似乎不应该,容易误导读者。此外,在这里我们还想指出,上面提到的文学文体学不同于Carter & Simpson (1989)的使用,它主要泛指以文学作品的风格为研究对象的文体学,与非文学作品的文体研究相对。Carter & Simpson (1989)所划分的文学文体学与语言学文体学相对,二者的研究对象都是文学话语,研究目的不同。这两种划分似乎都值得商榷。但是,这不是我们讨论的重点,沿用目前通行的看法,这里的文学文体学主要指以语言学或与语言学相关的方法来研究文学话语的文体学分支,即:狭义的文体学。这样一来,巴特的后结构主义诗学、卡勒的结构主义诗学以及费什的读者反应批评(情感文体学)等似乎都不宜划入语境文体学,虽然它们都关注文本以外的其它文本、读者甚至是语境等。

22.3 关于"社会历史/文化文体学"

Carter & Simpson (1989)认为,在文体学发展史上,如果说20世纪60年代是形式主义时代,70年代是功能主义时代,80年代是话语文体学时代,那么90年代将可能是社会历史和社会文化文体学研究主导的时代。这里的社会历史/文化文体学研究主要指那些注重语篇的意识形态批判的文体学研究。后来国内外的许多文体学者都接受了这一划分,似乎 20 世纪 90 年代确实产生了一个占主导地位的叫做"社会历史/文化文体学"的派别。在 20 年后的今天,对于如何看待 90 年代的文体学发展和社会历史/文化文体学这一称呼及其内涵是值得商榷的。为了搞清这一问题,让我们回到 Carter & Simpson 提出这一划分的起点,即他们 1989 年出版的话语文体学文集。其中,有几点值得注意:一、作者当时并没有使用"社会历史/文化文体学"这一专名,而是笼统地称为"社会—历史和社会—文化的文体学研究";二、作者当时(1989)只是对未来十年(90 年代)文体学可能的发展趋势做了一个预测;三、这一预测是建立在作者对当时话语文体学发展状况的评价基础上的。具体说来,书中首先谈了当时流行的话语文体学分析模式,即主要依赖话语分析和语用学等语言学理论建构的模式。这类话语文体学研究追求分析的系统性和可再现性,符合作者所说的语言文体学研究所追求的目标。最后,作者谈到当时日益强调语境化的趋势以及语言学描写很难触及更宽广的话语参数的问题,他们对话语文体学能否与其他描写模式以及非语言学目的相整合提出了疑问。这里作者关注的是话语文体学在文学文体学中的应用,即文学作为社会话语的意义阐释问题。由此,他们谈到了话语研究的另一个方向,即:巴赫金和福柯等强调意识形态、阶级和权力等社会历史/文化语境的社会符号学和话语理论。在此,他们特别提到了 Burton (1980)、Birch & O'Toole (1987)、Fowler 和 Fairclough 等话语文体学家在这方面取得的成就。正是基于这些研究成果以及对文学文体学发展前景的乐观判断,Carter & Simpson (1989: 17)才预言 90 年代是"社会—历史和社会—文化的文体学研究占主导地位的时代",但他们当时似乎无意也不可能给未来的这一趋势确立一个明确的名称。

事实上,"社会历史/文化文体学"这一称呼一直没有得到普遍认同。例如:Katie Wales 在 1989 出版的《文体学词典》中收入了 Burton (1982/1996)提出的"激进文体学"(radical stylistics)和 Fowler 的"批评语言学"(critical linguistics)等词条,这说明她注意到了当时这一文体学新的发展趋势。但是在2001年新版的《文体学词典》中,编者去掉了"激进文体学"这一词条,也没有收入"社会历史/文化文体学"和"批评文体学"等类似词条。我们认为,Wales不是有意回避或忽视问题,根本原因是这一称呼没有得到普遍认同,而且界定十分模糊,不宜作为一个专有名词列入词典。其次,被划入这一名下的文体学家们也没有接受这一统一名称,有的发展了自己的文体学分支,比如,Fowler的"批评语言学"〔Weber(1996)称之为"批评文体学"〕、Fairclough(1995)的"批评话语分析"(critical discourse analysis)和Mills的"女性主义文体学"(与Burton的"激进文体学"有渊源关系)都已成为独立的重要文体学分支;有的因提出者研究兴趣有变化或者因影响不大而没有得到进一步发展,如:MacCabe的历史语文学方法等。另外很重要的一点,今天看来"社会历史/文化文体学"这一名称并不能恰当概括20世纪90年代整个文体学的发展特点,它所包括的批评语言学等也只是90年代重要的文体学分支之一。综观90年代以来的文体学舞台,流派纷呈,名目繁多,包括传统文体学、功能文体学、话语文体学、语用文体学、批评语言学、批评话语分析、政治文体学(political stylistics)、社会文体学(sociostylistics or social stylistics)、批评话语文体学(critical discourse stylistics)、文化文体学(cultural stylistics)、语料库文体学(corpus stylistics)、计算文体学(computational stylistics)和认知文体学等。文体学发展呈现多元化趋势,由一家独领风骚的时代似乎已经一去不复返了。因此,我们建议放弃"社会历史/文化文体学"这一划分。申丹(2008)也注意到了这一点,似乎也不再坚持"社会历史/文化文体学"这一称呼。她建议将"批评文体学"或"社会历史/文化文体学"视为一统称,用来指代所有以揭示语篇的意识形态为目的的文体学研究。其实,"批评语言学"、"批评话语分析"和"女性主义文体学"等本身都很清楚地表明了自己的意识形态立场,而且它们均已成长为独立的重要文体学分支,再冠以统称似乎也没有太多必要了。最后,如果我们一定要给90年代以来的文体学发展趋势一个概括,"语境文体学"也许不失为一个更为恰当的选择;当然,80年代的话语文体学是这一趋势的滥觞。

22.4 结语

从以上分析我们可以看出,"语境化"是当今文体学发展中的总趋势。Weber(1996:3)指出:"文体分析中朝向更加语境化的运动可被视为连续的同心圆,表示语篇的语境范围逐渐扩大。"目前,这一趋势正在进一步向广度和深度发展,认知文体学对认知语境的关注就是很好的证明。但是,我们要避免一种泛语境化的倾向,不能因此而忽视或否定其它的文体学研究方法所取得的成就。学科发展中范式的转换并不意味着原来范式下的理论和方法将彻底消亡,也不代表新范式中的理论和方法完全割断与传统的联系。范式的转换只是说明一种先前的范式不再占主导,但是它旗下的理论和方法也可能继续存在,甚至会因吸收新的理论和方法而重获新生,或者改头换面,东山再起。新的范式也可能会吸收旧的理论范式中的合理内核。具体说来,形式文体学的方法并没有完全过时,也不能被完全抛弃;功能文体学也一直处于发展中,话语文体学和语境文体学也吸收了功能文体学的有关成果,从一定意义上说,它们都是功能主义的。例如,Burton 的激进文体学、Fowler 的批评语言学和 Fairclough 的批评话语分析都借鉴了韩礼德的系统功能语言学的分析方法,而功能文体学的许多研究成果也可以划入话语文体学或语境文体学的范畴。胡壮麟(2000:136)指出:"语境文体学既然根据各个语境要素决定对语言表达方式的选择,它必然是功能的。反之亦然,功能文体学必然要考虑如何在语境许可条件下去实现语篇的社会功能。"因此,我们要用发展的而不是静止的眼光看待一个文体学分支,因为随着时间的推移、范式的更替,它可能会不断吸收新的成果而取得生存和发展。因此,一个文体学模式按不同的标准可能会属于不同的派别。语境文体学在方法论上是建构主义的,这符合当今人文社会科学和认知科学的发展趋势。正如 Weber(1996:7)所指出的,"现在,对将来的研究者和实践者的挑战是认知方法和社会方法的进一步整合。"

23. 什么是互文性？

关于互文性（Intertextuality）这种现象，艾略特（T.S. Eliot）有一个著名的比喻："不优秀的诗人模仿，优秀的诗人偷用。"（Immature poets imitates; mature poets steal.）

互文现象也许与人类文明一样久远，自从有了语言也便有了互文现象，人们一直在自觉地或不自觉地运用着它。其实，互文现象早已为学者们所注意，它与诗学、修辞学、词源学、训诂学、考据学以及传统语文学都有密切关系，它与传统的起源研究和影响研究也有许多相似之处。但是，作为一种正式的、系统的理论，互文性研究的兴起与20世纪语言学、符号学和文学理论的发展密不可分。具体地说，互文性理论是后结构主义文本理论的产物。互文性这一术语是20世纪60年代末法国文学理论家和批评家朱莉叶·克里斯蒂娃（Julia Kristeva）首先提出来的。从一定意义上说，互文性理论的流行与人们对语境（包括语篇、社会历史/文化语境）的关注是分不开的。如今，互文性理论已经成为文学理论和批评、诗学、符号学、叙事学、文体学、语篇语言学、话语分析以及文化研究等共同关注的领域，互文性概念也已成为这些领域的关键词之一（如：Asher 1994; Prince 1987; Wales 1989; Wolfreys 2004; 胡壮麟、刘世生 2004; 赵一凡等 2006）。如同文本概念一样，互文性这一术语自从被提出来之后得到如此多的界定和使用，以至于现如今它的意义和所指已变得含混不清。Allen（2000：2）指出："互文性是当代批评语汇中被使用最广泛也是被误用最广泛的术语之一。"下面将对互文性理论的起源、基于文本的文学理论中的互文性研究、基于语篇的语言学中的互文性研究、互文性研究的发展趋势及其困境做一简要回顾，希望能够揭示文学和语言学中的互文性研究的异同，并为它们的进一步沟通和结合创造条件。

互文性理论是一种关于文本/语篇/话语（text/discourse）的理论，它主要指一个文本与其他文本的联系。需要指出的是，对文本、语篇和话语等概念的使用，不同的学科甚至不同的学者都会有不同的界定。

这些概念的所指有时候确实不同，但是很多时候它们的所指基本相同，只是学科惯例或者学者个人偏好的不同。有鉴于此，在本文中我们不打算对这些术语做繁琐的内涵和外延的区分，但是细心的读者有时会发现它们在使用中的一些差别。这里对文本等概念的使用主要指以人的自然语言为载体的文本（书面的和口头的）。当然，我们也注意到，这个概念也用来指称以其他媒介为载体的文本，如电影、绘画、音乐和建筑等，有时候甚至把整个社会历史/文化语境隐喻为一个大文本。这种泛文本化倾向主要表现在文化研究领域中。

23.1 互文性理论的源起

以上我们说，互文性理论是后结构主义的产物。具体地说，它是对索绪尔以来的结构主义语言学、俄国形式主义、列维—施特劳斯的结构主义人类学和传统的作者中心论的文本创作理论的一次挑战。但是与20世纪文论的其他许多理论思潮一样，这次发难也是从结构主义内部开始的。无论是互文性理论的提出者克里斯蒂娃，还是后结构主义理论的主要拥护者巴特、德里达等，他们都受到索绪尔结构主义语言学的深刻影响，从一定意义上说，他们都是结构主义者。作为互文性理论更为直接的来源的巴赫金话语理论也是建立在对索绪尔结构主义语言学和深受其影响的俄国形式主义的批判之上的。巴赫金（1998：176）曾经指出："法国文艺学思想对我国的形式主义的影响，特别是法国语文学和文体学家的影响，是相当大的。"在作者注中，巴赫金还特别指出这里的文体学家指"日内瓦学派的巴依和塞舍"，他们是索绪尔的学生和同事。由此可见，克里斯蒂娃所提出的互文性概念的两大理论来源分别是索绪尔结构主义语言学和巴赫金的话语理论，这似乎是偶然中的必然，是顺理成章的事情。

索绪尔的结构主义语言学提出的一些重要区分，如语言与言语、能指与所指、纵聚合与横组合等，对后来的结构主义和后结构主义理论，包括符号学研究，产生了深远影响。他认为语言是一个基于差异的关系系统，语言的意义来自这种差异性。巴赫金批判了索绪尔语言学只注重语言系统的抽象客观主义，主张研究言语，提出了超语言学。他强调话语的对话性,认为话语离不开社会历史语境,受意识形态要素的影响。他还把话语分成不同的言语体裁。巴赫金(1986:162)认为"文本仅存在于与另一个文本(与语境)的联系中。只有在文本间的联系之处亮光才会闪现,照亮前面的和后面的,并把一个特定的文本加入到对话中去。我们强调指出,这一联系是文本间的对话性联系……在这一联系的背后是人物而并非事物间的联系。"巴赫金认为文本存在着横向(主体—接受者)和纵向(文本—语境)两条轴线,由此形成对话(dialogue)和互渗(ambivalence)两种关系。对话指的是语言本身固有的语言不同层次之间的关系,"是语言生活可能性的领域";而互渗指的是"把历史嵌入文本,把文本嵌入历史"。由此可见,巴赫金的话语或言语是语言形式和社会意识形态内容的结合。巴赫金的话语理论,尤其是他关于陀思妥耶夫斯基小说诗学中的复调理论和拉伯雷研究中的狂欢理论,对克里斯蒂娃走出结构主义和形式主义的束缚具有很大启发性。在克里斯蒂娃看来,巴赫金的话语理论打破了文本的静态观。她认为巴赫金的对话主义和狂幻化诗学里就蕴含着互文性理论。

互文性概念由克里斯蒂娃在1966年发表于 *Tel Quel* 杂志上的一篇介绍巴赫金的对话性等思想的论文中首次提出。她在次年刊登在同一杂志上的另一篇论文"封闭的文本"中进一步明确指出,互文性是"一个文本中交叉出现的其他文本的表述"、"已有和现有表述的易位……"(萨莫瓦约 2003:3)。这一概念在她1969的著作《符号学:语义分析研究》中得到进一步阐释:"任何文本都是由引文(citations)拼凑而成,任何文本都是对其他文本的吸收和转化。互文性概念开始取代主体间性概念。"(Kristeva 1969:146)这样,任何文本都是互文本,都与同一时代或从前时代的文本有联系,没有脱离开其他文本的文本。这一理论随后得到许多学者〔包括她的老师罗兰·巴特(Roland Barthes)、她的丈夫菲力普·索莱尔(Philippe Sollers)、法国叙事学家杰拉德·热奈特(Gerard Genette)和美国文体学家米歇尔·里法特尔

(Michael Riffaterre)等]的接受和拓展。例如:在 Tel Quel 杂志后来出的专辑《理论全览》中,索莱尔(1971:75)将互文性定义为:"每一篇文本都联系着若干篇文本,并且对这些文本起着重复、强调、浓缩、转移和深化的作用。"(转引自萨莫瓦约 2003:5)

在1974年出版的《诗歌语言的革命》一书中,克里斯蒂娃对互文性概念做了一次关键性的阐发。她的这段著名的文字被后来的许多学者所引用:我们知道,弗洛伊德详细说明了无意识行为的两个基本"过程":移位(displacement)和缩合(condensation)。在结构主义语言学发展的早期,克鲁泽夫斯基和雅可布森曾以不同方式用转喻(metonymy)和隐喻(metaphor)介绍了这两个概念,而自弗洛伊德以来人们一直从心理分析的角度阐释它们。

在这两个过程之上,我们必须加上第三个"过程"——从一个符号系统到另一个符号系统的转移(passage)。当然,这一过程是移位和缩合相结合的产物,但是这不能解释它的整个运作过程。它还涉及规定位置的改变——旧位置的破坏和新位置的产生。新的意指系统可以通过相同的意指材料产生,例如:在语言中可以产生从叙述到文本的转移。它还可以借助于不同的意指材料,譬如:从狂欢场面到书面文本的置换(transposition)。在此,我们考察了一个特定的意指系统——小说——的形成过程,它是几个不同的符号系统重新分配的结果:狂欢节、宫廷诗、经院式话语。互文性术语就指这种从一个(或多个)符号系统到另一个符号系统的置换;但是,由于这一术语往往被理解成老套的"渊源研究",所以我们宁愿用置换这个术语,因为它明确说明从一个意指系统到另一个意指系统的转移需要阐明新的规定位置,即阐释的和指示的位置。如果承认每一个意指实践都是各种意指系统置换的场域(一种互文性),那么人们就会明白,它所阐述的"场所"以及它所指示的"对象"从来都不是单一的、完整的、与自身等同的,而总是多元的、碎片的、能够被列表的。(Kristeva 1984:59—60)

由此,我们可以注意到克里斯蒂娃对互文性的界定与弗洛伊德的精神分析学有关联。这与美国文学理论家 Harold Bloom（1973）从精神分析学角度进行的影响研究不无相似之处。同时，这一界定也是从互文性角度对后结构主义的极好阐发。

克里斯蒂娃(1986)将文本区别为表现型文本(phenotext)和基因型文本(genotext)两类。前者指存在于具体语句结构中的语言现象，常见的音位、语义描写和结构的分析适用于这类文本，但它与语句而不是文本主体表述发生关系。基因型文本则"规定了表达主体的构成所特有的逻辑的运算"，是现象型文本结构化的场所，是意义生产之场。在克里斯蒂娃看来，互文性就产生于"现象型文本"与"基因型文本"之间交流的零点时刻，而处于互文性中心的则是主体的欲望，文字或书写正是一种把对能指的欲望的陈述转化为历史性客观法则的自发运动。

23.2　互文性与后结构主义文本理论

克里斯蒂娃提出互文性理论的年代（20 世纪 60 年代末）恰逢现代文学和文化理论从结构主义向后结构主义过渡之时。对客观性、科学热情、方法论上的稳定性以及其他高度理性化特征的追求逐渐被对不确定性、怀疑、不可交流性、主观性、欲望、快感和游戏等的强调所取代（Allen 2000：3）。因此，互文性概念最初被后结构主义理论家和批评家用来打破结构主义对文本的稳定意义和客观阐释等理念的追求。除克里斯蒂娃外，另一位著名的后结构主义理论家巴特的文本理论也受到互文性概念的启发。他的作者之死的文本理论与德里达关于书写和延异以及福柯关于权力和话语等后结构主义理论齐名。

巴特在其著名的"作者之死"(The Death of the Author)（1968）一文中指出："文本不是一个表达单一的'神学'意义的字符串（作者—上帝的'信息'），而是一个多维空间，各种书写在其中混合和碰撞，没有一个是独创的。文本是由来自无数文化中心的引用构成的织品……作者只能模仿一种姿态，这种姿态总是先前的，从来不是独创的。他唯一的权力就是把各种书写混合在一起，用一些来对抗另一些，这样的一种方式从来不停留在它们中的任何一个。"（Barthes 1977：146）巴特认为这种书写的多样性聚焦于读者而不是作者。巴特(1977)在"从作品到文本"(From Work to Text)(1971)一文中区分了著作(work)和文本(text)这两个概念,第一次系统阐述了自己的文本理论。其中他提到了文本的多元性,他认为文本仅存在于差异性中,与引用(citation)、参考(reference)、重复(echo)以及先前或当代的文化语言交织在一起,形成一种立体声。每个文本都处于互文之中,文本是一个网络,互文不同于渊源和影响,例如:拼凑成一个文本的引文是匿名的、难以追踪的但是已被阅读过的;它们是不加引号的引用(quotation)。巴特的文本理论不同于克里斯蒂娃,它十分重视主体性,利用互文性消解了作者的权威,而把读者提升到极高的位置。

德里达(1981:26)认为:"无论在书面语还是口语中,如果没有与另一个本身并不简单的在场因素相联系,那么就绝对没有任何因素能作为符号起作用。这种联系意味着每一个'因素'——音素或字母——都是参照其中的踪迹由序列或系统中其他因素构成的。这种联系、这种交织就是文本,它只是通过对其他文本的转换才产生出来的。在诸因素或系统中,没有任何简单的在场或不在场的东西。有的只是差异和踪迹之踪迹。"由此可见,德里达关于文本互文性的理论是基于对差异和踪迹或者说延异(differance)的论述上的。福柯(1972:23)在《知识考古学》中指出:"一本著作的疆界从来都不是界限分明的:在它的题目、首行和最后一个句号之上,在它的内部结构和自主的形式之上,它陷入对其他著作、文本和句子的参照体系之中;它是一个网络中的一个节点。"福柯对话语的统一性和连续性提出了质疑,他认为这种统一性是可变的和相对的。与其他后结构主义者不同的是,福柯把话语的形成归结为一种历史的、制度化的权力建构。Fairclough (1992)认为福柯早期的知识考古学研究对话语理论有两点洞见:一个是话语的构成性,另一个就是社会或机构与话语实践的互相依赖性,即:互文性。

23.3 互文性与结构主义诗学

萨莫瓦约(2003:1)认为:"互文性概念在理论上的含混不清部分表明了某些文学理论家对它的排斥,原因在于它有截然不同的两大含义:一是作为文体学甚至语言学的一种工具,指所有表述中携带的所有的前人的言语及其涵盖的意义;二是作为一个文学概念,仅仅指对于某些文学表述被重复(通过引用、隐射和迂回等手法)的相关分析。这种二分法多多少少对应了文学言语中的二元对立,即形式严谨的狭义上的定义和用于释义的广义上的定义。"萨莫瓦约这里所谓的"作为文体学甚至语言学的一种工具"的、"形式严谨的狭义上的定义"的互文性应该是指法国叙事学家热奈特和美国文体学家里法特尔等的结构主义互文性理论,另一种即上面所探讨的克里斯蒂娃和巴特等的后结构主义互文性理论。与巴特等对互文性的使用和他对多元化、从各种束缚中解放的读者的欢迎不同,热奈特和里法特尔都运用互文性理论来支持意义的确定性。

热奈特在1979年的《原文本导论》(*Introduction à l'architexte*)中提出了"跨文性"(transtextuality)的概念,指文本的超验性,即"所有使文本与其他文本发生明显或潜在关系的因素"(热奈特 2001:64)。他把克里斯蒂娃提出的"互文性"(intertextuality)置于其下,另外还包括元文本性(metatextuality)、副文本性(paratextuality)和原文本性(architextuality)。后来,在《隐迹稿本》(*Palimpsestes: La litterature au second degre*)(1982)中他把跨文性重新划分为五种类型:一、互文性,指一个文本在另一个文本中真实的出现,包括引用、暗示、典故、原型、模仿、剽窃等;二、副文本性,指作品正文与其他组成部分的关系,包括作品的标题、序、跋、插图、插页、封面、磁带等;三、元文本性,指一个文本与它所评论的文本之间的关系;四、超文性(hypertextuality),表示联结前文本(蓝本)(hypotext)与在前文本基础上构成的次文本(承文本)(hypertext)之间的关系,如:《尤利西斯》是以《奥德赛》为蓝本的承文本;五、原文本性,是一种纯粹的类属关系,如文学体裁:小说、诗歌、散文、叙事等。从这五种分类看,热奈特的跨文性概念是十分宽泛的,但是他的界定相对明晰,是严格基于具体文本分析之上的,可操作性强。

里法特尔(1984)对互文性的定义相当于热奈特的跨文本性,指读者所发现的一部作品与其前或其后的其他作品的关系。他认为,除了文学文本与非文学文本所共有的线性阅读外,文学文本还具有互文性阅读的特有机制,他似乎把互文性看做是构成一部作品文学性的基本因素。与热奈特注重宏观结构的分析不同,里法特尔的互文性分析更多地关注文体方面的微观结构,如:句子、片段或简短的诗歌文本,同时他主要从读者接受的角度分析互文现象。

此外,乔纳森·卡勒(Jonathan Culler)(1975)认为逼真(vraisemblable)是互文性的基础,即:某个具体文本与其它文本的联系。他区分了五个层次的逼真,即:一个文本与其它文本联系的五种方式:一、社会文本,即真实世界(the real);二、一般文化文本(cultural vraisemblance),即参与者的共享知识;三、体裁文本(models of genre),即文学的和不自然的逼真;四、对不自然的逼真的自然态度(the conventionally natural),即或隐或明地声明不遵守文学规约;五、具体互文现象的复杂逼真,即戏仿和反讽(parody、irony),这是第四种情况的特殊变体。根据卡勒的观点,这五个层次的自然化过程是阅读的不可避免的功能。Eco(1979)也认为互文性为读者的文本阐释活动提供了重要的参照框架。

通过以上简要分析,我们不难看出后结构主义和结构主义的互文性理论虽然都强调文本之间的联系,但是它们无论在研究旨趣还是研究方法上都存在差异。后结构主义重在用互文性来解构传统结构主义关于文本封闭性、静态性和统一性的桎梏,强调文本的开放性、动态性和多样性。它挑战作者的权威,突出读者的角色。结构主义的互文性理论不再过分强调文本的自足性,注重文本之间的联系,重视读者的能动性,但是它依然认为意义是稳定的,是有法可依的,它依然相信可以通过一套严格的语言分析方法解读作品。因此,结构主义变成一种开放的结构主义。一言以蔽之,后结构主义的互文性理论更多的是一种解构策略,而结构主义的互文性理论更注重可操作性。

23.4 互文性与语言学分析

上面我们谈到互文性概念的两个来源分别是索绪尔结构主义语言学和巴赫金的话语理论,它不仅涉及文本的创作问题,而且关注文本的阅读。因此,我们不难理解互文性很早就受到以语篇或话语的生产和理解为研究对象的语篇语言学、系统功能语言学、话语分析、文体学以及其它以话语为研究对象的学科的关注。

语篇语言学:语篇组织与互文性

Beaugrande & Dressler(1981)认为一个语篇作为一个交际事件需要满足语篇组织(textuality)的七个标准:衔接(cohesion)、连贯(coherence)、意向性(intentionality)、可接受性(acceptability)、信息性(informativity)、情境性(situationality)和互文性(intertextuality)。其中,互文性关注"凭借一个或多个从前遇到过的语篇知识来有效利用某个语篇的因素",也就是说,一个特定语篇的生产和理解要依靠参与者对其他语篇的知识(Beaugrande & Dressler 1981:10)。这一界定要比克里斯蒂娃的定义要宽泛一些。他们认为,互文性影响语篇类型(text types)的演变。他们区分了描述型、叙事型和议论型三种语篇类型,文学语篇会综合运用这些类型。语篇类型为语篇事件的生产、预测和处理提供一套推断方法,是语篇交流的调控原则:效率、效果和得体性的突出是决定性的因素。在特定的语篇类型中对互文性的依赖也许更突出。譬如,在反讽、评论、驳斥和报告中,语篇生产者必须不断参照先前的语篇,接受者通常也需要对先前的语篇有一定熟悉程度。语篇类型似乎相当于体裁的概念。互文性的另一个问题是语篇暗指(text allusion)。原则上来说,语篇生产者可以利用任何获得的以前的语篇,但是在实际过程中,著名的语篇更适合,因为接受者更容易触及。某个语篇可以用来监测和管理其他语篇或其所暗示的角色和信念。Beaugrande & Dressler 倾向于从认知的角度研究互文性阅读,他们提出了话语世界模式(discourse world model)、概括、建构、再建构等概念,并采用了图式(schema)、框架(frame)、推理和激活等认知科学的概念来描述语篇的理解过程。他们用实证研究的方法对互文性的理解机制进行了有益的尝试,对从认知角度研究互文性阅读机制不无启示。

系统功能语言学:语篇、语境与互文性

Halliday & Hasan(1985)认为语篇是一种元功能建构,是纯理意义、人际意义和语篇意义的复合体。情境语境和文化语境共同构成了语篇的非言语环境。语境和语篇处于辩证关系中,意义从两者的摩擦中产生——"这意味着对任何语篇来说环境中的一部分是一组先前语篇,即被认为是参与者之间共享的语篇。"这就是一种互文性,一种共指现象。这种互文性既可以是明显地也可以是不明确地表达出来的。按照 Halliday 的观点,语境包括四类:一、情境语境,详细说明语篇语域的语场、语旨和语式的配置;二、文化语境,赋予语篇价值并限制阐释的体制和意识形态背景;三、互文语境,与其他语篇的联系以及从中获得的假定;四、文内语境,语篇内部的连贯性,包括体现内在语义关系的语言衔接(Halliday & Hasan 1985:49)。由此看出,Halliday 的系统功能语言学早期对互文性的界定比较狭窄,仅仅把它视为一种语篇语境。他在为 Cummings & Simmons(1983)写的序言里谈到了文体分析应考虑的若干问题中有两个是关于广义上的互文性的,一个是一般意义上同一体裁或不同体裁的语篇共鸣,另一个是文学语篇与评论、综述和注释本的关系。Thibault(Birch & O'Toole 1987)对语篇作为主体间过程以及主体作为互文建构提出了质疑。总的来说,系统功能语言学家和文体学家们似乎对互文性的作用重视不够,胡壮麟(2000:117)指出:"对互文性共鸣是文学评论的重要因素,但对文体学家有不同要求,因为一个语篇同另一个语篇的关系是用语言学词语解释的,这绝非易事。"这多少反映了许多语言学家和文体学家的看法。

批评话语分析:话语、社会与互文性

互文性在 Fairclough(1992,1995)的批评话语分析中占有重要地位。他的话语分析方法兼采众家之长,包括克里斯蒂娃的互文性概念、巴赫金的超语言学和言语体裁理论、福柯的话语理论、批评语言学以及其他话语分析理论。他把严格的语言学分析方法和互文性分析方法(微观分析和宏观分析)结合起来对话语演变进行社会意识形态批评,尤其关注话语与权利的关系。他认为,互文性分析居于语篇和语境之间,起中介作用,为语篇和语境之间的分隔架起一种桥梁。话语实践包括生产、分配和消费三个过程。从话语生产角度看,互文性强调语篇的历史性,即它们总是构成对已存在的言语交际链条的添加;从话语分配角度看,互文性有助于探讨相对稳定的语篇网络,语篇在其中移动,经历可预测的转化,如从一种语篇类型转变到另一种;从话语消费的角度看,互文性有助于强调阐释者对语篇的阐释不仅由一个语篇形成,而且还包括阐释者带入阐释过程的其它语篇(Fairclough 1992:84—85)。Fairclough 区分了显性互文(manifest intertextuality)和构成性互文(constitutive intertextuality)[Fairclough 倾向于用话语间性(interdiscursivity)]。显性互文指在一个语篇中其它具体语篇被明显地引用;话语间性指把互文性根据话语秩序的首要性原则方向延展。前者关注与其它具体语篇的关系,如:话语表征、预设、否定、元话语和反讽等,后者重视与规约的关系,如:体裁、风格、语域和话语等。Fairclough 认为互文性强调语篇的异质性,是语篇含混的起源之一。机构内部和不同机构之间的话语实践与特殊的互文链条(即语篇类型序列的转换)相关。互文性与主体性相关,话语实践的变化促成社会身份的变化。此外,互文性也与语篇阐释的连贯性密切关联。由此,我们可以看出互文性在 Fairclough 的批评话语分析模式中发挥着关键性的承接作用,它把语言现象和社会现象联系起来,从而由语言学分析进入到社会批判领域。

话语文体学与互文性

近年来,话语文体学家形成了互文性理论研究队伍中一支不容忽视的生力军。许多话语文体学家都受到韩礼德的系统功能语言学和社会符号学思想的影响,同时他们注意吸收其它学科的话语理论成果,如:福柯的权力与话语理论、社会语言学、话语分析、文学批评理论,甚至是语用学和认知科学的相关研究成果。他们积极关注语篇尤其是文学语篇和社会文化语境的关系,注意从互文性的角度考察一个语篇与其它语篇的关系(Birch 1989,1986;Fowler 1996,1977/1983;Kress 1988;Lemke 1988,1985;Kress & Threadgold 1988;Thibault 1994,1991,1989,1988,1986;Threadgold 1988;Verdonk & Weber 1995;Weber 1992)。譬如:Birch(1989)一反传统文体学对单一语篇的封闭性描述分析,从读者互文性的角度分析了一位新加坡诗人 Edwin Thumboo 的作品"Steel"。他从自己的社会、文化和信仰出发,结合当时的社会政治背景以及诗人自己的其它诗作,对该诗进行了细致的解读。Lemke(1988)和 Thibault(1986)主要是从系统功能语言学的角度对语篇进行了互文性主位形成的分析。值得注意的是,Weber(1992)借鉴了叙事符号学、认知语用学、人工智能和韩礼德系统功能语言学以及批评话语分析等有关理论,提出了一个由符号、认知和语言三个层面构成的话语文体学模式,从不同角度分析了一系列小说作品。这为从互文性角度跨学科、多层面分析语篇提供了有益的启示。

体裁互文性与交际民族志学

美国印第安纳大学民俗学研究所所长、著名的语言人类学家和民俗学家 Richard Bauman(2004)把民族志学的研究方法与巴赫金的言语体裁互文性理论相结合,提出了一种关于体裁和表演的口头诗学分析模式。他认为话语实践要经历一个去语境化(decontextualization)和再语境化(recontextualization)的过程。去语境化也就是话语文本化(entextualization)的过程,即:把一段话语组织成一个由上下文(co-text)限制、内部衔接、语义连贯的文本。文本在交流中要经过再语境化的过程。文本的可复述性是互文性产生的基础,而体裁互文性为文本的生产和接受提供导向性的常规框架,涉及话语的形式、语用和主题组织等。但是这种体裁规约不足以解释具体的文本,因此便产生互文性差距。这就需要对文本进行再语境化以校准这种互文性差距。根据这一理论框架,Bauman 研究了一系列跨文化语境中不同言语体裁的话语交际行为,包括冰岛的口承叙事诗、口述的苏格兰谜语故事、墨西哥市场上的叫卖以及美国得克萨斯乡间的笑话等,为体裁互文性研究提供了有益的启示。

语言学家、文体学家和话语分析家对互文性的关注一方面是因为对语篇的关注,更重要的是对语境和读者阅读方面的日益重视。克里斯蒂娃将互文性概念置于主体间性(intersubjectivity)之上。主体间性是胡塞尔现象学中的一个概念。胡塞尔认为,主体性存在于主体间性中,主体意识必须从"私人世界"或"生活世界"过渡到"共同世界"才能克服认识的个体性并达成对世界的共识,主体的认识是建立在主体间的互相理解和交流之上的。Leitch(1983:100)指出:"从历史的角度说,解构在我们的时代是作为对现象学和结构主义的严厉批判和替代而出现的。"后结构主义的互文性似乎取代了主体间性,把主体间的交流直接转移到了文本间的互动。在开放的结构主义和语言学分析中,主体间性跟互文性概念基本是可以互换的。主体间性涉及作者和读者之间关于文本的创作和阐释所需要的预设的共享知识,包括修辞手段、措辞、文类规则、价值观念和社会信仰等(Fowler 1977;Wales 1989)。

23.5　走向多元化的互文性

从以上分析,我们可以看出互文性理论大体上分为两条路线:一种是解构主义的,另一种是建构主义的。前者在理论上更具有解放性和颠覆性,意在质疑,具有非理性的特色;后者更注重建设性和实用性,重在解释,具有更多的理性色彩。基于这一点,不同学科、不同理论,甚至是截然对立的理论,都可以从中找到自己所需要的支持。互文性在后来的发展应用中也基本上有两种趋势。在文学理论领域,马克思主义、后殖民主义和女性主义等理论学说主要发挥了互文性理论批判性的一面,对意识形态、权力、霸权和性别不平等等进行了深度揭露。如:Frow(1986)从马克思主义的角度运用互文性来阐释文学史的发展与意识形态和权力控制不可分。他说:"文本可以界定为这些话语矛盾关系[控制与服从]的过程;在此,意识形态价值得到肯定或挑战,文本历史性得以生成。"(Frow 1986:169)此外,互文性还被用来描写后现代主义的特征:挑战封闭性、单一性和中心化,主张开放性、多样性和非中心化(Hutcheon 1988)。后现代文化被类像(simulacrum)所充斥,人们的消费从产品生产、包装、广告到消费都被一种模仿、复制所笼罩,在高新技术下拼贴大行其道。互文性理论也被用于其他媒介和文化艺术领域,如:建筑、绘画、电影和音乐中(Allen 2000)。

近年来,互文性在翻译研究、修辞学、教学等领域的运用反映了其更为技术性和实用性的一面(如:Halliday & Hasan 1985;Lemke 2004;

Scholes et al 1988;肯尼斯·博克等1998)。Halliday & Hasan(1985)主要从学校课程设计和课堂学习的角度谈到互文性。较早把互文性理论与阅读和写作教学相结合的当属美国著名的文学理论家、布朗大学的文学和比较文学教授Robert Scholes 1988年与人合著的《课本：文学语言导论》(*Text Book: An Introduction to Literary Language*)一书。在这本教材中，Scholes等用晓畅而风趣的笔墨，结合生动的例子说明互文性在写作和阅读中的运用，并以此来消解学生对创新性的焦虑以及对名家名作的敬畏和神秘感。Roman Jakobson(1987:429)区分三种翻译方式："语言内翻译"、"跨语言翻译"和"跨符号翻译"，从广义上来说，这都是一种文本互文现象。这为从互文性视角研究翻译理论和实践开启了一扇门。

此外，随着计算机、互联网、移动通讯和数字化信息技术的发展，特别是万维网(World Wide Web，即:www.)、电子图书、光盘、数据库的发展，一种新的文本方式——超文本(hypertext)日益盛行。与传统的平面、静态和线性的印刷文本不同，超文本以多媒体、多模态、发散式、随意性和超级链接等立体化、动态化手段为特征，大大改变了人们对文本、书写、阅读和观赏方式的看法。这对互文性理论既是一个有力的挑战，也是一个很好的发展。目前人们已经把它运用到新闻传播、文学写作、语言教学以及电视电话会议、电视回放、微信群聊等领域，例如：博客(blog)、网络文学、微博、微信的流行就是很好的说明。

23.6 互文性理论的追问：主体、文本、语境

互文性概念被不同学科和各种理论广泛使用，成为当今人文科学领域最时髦的语汇之一。这充分表明互文现象在社会文化领域里的普遍性，同时也显示了它在理论领域所带来的强烈的思想震撼力。互文性理论是多维的和包容的，许多重要的问题、对立和关系在这里交汇：作者与读者、创作与阅读、文本与语境、共时与历时、静态与动态、描写与阐释、社会文化与心理认知、形式与内容、理性与非理性、中心与非中心、封闭性与开放性、意识与无意识等(Fairclough 1992；Frow 1986；Hucheon 1988；Leitch,1983；Worton and Still 1990)。总之，由互文性理论可以引发出一系列的涉及主体、文本和语境的基本命题和追问：

命题一：作者死了。

命题二：读者降生。

命题三：一切文本都是互文本。

命题四：一切都要语境化。

追问之一：作者何为？

追问之二：读者何为？

追问之三：文本是什么？

追问之四：语境是什么？

其中关于作者和读者的命题和追问是关于主体间性的问题，它涉及作者的创新和模仿以及读者的反应和阅读策略；对于文本和语境的命题和追问关涉互文性问题，涉及两者之间的关系和互动。对于主体间性的问题，有人提出作者死了，有人说作者重生；有人说读者降生，并提出形形色色的读者角色，读者反应理论一时盛行。对于互文性问题，有人发出一切文本都是互文本，文本即语境，语境化似乎成了时代特色。套用詹姆斯的一句口号"经常历史化"（Always historicize!），我们可以说："经常语境化"（Always contextualize!）主体间性和互文性是密切联系的。

最后，我们也许会对互文现象本身发起一种认识论的追问：为什么互文？对这一问题的回答也许涉及哲学中的基本问题，如：模仿、差异与同一、重复和起源等。Bloom（1973）从精神分析学角度对诗人影响的焦虑的思考以及 Miller（1982）对小说中重复现象的探讨都触及这些问题。法国社会学家塔尔德（Tarde）（2008/1890）的社会模仿律以及英国著名动物学家道金斯（2006/1976）及其学生布莱克莫尔（2001）根据基因理论提出的文化模因论（mimetics）也对互文现象的思考提供了一些启示。互文性从本质上来看也许是人类社会文化模仿行为最重要的表现之一。此外，认知科学的发展成果，如：框架、图式、认知模型以及激活等理论，与互文现象也有相似之处。借用萨莫瓦约（2003）的观点，互文性也许是文学甚至是人类文明记忆的一种方式。

23.7 结语

通过以上分析，我们看到互文性理论无论从研究视角上还是分析方法上都为我们了解文本/语篇的写作机制和阅读策略提供了有益的启示。但是互文性理论在文学理论家的手里常常失之于宽泛和随意，主观性太大，缺乏可操作性；而在语言学家的手里又往往过于狭窄和刻板，一味追求客观，难以发挥其应有的威力。在理论整合成为时髦的今天，我们不妨欢迎这两种方法进一步沟通和对话，互相借鉴，取长补短。因此，如果谈到语言学和文学的界面研究，互文性理论也许不失为语言学和文学之间的一次有益互动，它本身就是互文的极好写照。文体学作为较早致力于这种结合的学科之一，应该更加关注互文性理论在文体分析领域的运用。一方面，发挥互文性分析关注不同文本之间历时、动态的相互关系的优势，以弥补一般文体学分析的不足，如：过分注重对单个文本的共时、孤立、静态描写或对两个或多个文本的单纯对比分析而很少关注不同文本之间的联系；另一方面，细致的文体分析也可以克服互文性分析方法上的缺憾。

24. 什么是文本世界理论？

在文体分析领域中，文本世界理论（Text World Theory）近来得到越来越多的从认知角度研究文学语篇的文体学家的青睐（Gavins and Steen 2003；Semino and Culpeper 2002；Stockwell 2002）。这一理论最初由话语语言学家 Paul Werth 在其 20 世纪 80 年代末 90 年代初发表的一系列文章中提出并逐步得到阐发。但该理论最完整、系统的阐述当属 Werth 1995 年去世后由英国著名文体学家 M. Short 整理出版的其遗著《文本世界：话语的概念空间表征》（1999）一书。在书中，Werth 构建了一个十分宏大的语篇处理模式，他本人称之为"认知话语语法"（Cognitive Discourse Grammar）。这一理论是在批判和吸收了认知心理学、人工智能、认知语言学以及语篇语言学等研究领域相关成果的基础上形成的。在这一模式中，一个最基本的概念即"文本世界"（text worlds），这是一种心理建构。因此，Werth（1999）常常称这一理论为"文本世界方法"（a text world approach）。Gavins（2001）首次使用了"文本世界理论"（Text World Theory）这一称呼，后来许多文体学者都沿用了这个名称。文本世界理论所提出的许多概念、理论和方法为认知文体学、认知诗学、认知叙事学以及认知话语分析等提供了一套有用的理论工具和分析方法。现具体介绍如下:

24.1 文本与语境

在文本世界理论中,Werth(1999)批判了乔姆斯基所代表的生成语言学的客观主义系统观,不同意他们把语法同意义和语境割裂开来的做法。他提出了自己的人性化语言观,强调知识的重要性、人的经验的核心作用、情境的不可避免的影响、文本驱动性以及经验表达的隐喻性。Werth十分注重语境在话语理解中的作用,他认为言语语境并不足以描述和解释话语机制,必须要考虑非言语语境,包括知识、框架、文本世界和情境语境等。Werth的情境语境包括与语言事件相关的直接情境和文化背景,涉及话语参与者所知觉、记忆和想象到的事件状态。与其他语境理论不同的是,Werth明确提出语境是受文本驱动的,而不是毫无限制的。在此基础上,Werth区分了"话语"(discourse)和"文本"(text)两个概念。"话语"指"一个完整的语言事件",是真实发生的语言序列,它的维度由情景包括参与者所决定;"文本"是"从话语中抽离出来的人工品",是话语的语言部分,它独立于包括现实生活情景等在内的语境(Werth 1999:1—3)。在Werth的理论中,还有一个十分关键的概念,即:"世界",指对具体事件状态的即时表征,它作为一个概念域储存在情节记忆中。一个事件状态由一系列情境构成,即:由处于连续时空中的相互联系的一组实体组成。因此,这里的"世界"是一种心理世界、概念空间或认知空间(mental world, conceptual space 或 cognitive space)。它与"可能世界"(Ryan 1991)和"心理空间"(Fauconnier 1985)等具有十分相似之处。

24.2 话语世界、文本世界与次级世界

基于语境和心理世界的概念,文本世界理论区分了"话语世界"(discourse world)和"文本世界"(text world)。话语世界是对直接情境的表征,它以感知为基础,并依靠所感知到的要素知识,话语世界是一种建立在真实外部语境基础上的建构;文本世界是一种由参与者通过

话语媒介协商产生的建构,尽管也由相关知识支撑,但它所依赖的是记忆和想象等,而不是凭直接感知。因此,话语世界与直接情境相关,文本世界与文本情境关联。Werth(1999:51)指出,话语是"生产者和接受者有目的地共同构建一个'世界'的努力,在这个'世界'里,命题推进是连贯的,并构成完整的意义"。这里的"世界"即文本世界,它是"一个指示空间,最初由话语本身所界定,具体由其中的指示和指称成分所界定"。一般说来,一个文本世界包括"世界建构成分"(world-building elements)和"功能推进成分"(function-advancing elements)。其中,"世界建构成分"包含指示信息和指称信息,前者确立文本世界的时间、地点和分布,后者确定出现在文本世界的实体及其属性和相互关系,同时还具有激活框架知识的功能。"功能推进成分"主要是通过命题实现的,命题在这里指"对一个简单情境(situation)的表征"(Werth,1999:196)。一个简单情境一般包括实体和路径,或实体和修饰。其中,路径表示关系,修饰表示属性。所有的情境要么是路径表达,即一个实体与另一个实体或情境相连接,要么是修饰表达,即一个实体与一个属性相连接。路径表达与行动和过程相连,修饰包括状态、环境和转喻关系等。情境也是被指示性界定的,虽然不一定明显,它往往从其语境中获得指示标识。一个情境可以嵌套另一个情境。"功能推进命题"(在叙事语篇中称为"情节推动命题")引入新信息。

文本世界是由话语从外部规定的,在文本世界内部还存在心理世界,它在内部由文本世界所规定,这种心理世界被称为"次级世界"(sub-worlds)。它主要包括三大类:指示次级世界、态度次级世界和认知次级世界。其中,第一类指示次级世界是因文本世界里的指示参数的变化而产生的与主体世界相类似的一个子世界。指示参数变化包括时间、地点、人物或其他实体的转换(如:"去年这个时候"、"与此同时"和"远在大洋彼岸"等)。时间转换包括倒叙(或闪回)和直接引语;空间转移可以被视为通达另一个场景的窗口或者分裂的地点,即同一时间不同地点。与此类似,实体转换也可以是不同组的实体(人物或物体)被给以同等的关注或者注意力按主要实体组和次要实体组分配。

第二类态度次级世界包括欲望世界、信念世界和目的世界等。第三类认知次级世界建构成分包括假设、条件、情态、表征和认识等表达(如："假如"、"我认为"、"根据图片"和"或许"等)。次级世界虽然也存在于话语中,但与文本世界处于不同地位。它在某种程度上是"不真实的",这种不真实性往往被认为是导致诸如指涉性、模糊性和投射性等问题的原因。

文本世界可以分为简单文本世界和复杂文本世界两种类型。简单文本世界的指示属性和功能推进命题彼此保持完全一致,人物、地点、时间和行动完全同一,所有的事件都发生在同一时间和地点;复杂文本世界包含次级世界,涉及不同的时间、地点、人物,甚至包括内心世界的活动,如想象、幻想和希望等。根据 Werth(1999：182)的观点,话语世界、文本世界以及次级世界都是同构的,从根本上说都与命题结构相似,是一种心理表征。具体说,所有层次的世界均包括情态和信息建构成分,如:时间、地点、实体及其属性以及实体间的关系等。其中,实体包括主角、物体和抽象概念。主角在话语世界里即参与者,包括讲话者、听话者和偷听者等;在文本世界里即指人物,包括扮演者和旁观者等;在次级世界里指次级人物,包括次级扮演者和次级旁观者等。这些建构成分虽然属于不同的话语层次,但在功能上是同等的。一般来说,话语世界的构建成分是暗含的,因为它们对参与者来说是彼此自明的,而文本世界和次级世界的建构成分是明显的。Werth(1999)认为功能推进在文本世界里最明显,其次是次级世界,而在话语世界里不典型。

24.3 话语共同场与元话语原则

Werth(1999：49)认为,话语是交际双方对"共同场"(common ground)进行协商的努力。在这里,"共同场"指:"在当前话语的任何一个给定的点,所有那些被表达出来和默许的命题以及任何将这些命题从一般知识或交互知识中激活的任何命题"(ibid.)。它是"讲话者和听话者一致同意接受的与他们的话语相关的所有信息"(Werth 1999：119)。共同场包括建构文本世界的背景信息和话语所提供的前景信息,即世界建构信息和功能推进信息。Werth(1999:117)指出:"像话语过程的其他部分一样,语境由参与者建构成一组一致认定的'事实',我们称之为'共同场'。""生产者和听话者的语境总是有一些不对称,尤其在书面话语里,但是构建共同场的部分过程就是协商一个一致认定的语境——要记住,这就是共同场。"(Werth,1999:149)由此可见,构建共同场的过程也是一种构建认知语境的过程。根据共同场的观点,任何(新)命题都可以根据其与共同场的互动得到评价,而共同场也可以不断得到修正和更新。Werth(1999:120)指出:"关于共同场很重要的一点是随着话语的进行它不断变化。新的信息不断被添加,而旧的信息常常根据后面的命题被修正或衰减。"由此可见,共同场是一种动态识解过程。这种话语互动遵守交际性(信息性、目的性)、连贯性(关联性)和合作性(责任性、权威性和可靠性)等元话语原则(discourse meta-principles)。话语的信息性表现为信息的递增或更新,即把当前的新信息(命题)根据连贯机制与推理机制与知识库相关联,并最终添加到共同场中。从语境立场出发,Werth 认为命题的真实性评价只是一种可能性,这种可能性受到讲话者可靠性(权威性)的影响,它们同命题的关联性一样都与语境相关。Werth 批评了 Sperber 和 Wilson(1986)的关联理论对语境、知识、话语和概念表征等没有给予足够明确的重视。Werth(1999:141)认为关联性和连贯性是一回事,都指向当前命题和共同场的关系。

如上所述,在共同场中还有一个知识库。这个知识库不是被动地存储,而是一个动态的中央处理器,负责不断地评估涌来的新信息。Werth(1999:94)认为在话语的阐释过程中,讲话者和听话者的共享知识发挥着关键作用。参与者的共享知识包括一般(公共)知识和交互(私有)知识。一般知识是一种社团性知识,包括文化知识和语言知识,交互知识是一种增长性知识,包括(现场)知觉知识和经验知识。知识的提取和选择是文本驱动的。因此,随着话语的展开,共同场中的知识库会越来越受到限制,即越来越明确。在阐释过程方面,除了上面所说的命题解码,Werth(1999:57—58)还指出了三种类型的推理过程,即演绎推理、诱导推理和隐喻推理。演绎推理是按照命题间的逻辑关系进行的推导,诱导推理是基于假定的联系而非严格的蕴含关系,它主要依赖世界知识,是一种基于不完全的直觉联系而进行的日常推理。按照 Lakoff 和 Johnson（1980）的理论,隐喻推理指不同概念域之间的投射。Werth（1999：324）在文本世界理论中,提出了一种连续性隐喻,即超级隐喻（megametaphor）,它指文本中的隐喻共同构成一个宏大文本结构。这种扩展隐喻是参与者可达的,它不仅可以产生次级世界,而且促成了不同文本世界之间的转换,形成一种"双重视角"。

一般来说,话语实践是一个逐渐展开的互动过程,文本世界的构建也是一个动态进程。这个过程实际上是一种"信息增长"或"信息更新"过程（incrementation 或 updating）。Werth（1999：124）把"信息增长"定义为"将当前命题添加到共同场的过程"。因此,信息增长的过程也就是建构共同场的过程。Werth（1999：131）指出："在文本处理过程中,每一个当前命题是通过语言阐释的,最后一个阶段是连贯机制,它把'未加工的命题'与推导机制和知识库（具体说就是累积的共同场知识）相联系。然后,信息增长过程就把当前命题连同所唤起知识的附加'注解'添加到当前共同场中。"上面我们谈到随着话语的进行,共同场中的知识成分会变得越来越明确,就是因为部分知识更新过程从知识库中获得了当前命题所唤起的知识。这种唤起过程实际上包括通过指示成分确认当前命题中的知识以及在知识库中查找更多的相关信息,这些信息将成为信息增长的一部分。因此,每次更新都包括当前命题所提供的信息以及从知识库唤起的更多信息（Werth 1999：147）。上面所谈的交互知识也是信息增长的结果,即：在交际过程中,一个参与者把自己拥有的知识传递到共享知识域中这些成为所有参与者的知识。那么,一个命题是如何得到添加的呢？这涉及命题与共同场互动中的评价问题。它遵循上述元话语原则,包括命题的真实性或可能性、讲话者的可靠性和权威性以及关联性等。在话语进程中,信息更新的方式一般是通过前景化：突出的新信息出现在独立的语法形式中,旧信息出现在依存性的语法形式中。但很多时候（尤其在文学作品中,如小说),新信息以一种背景的方式表达,这被称为"信息调节"(accommodation)。它常表现为揭示性指称、非常规断言以及世界建构谓词(包括命题活动、态度、体态、情态和复述)等。Werth(1999:289)认为信息更新是一个综合的三重过程,包括指示更新、指称更新和述谓更新。单纯的时间和(或)地点的改变并不足以创造一个新的世界。世界更新的关键因素是时间、地点和述谓所有三类更新的非连续性。

需要指出的是,文本世界的建构不仅是一个信息更新的过程,同时它要保持信息的连贯性,如:指称的连续性。作为文本世界的基本建构成分的指称进程主要包括两个阶段:一是确立阶段,即首次提及;另一个是保持阶段,即后续提及。具体说来,文本世界首先由时间和地点指示成分界定,并配备指称确立阶段的实体。然后,在功能推进过程中继续指称实体,使同一个实体形成指称链条以保持指称的连续性,防止指称交叉现象出现。指称链条的交叉、跨世界前指或其它不明晰现象都可以导致花园路现象或其他含混现象。指称链条的断裂还可以表现为胡话,令人费解,这在诸如精神分裂症等病理条件下可以看到。这往往出现在文学作品中,产生特定表达效果。

24.4 文本世界分层与可达性

以上我们谈了话语的分层结构、共同场以及元话语原则。我们看到,各级世界都是功能同构的,文本世界建构过程也就是话语共同场的建构过程,它们都遵循元话语原则,包括真实性、可能性、可靠性和关联性等。同时,话语的真实性和可能性要受讲话者的可靠性影响。但是话语中各级世界的建立者是不同的,处于不同的地位,因此其真实性和可能性等的评价也取决于不同建立者的可靠性。譬如:话语的生产者(讲话者或作者)对文本世界负责,但是人物却不需要对文本世界负责,他要对所创造的次级世界负责。对于各级世界的真实性、可能性、连贯性以及可靠性的判断取决于不同主角对各级世界的"可达性"(accessibility)(Gavins 2007:78;Werth 1999:213)。因此,参与者世界(文本世界)可以由参与者通达,即:他拥有足够的关于文本世界的信息,可以据此来评价它的真实性和可能性,进行推理,以及追踪所指链条。另一方面,人物世界与参与者隔一层。因此,他对人物世界中的信息所能做的就是把它们储存下来以备可能将来处理。参与者还可以通达话语世界,因为他栖身于其中。一般来说,主角可以通达他们所栖居的世界和任何他们直接创造的世界。因此,参与者可以通达话语世界和文本世界以及由他们所直接创造的次级世界,人物可以通达文本世界以及由他们创造的次级世界。这里特别引人关注的是次级世界的可达性,因为有的次级世界是由参与者创造的(participant-accessible)(在文学作品中由作者创造,在电影中由导演创造),有的却是由人物创造的(character-accessible)。例如:指示次级世界中的时间转换(时间包括言语时间、指称时间和事件时间),其中倒叙既可以是参与者可达的,也可以是人物可达的;直接引语一般是参与者可达的,而直接思想和思想报告都是人物可达的。由此不难看出,由于次级世界的多样性,其可达性也是很复杂的。

文本世界理论中的世界可达性概念可以用来解释叙事学和文体学研究中的叙述者可靠性和聚焦等问题。例如:小说和电影叙事中常用的外聚焦和内聚焦与文本世界理论中参与者世界和人物世界具有密切关系,分别涉及参与者可达性和人物可达性;多种聚焦方式的变换一般会产生文本世界转换和可达性的变化,固定聚焦往往可以保持文本世界的连续性和可达性的一致性。Werth(1999:332—333)用文本世界方法考察了 William Faulkner 的小说《喧嚣与躁动》(*The Sound and the Fury*)中的人物世界。小说是通过三个兄弟的视角展开叙述的,这三个兄弟的思维风格都受到干扰或损害:一个智力迟钝,一个患精神分裂症,一个反社会。通过分析,Werth 认为小说人物刻画的功能之一是帮助读者判断人物叙述者作为事件和状态见证者的可靠性。小说人物的确立是文本驱动的,在小说中作者世界隐退,读者体验到三个不同人物的"现实"世界。在这里,幻想世界和现实世界交织,其真实性取决于人物的权威性和可靠性等,从而丰富了小说世界的多元化和读者体验的多样性。Gavins(2007:131)也指出:"通过利用我们的潜意识阅读习惯并要一些干扰性的本体论和认识论戏法,作者可以制造一些十分有趣的概念效果。这些叙事花招只有在读者被成功地哄骗入一种虚假的感觉时——他们处于参与者可达的文本世界中,而实际上他们正经历着反映叙述者视角和内心思想的扮演者可达的情态世界里——才成为可能。"她以 Alex Garland 2004 年出版的小说《昏迷不醒》(*The Coma*)为例说明作者常常利用叙事圈套来达到特定文学效果。这部小说以第一人称叙述者—聚焦者展开。按照文本世界理论,文本世界的背景一般是由指示成分构筑的,指示成分确立时空坐标,并以自我为参照中心,即:指示原点(the deictic zero-point)。Werth(1999: 57)说在电影场景中,指示原点"大约相当于摄影机的位置"。在小说中,指示原点指作者观察者的位置。作为读者,我们在心理上往往选择在指示原点的叙述者的位置。但是在这部小说中,直到内容进行大半的时候读者才完全意识到这个聚焦者的不可靠性,因为他的大脑受到损伤,一直处于幻觉状态。这迫使读者不得不修正甚至完全改变他所建立的文本世界表征,甚至可能重读文本。这种花园路叙事圈套在侦探小说、惊险小说和科幻小说及后现代电影中十分流行。

24.5 文本世界理论的问题、新发展及应用

Werth 提出的文本世界理论作为一种语篇研究的认知方法,其理论建构是系统而宏富的。他试图把许多语言和认知问题置于这一框架下进行考察,一方面展示了其理论的适用性和解释力,另一方面也显示了其理论建构上的雄心壮志。但是由于他的过早去世,该理论还有许多亟待完善的地方,其可行性也尚需在实践中进一步检验。譬如:Werth 对文本世界和次级世界的区分尚欠合理,对次级世界的具体划分也不够明晰。有时很难确定某个世界的地位和性质(如:自由间接引语、自由间接思想等),有时甚至很难辨别不同层次的世界之间的界限,也许本来就是不同世界混合在一起〔这在视觉媒介(如电影)中并不少见〕。其次,在许多文学类语篇中,尤其是小说中,文本世界有时并不占据主要地位,而只占次要地位;相反,次级世界却占据主体地位,而且次级世界从理论上说可以具有无限多层嵌套(Stockwell 2002)。这样在结构表达上就变得十分庞大臃肿,在实践中缺乏可操作性。Emmott

(2000)指出文本世界理论对交际共同性的理解过于理想化,这反映在共同场以及共享知识等概念中,忽视了读者反映的个体差异。此外,文本世界理论具有目前几乎所有自称以语篇研究为出发点的认知理论的通病,它仅局限于对较短语篇甚至是片断的说明性分析和阐释。当然,这也许是由于篇幅的限制,但这也从一个侧面反映了目前认知语篇分析对处理较大语篇甚至是大部头著作的力不从心。当然,这也许与认知语篇分析重在研究语篇的生成和理解机制有关。

近些年来,许多学者积极把这一理论运用到各类语篇的分析中去,有的甚至从理论上对它进行了修正和补充。例如:Gavins(2001,2003,2005,2007)受Emmott(1997)的"框架切换"(frame-switch)的启发,主张用"世界切换"(world switch)的概念取代"次级世界"的提法。Gavins(2007:52)的理由是次级世界概念暗示一种"从属"的含义,容易造成误导——似乎所有新建立的世界总是必然附属于最初的文本世界的。她还用Werth的观点(即:初始文本世界的任何时间或空间参数的改变将会产生一个次级世界)来说明这种单纯的时空改变不是一种从属关系,而是一种世界切换。值得称赞的是,Gavins的世界切换概念用来描述文本世界的动态建构过程十分合适,它使整个图示结构表达更为简洁、流畅,同时Gavins也注意到了次级世界的划分不够合理,但是世界切换这一概念有时候掩盖了不同世界之间的层次关系。事实上,Werth(1999)已经注意到这一点。他曾提到分离次级世界(split subworlds),如:同一时间不同地点的场景转移,这实际上属于两个同等的文本世界。Werth曾使用了世界转移(world shift)这一概念来表示这种地域分隔的文本世界。但是他也划分了内外世界,如果文本世界是外部世界,那么次级世界就是内部世界,用来表达诸如内心思想、梦境、幻想等,它们是不同级、不同质的两种世界。这种内外世界的转换绝对不同于单纯的时空转移。因此,次级世界的概念对于表明不同世界的地位和性质十分有用,不宜取消。此外,同样是受Emmott(1997)的"框架修正"(frame-repair)和"框架置换"(frame-replacement)的启示,Gavins(2000,2001,2007)还提出了"世界修正"(world repair)

和"世界置换"(world replacement)两个概念,从而运用文本世界理论对叙事中的花园路现象做出了新的阐释。这也是对文本世界理论的新贡献。对于文本世界理论的应用,Gavins(2007:17)提供了一个详细的关于文本世界理论研究和应用的文章和著作清单,从中我们不难发现,文本世界理论正在被越来越多的学者运用到各种类型的语篇中,包括小说、诗歌、广告和广播等。有的研究者开始尝试把它应用到戏剧表演以及其他类型的直接视觉体验中,如:电影文本、图片广告以及其他多模态文本。我们相信文本世界理论所提出的一些概念和方法具有自身的优越性和适用性,它在语篇尤其是文学语篇的认知研究方面具有广阔的发展前景。

25. 什么是语用文体学?

25.1 语用文体学的定义

语用学最简单的定义可以是对语言使用的研究(study of language use)。语用学基本关心的是语句(utterance)而不是句子(sentence)或命题(proposition)的意义。换句话说,它不是 X 是什么意思,而是某个人用的 X 是什么意思。它的研究对象包括功能、意向、目标及话语的效应,其最终目标是揭示人们在特定的社会情景中使用语言需要的语言能力。

Hickey(1989:8—10)将语用文体学定义为运用语用学的相关理论进行文体分析的文体学分支。它是对语言使用的研究,特别着重分析同一意义的不同语言形式的表达,并对这些不同语言形式的选择与语言环境、说话人与听话人的知识背景以及说话人想达到的目的进行研究。语用文体学认为,不同语言形式的选择是由语用因素决定的。

一个与语用文体学密切相关的概念是文学语用学(Literary Pragmatics)。文学语用学是将语用学的理论应用于文学语篇研究的学科(van Dijk 1976;Sell 1985),它将文学语篇的写作和阅读看作互动交际过程。这种过程与特定的社会文化语境是密切相关的。因此,文学语用学主要研究下述语言特征:指示词,情态,共识,预设,礼貌原则,可讲述性(tellability),等等。这些语言特征都是由处在真实的社会文化语境中的作者、文本及读者之间真实的相互关系决定的。

25.2 语用文体学的应用

语用文体学通常运用在对小说或戏剧中的人物对话的分析中。经常应用的语用学理论包括言语行为理论、合作原则理论以及礼貌和面子原则等。

1) 言语行为理论

言语行为理论是由英国哲学家 J. L. Austin (1962) 创立并由他的学生 J. R. Searle 发展的。这一理论关心的是在说话时所产生的言语行为所具有的某种社会的或人际交往的目的和语用效力。

Austin 在初步区分了指陈性语句(constative)和行事性语句(performative)之后,又将言语行为分为三类:(1) 表述性行为(locutionary acts);(2) 施为性言语行为(illocutionary acts);(3) 成事性言语行为(perlocutionary acts)。表述性行为指关于说某事的行为(the act of saying something),即说话的字面意义。施为性言语行为指说话过程中的施事行为(the act performed in saying something),即看所说的话是构成一道命令还是请求、许诺等。成事性言语行为指言语之后的行为结果(the act performed by saying),指所说的话在说话人身上产生的效果。比如 Open the door. 这句话就同时完成了这三种言语行为:这句话本身是一个表述性行为;施为性言语行为包含了一个命令或者请求;听话人打开了门就是这句话的成事性言语行为。

Searle 进一步发展了这一理论。他区分了陈述性(Assertive, 如 assert, claim, state, inform)、指示性(Directive, 如, request, ask, urge, tell)、承诺性(Commissive, 如 commit, promise, threaten, offer)、表达性(Expressive, 如 thank, welcome, greet)和宣告性(Declaration, 如 declare, appoint, name)等五种以言行事的行为,并讨论了实施这些行为的条件。他把这些行为称为适合条件(felicity conditions)。这些条件大体可以分为四类:必要条件(essential conditions)、命题内容条件

(propositional content conditions)、真诚条件(sincerity conditions)和预备条件(preparatory conditions)。例如,请求和警告的适合条件是:

条　　件	请　　求	警　　告
预备条件	听话人将会做这一动作。	有一个未来的事件。
命题内容条件	说话人认为听话人可以完成这一动作,而且如果不是接到请求,听话人明显不会去做。	说话人认为这个事件会发生,而且对听话人不利;说话人认为听话人不容易认识到这个事件的发生。
真诚条件	说话人希望听话人做这一动作。	说话人认为这件事对听话人不利。
必要条件	说话人试图让听话人做这一动作。	说话人认为有责任让听话人知道。

文体学家可以通过对言语行为及其适合条件的分析,理解对话中任务话语的言语行为及其对话人物之间的关系。

2) 合作原则理论

合作原则理论是英国哲学家 Grice(1975)提出的。该理论认为,人们在运用语言进行交际时交际活动是否能顺利进行下去,除了取决于一些必要条件(例如交谈双方使用共同的语言、交谈的话题是双方都熟悉的等)之外,还取决于交谈双方是否都遵守一些基本原则。这些原则就是合作原则。Grice 将这些原则归纳为四个准则(maxim),每个准则包括若干具体规定:

(1) 量的准则(Quantity Maxim)

a. 所说的话要包含当前交谈所需要的信息;

b. 所说的话不要包含不必要的信息。

(2) 质的准则(Quality Maxim)

a. 不要说自知是虚假的话;

b. 不要说缺乏足够证据的话。

（3）关系准则（Relevant Maxim）

说话内容要有关联。

（4）方式准则（Manner Maxim）

a. 避免晦涩；

b. 避免歧义；

c. 要简练；

d. 要有条理。

在实际语言应用中，特别是文学作品中，会话原则往往会被打破。打破会话原则的方式主要有两种：违背（violate）和违反（flout）。

违背是指为了隐瞒他人而对准则的暗中打破。如果说话人违背质的准则，就是故意撒谎；如果违背量的准则，那就是给的信息不足，假如听话者发现所给的信息只是一部分，就会认为说话人是在欺骗。

违反指说话人明显不遵守合作原则，这种违反往往是说话人含有其他的意思，需要听话人推导出来。例如，甲问："What do you think of the play?" 乙回答说："The costumes were very impressive." 这里乙明显违反了相关原则，意思隐含了"I don't think much of the play." Grice 区分了句子意思（sentence meaning）和说话人意思（the utterer's meaning），它把说话人所隐含的意思称为 implicature。

应用合作原则分析文学作品时通常要考虑：1. 有哪种准则被打破了？2. 打破的方式是通过违背还是违反？3. 违反的背后有没有暗含的意思？如果有，暗含的是什么？例如：

在《亨利四世》中，福斯塔夫是一个中老年胖子，好色的酒鬼，同时也是哈尔王子的老师，经常带着哈尔出入酒馆妓院。亨利四世去世后，哈尔王子继位，就是亨利五世。下面是亨利五世加冕后两人的对话：

Falstaff: My King! My Jove! I speak to thee, my heart!

King: I know thee not, old man. Fall to thy prayers.

How ill white hairs become a fool and jester.

— William Shakespeare, *Henry IV*, Part Ⅱ:
Act 5, Scene 5

这里福斯塔夫首先违反了质的原则:My Jove 和 my heart 是夸张的表达方式,亨利五世不可能是他的 Jove,更不可能是他的心。这种对质的准则违反暗示他紧紧跟随亨利五世,很是要讨好的意思。其次,I speak to thee 违反了量的原则,因为他说话的时候国王肯定知道,他本来就能听到他,所以这句话实际是多余的,而这就有一个暗示:他希望国王能对他特别关注。亨利五世在说"I know thee not"时明显违反了质的原则,他和福斯塔夫早已是旧相识。这暗示了他拒绝承认他们之前的关系。"old man"的称呼也违反了量的准则,因为所有的人都知道福斯塔夫已经比较老了,他这么称呼本来是多余的,因此在这里显得十分粗鲁,暗示对方无论在地位上还是在身体上都没有可以跟他抗衡的。最后一句是一个祈使句,但没有说完,所以也是对量的准则的违反,他没有说 Falstaff 要祈祷什么,很明显,是让他祈祷国王不要对他做什么不利的决定,这也更加体现了新王的权力。

3) 礼貌和面子原则

"礼貌"是社会生产和现实生活中一项具有道德和伦理意义的行为准则,在人与人之间的交际中起重要作用。Brown 和 Levinson(1987)认为,礼貌就是"典型人"为满足面子需求所采取的各种理性行为。人的言语行为本质上都是一些所谓威胁面子的行为(face threatening acts),讲究礼貌就是"减轻某些交际行为给面子带来的威胁"。面子可以分为积极面子和消极面子。积极面子指人们希望得到赞赏、肯定和认同;消极面子指人们不希望受到伤害和强迫。

交际中的礼貌原则本质上是策略性的,即通过采取某种语言策略达到给对方留面子的目的。Brown 和 Levinson 称语言礼貌策略为补救策略,因为礼貌是为最大限制地维护听话人做出的努力。采用补救措施,表示说话人无意威胁听话人的面子或试图减弱对面子的威胁。

Brown 和 Levinson 认为补救措施可分为五类:1)赤裸裸的面子威胁行为,包括:强行性插话、使用公开反对性言语或挑战性言语和采用威胁面子的强势词等;2)积极礼貌策略,即满足听者的积极面子需求,策略方式为:恭维、感叹、语言强势词运用、赞同回答、亲昵称呼等;3)消极礼貌策略,包括满足听话人的消极面子需求,所采用的策略有道歉、使用模糊修饰语和避免言语分歧等;4)非公开地实行面子威胁行为,主要避免直言不讳,不直接触及对方的面子,使用隐喻、反语、夸张、暗示等都属于此类;5)不施行面子行为。

英国语言学家 Leech 提出,礼貌原则包括六个原则:

策略准则:使他人受损最小;使他人受惠最大;

宽宏准则:使自己受惠最小;使他人受惠最大;

赞扬准则:尽力缩小对他人的贬损;尽力夸大对他人的赞扬;

谦虚原则:尽力缩小对自身的赞扬;尽力夸大对自身的贬损;

赞同准则:尽力缩小自身与他人之间的分歧;尽力夸大自身和他人之间的一致;

同情原则:尽力缩小自身对他人的厌恶;尽力夸大自身对他人的同情。

我们通过一个例子来看礼貌和面子原则在文体分析中的应用。下面是一职业介绍所工作人员(WIN)和一个求职者(LOUISE)的对话:

WIN: And you are what age now?

LOUISE: I'm in my early forties.

WIN: Exactly?

LOUISE: Forty-six.

WIN: It's not necessarily a handicap. Well it is of course, we have to face that. But it's not necessarily a disabling handicap. Experience does count for something.

LOUISE: I hope so.

在这段话中,WIN 询问对方的年龄,这可以说是对 LOUISE 的面子威胁，因为首先她是一个中年妇女，向这个年龄段的妇女打听年龄是不礼貌的行为。同时，我们可以看出 LOUISE 对这一问题采取了回避态度，模糊地说自己"in my early forties"，而没有说出自己确切的真实年龄。她的回答打破了 Grice 准则中量的准则和方式准则，从而维护了自己的积极面子。但是这种努力有时候并不能奏效，在 WIN 的坚持下，她还是不得不正面回答了问题。WIN 在这里没有采取任何礼貌策略，大概因为她认为这并不是对对方面子的威胁，而是例行公事。但是，当 LOUISE 说出自己的真实年龄后，WIN 明显意识到了自己威胁到对方的面子，就立刻采取了积极的礼貌策略补救。她说"It's not necessarily a handicap"，但是她同时注意到自己也要遵守质的准则，所以又说"Well it is of course"，最后只好以"it's not necessarily"来补充。

25.3 语用文体学的研究成果

国外研究语用文体学或文体语用学的著作有：Van Dijk（1976）的 *Pragmatics of Language and Literature*，Hickey（1989）的 *The Pragmatics of Style*，Rudanko（1993）的 *Pragmatic Approaches to Shakespeare*，Pratt（1977）的 *Towards a Speech Act Theory of Literary Discourse* 和 Sell（1991）主编的论文集 *Literary Pragmatics*。

国内语用文体学研究的专著有：封宗信的《文学语篇的语用文体学研究》和李华东的《戏剧舞台指令的语用文体研究》。

26. 什么是法律文体学？

26.1 法律语言及其文体

法律语言是法律职业专用的语言，是法律思想的外衣和法律精神的体现。在法律特定的思维形态下，法律语言作为物质载体与之形影相随，因而会形成自身内部运作的基本规律。法律文体具有区别于文学文体和其他实用文体的显著特点，针对法律文体的研究被称为法律文体学。

形成于法律语言基础上的法律文体的第一个特点是庄重性，它的功能决定它不能采用比喻、比拟、借代、夸张、双关等修辞方法，不宜使用描绘性的笔调。法律文体的第二个特点是严谨性,所用语言要求准确严密、无懈可击。法律语篇必须准确地反映客观事物,使用的语言必须符合恰当的判断和有逻辑的推理,必须尽量避免模糊性和多义性。法律文体的第三个特点是平易简约。为使种种法规或判决得到准确的理解和执行,法律文体力求言简意明地表述内容。法律文体的这些特点并非一成不变,而是处于相互矛盾、相互统一的发展过程中。因此,法律文体表现为诸多因素的调和,如:概括性与准确性、一致性与灵活性、明晰性与隐含性、专门性与通用性、简约性与繁杂性、主观性与客观性等。

法律语篇按照不同功能可以分成三类:立法语篇、法庭语篇和司法判决书语篇。立法语篇是具有法律效力的法律信息载体,具有广泛的制约性和规范性,语体风格稳定;相形之下,法庭和司法语言的实际使用语境范围较小,使用主体的个体风格较突出。基于此,法律语言可以分作狭义和广义两种。狭义的法律语言专指立法语言,是规范性法律文件所使用的语言。广义的法律语言则包括立法语言、执法与司法语言、法律理论语言,是法律行业主要构成者所使用语言的全部。简言之,即法律、法学、法实践所用的语言。

26.2 法律文体学的形成

对法律文体的研究,中西自古皆有之。古罗马帝国前期法学家在协助罗马皇帝立法、编写法律著作、解答法律问题时十分注意法律语言的推敲和运用。古罗马法律程序中的每一个步骤都十分注意语言表达形式的准确性,在诉讼过程中,如果一方当事人言辞不准确,就有可能败诉。中国也如此。从《论语》关于郑国起草"命"的记载可见我国古代贤者对法律语言的重视:"为命,禅谌草创之……东里子产润色之"。先秦时代的"命"即皇帝的命令,是当时的法律。"命"的产生要经过"草创"、"润色"等阶段。清朝乾隆中期法学家王又槐在其《办案要略》中,从词语、语法、语义、篇章结构方面对诉讼活动的言语交际和法律文书用语做了科学的概括。(钱敏汝,2001)

Martin Joos(1961)按照语言使用的正式程度提出了法律文体的五

种变体，它们是：1）庄重文体（the frozen style）；2）正式文体（the formal style）；3）商议文体（the consultative style）；4）随便文体（the casual style）；5）亲密文体（the intimate style）。法律英语是各种英语文体中正式程度最高的一种，即庄重文体。Mellinkoff（1963）认为，法律英语的正式性主要体现在专业性词汇和用语的使用上。一方面，法律特有的词汇仅出现于法律文件中；另一方面，这些词语可能出现于其它语体，但在法律文体中具有更确切的含义。从语义的角度来看，法律英语具有以下几个明显的文体特点：

1）在用词方面，法律英语大量使用专业术语，这些术语语义精练，表意准确，规范严谨。在文体特征中，频率特征是最重要的特征之一。2）作为一种高度正规的书面语，法律英语的另一个标志是古体词语的使用，而最突出的古体形式是那些由 here，there，和 where 加上一个或几个介词构成的复合副词。3）在外来语方面，法律英语词汇中有很大一部分来自法语，是 11 世纪诺曼底人征服英国后逐渐从法语的法律词汇中借来的。例如 bar, suit, plaintiff, complaint 等；基督教于公元 597 年传入英国，拉丁语法律词也由此渗入到英语中来，如 basis, declaration, register, state 等。许多法语和拉丁语词汇进入英语后，在语音上和词形上被英语同化，成为英语词汇的组成部分，但还有一些法律词汇未被同化，现在还常常用到，如来自法律法语的 fee, lash, quash；来自法律拉丁语的 alias, amicus curiae 等。4）法律英语的古体性和正式性还表现在词汇的并列使用上，即同义词或近义词往往由 or 或 and 连接并列使用。5）shall 在法律文件中有其特殊的含义，表示"应当承担的责任和义务"，通常表述各项具体的规定与要求，带有指令性和强制性，充分体现了法律文件的权威性和约束性。法律文件中一般将 should 译为"应当"或"应该"，以示与"应"（shall）有区别。

根据 Levi 和 Walker（1990），现代法律文体学的形成有三个主要原因：语用学的发展，心理语言学和社会语言学的发展，以及语言学本身的发展。（吴伟平，2002）

1993年8月,英国伯明翰大学的Malcolm Coulthard在德国波恩组织筹建了国际法律语言学家学会,此后每两年召开一次学术会议,会址分别在德国、美国、英国、马耳他等国。此学会筹办了学术刊物《法律语言学》(*Forensic Linguistics*),设立了学会网页,并召开网上学术讨论,形成了以会员为中坚、以相关学科学者为外围的一个专门学者群体。美国的法律和社会学会每年有年会,每次有法律和语言的专门研讨会。

综上所述,法律语言学的形成可以简单地归结到两方面的因素:客观因素和主观因素。客观因素是语言学正处于发展壮大中的相互依赖阶段,容易与相关学科结合,产生新的交叉学科。主观因素是有一群专业人士积极从事有关的科研与实践活动。两方面因素结合产生了法律文体学,这也是任何学科存在和发展的基础。

26.3 法律文体学的发展现状

1993年,国际法律语言学家学会成立的时候,全世界大概只有十来所大学开设语言和法律方面的课程。到了21世纪,仅美国就有几十所大学开设了语言和法律方面的课程,包括研究生课程和本科生课程。美国以外,欧洲、澳洲和亚洲国家也有不少学校开设这方面的课程。中国的广州外语外贸大学甚至有法律语言学的博士点。

英国伯明翰大学在资料汇编与研究上始终走在前列。他们把收集到的资料分成20个不同领域,某些领域又细分成不同分支,各个分支的研究报告从一两个到数百个不等。例如,他们的研究的重要分支有:1)语段分析:法律风格学、手势学、歧义分析等;2)法庭语段:律师庭辩、审判庭、上诉庭、双语问题等;3)可读性:法令和法律文件的解释,给陪审团的指示等;4)讲话人鉴定:语音识别与话语鉴定;等等。

从研究重点看,20世纪70年代以前,较多的学者从事的是狭义的法律语言研究,比如:上文提到的Martin Joos和Mellinkoff以及Crystal & Dave (1969)等。他们对法律文本的结构和组织进行了分析、总结,认为:1)法律语言是工具性语言;2)法律文件具有不同于其它类文本的特征;3)法律英语具有明确的特点;4)法律语言使用了日常英语不采用的语义原则,法律语言的显著特点首先表现在词语的运用方面。

20世纪80年代后,美国、欧洲、澳洲和其他地区的研究开始以广义法律语言学为主。从法律角度看,有刑法、民法、行政法、知识产权法等;从语言学角度看,包括语音、语义、语用、会话分析等。中国20世纪八、九十年代的研究以狭义法律语言学为主,比如,王洁(1996、1999)和潘庆云(1997)等用中国传统的修辞理论研究现代法律语言,尤其是立法语言和书面语,总结了修辞、语法等方面的特点。20世纪以来,中国的法律语言学以及法律文体学研究有突破性的进展,探讨的内容有了极大的扩展,法庭话语、司法判决书话语等得到了重视,开始强调执法与司法工作者的语言素养,开始注意培养法学专业学生的语言能力,实用目的明确,研究理论则涉及了功能文体学、语用学、会话分析等诸多较前沿的理论。

26.4 法律文体学的研究对象

法律文体学的研究对象可以大致归纳为(刘红婴 2003):

1) 法律行为中的语词、语义、语序特点和规律。语言的基本问题是任何视角的研究都应当包括的,语词、语义、语序的特点和规律及法律语言中的基本问题。

2) 法律行为中的语言机体能力。法律语言自身生命力源于何处,其内在的创造力、表意的能量、一定时空范围内的活力体现,这些问题也是作为特殊用途语言的法律语言体系必须囊括的。

3) 法律行为中语言的文化属性。法律语言依托着相应的文化背景,由此而产生的文化特质是一定历史时空段的影像。法律语言的发展在某种角度构成法文化的基本脉络,并对整个文化的发展产生深远的影响。探究这中间的关系和规律是必要的,是有重大意义的。

4) 法律行为中语言的实用效力。作为社会领域中应用着的语言体系,法律语言的外在威力和它对于立法、执法与司法的作用,反映着它的实际效果,由此可以提供一个检验优劣的渠道。

"法律语言学是可以构成独立框架体系的语言学科分支。由于法律思想、法律制度及理论体系都在有序地扩张和完善,表现为外在形态的语言与所承载的法律内涵又是相辅相成的,所以作为载体的语言亦呈现出较为完整的形态体系。当然,这种独立是相对而言的。作为交叉学科,原本的多学科的理论支撑是最基本的源泉,法律语言学不可能是空中楼阁,它必定有理论依据和现实存在依据。"(刘红婴,2003)

26.5 法律文体学部分代表人物及其观点

在西方,现代法律文体学主要致力于法庭语言与律师职业语言的研究。许多著名的学者,如:Tiersma, Bhatia, Gibbons, Hale 等人,在法律文体学领域对法律英语的文体风格做过相关研究。然而,针对西方法律文体学的研究现状,学者 Tiersma(1999)指出当前法律英语文体研究仍然局限在刑法与民法法律语言的范围里。

O'Barr 在《语言证据》(*Linguistic Evidence* 1982)一书中阐述了他对法庭语言文体风格的四种分类:强势与弱势语言,叙述与片段式证言,言过其实型证词,被打断与即时性言词。这是他在杜克大学经过长期的大范围的法庭语境下的调查研究得出的结论。他认为,法律语言是一个过程,证人的讲话要受到法律语境的话语规则的控制。

Levi & Walker(1990)在《司法过程中的语言》(*Language in the Judicial Process*)中提到了法律语言学在法庭中的体现。随着应用频率的提高,"语言学"这个术语越来越频繁地出现在法庭上,因为语言学家经常把他们的专业知识应用在诉讼过程中。检察官和辩护律师逐渐意识到了语言证词的作用,因其常反复审视一个个案件。由于语言分析和证言可以影响到正在审理中的案件的调查和结果,执法界可受益于这种对语言学的期待。作者在文中讨论了体现在法庭审判中的三种类型的语言分析。虽然各种语言分析均与司法事项相互关联,其主要活动还是集中在这三个基本类型的调查和取证(即 author/speaker 比较,评估和话语分析)上。所有这三个均侧重于语言文字的应用,并涉及比较的方法,而且每一个都是从不同的角度来分析的。

Bhatia(1993)将语类分析方法用于立法条文的结构分析,认为用分为条款主体和限定语两个部分的互动认知结构(cognitive structure)考虑立法条文要比用线性的结构考虑更为合适。Bhatia 认为,西方国家的人们尝试改革法律写作的努力归于失败是因为,立法条文有其内在的规律。他还强调了法律条文的交际功能和主要特点,认为立法文本不是特指某一人的,是无情景的。法律条文的语用功能与制订者和阅读者相独立(总体功能是指示、规定义务、赋予权力),应付的是无尽的人类行为,既具有确定性、准确性,又有包容一切的概括性。不难想象各种法律语篇均有其独特的结构和功能,语篇结构和功能的研究应是译员翻译技能训练的重要科目。Bhatia(1997:205)的语类理论对于专业文体的理解有重要的作用,其最大的贡献在于它能使人"了解专业作者如何一方面能够保持语类的整体性,另一方面利用语类规约在社会认可的交际目的的制约下达到个人的目的。"Bhatia 所说的专业文体当然也包括法律文体。译员对法律文体语类整体性及作者意图的认识是翻译成功的基础之一。

Gibbons(1994)编撰的论文集《语言与法律》(*Language and the Law*)提供了大量的语言学家以及法理学家们对法律语言的研究成果。Gibbons 认为,法律作为控制人的社会行为的规则体系,若不公正,则成为压迫无权者的机制。他 2003 年出版的《法律语言学》(*Forensic Linguistics*)一书则尽可能广泛地介绍了法律文体研究的新成果,包括一切与法律语言有关的研究。

Shuy(1993,1996,1998,2002)主要专注于法律语言的实践,他著作甚丰,涉及范围很广,包括知识产权纠纷的庭审、庭审的双语翻译研究、伪证的研究等。

Cotterill(2003)的《法庭上的语言与权力》(*Language and Power in Court*)一书用辛普森庭审作语料,分析了法庭语言的互动性、问答机制的功能性、证词的风格及其对陪审团的影响,最后试图得出法庭审判语言的权力机制。

Kingston & Stalker(2006)在论文《网络世界中的法律文体学》(*Forensic Stylistics in an Online World*)中对法律文体学进行了阐释。法律文体学研究语言风格,目的是解决有争议的作品作者身份及意义等诉讼问题。法律文体学研究已经大量地在法律案件中作为证据被提出来,大部分是关于文件的作者身份问题。该文的目的是讨论法律文体学在法律案件中的运用和潜能,特别注意分析网上活动。另外,文中论述了两个实证研究,提出了一项简单的文体学实用技术,利用此技术可通过观察少量关键字的使用频率来确认作者的身份,其实效性与准确度为80%。结论是,这项技术只在一些讨论领域适用,但也存在初步确认大部分文本的可能性。

在中国,自从20世纪80年代关于法律文体修辞的学术研究面世后,学术界产出了大量的研究成果。香港中文大学的吴伟平(1994,2002a,2002b)把西方最新的法律语言研究成果进行了系统介绍;广东外语外贸大学的杜金榜(2000,2001,2002,2004)在法律语言的应用研究上付出了诸多努力,创立了中国法律语言学会,在广外创立了法律语言学博士点,他主编的《法律英语核心教程》(2002)成为完整实用的高校教材;中国政法大学的廖美珍教授关于法庭会话的问答机制的研究独树一帜,他把西方语言学理论与中国目前庭审的语言研究很好地结合了起来。

26.6 结语

法律文体学发展势头旺盛,正在趋向成熟,越来越多的语言学学者和法学工作者们注意到了这个领域,它的前景会非常美好。但作为一个新学科,法律文体学还面临许多需要解决的难题,比如语言与技术的局限性、文化框架和意识形态方面的问题等等。随着研究的深入和研究队伍的扩大,法律文体学将会逐渐解决发展道路上的各种问题,进入它的辉煌期。

27. 什么是教学文体学?

在教育过程中有意识地采用文体学的理论与分析方法进行教学活动并对其进行归纳总结的研究可以称之为教学文体学。

我国汉语文体学的研究历史悠久,最早可以追溯到魏人曹丕的《典论·论文》、西晋陆机的《文赋》及南北朝刘勰的《文心雕龙》等。这些研究随着中华文化的发展和普及已经渗透到当代大、中、小学《语文》课的教学中。对于英语文体学的教学,我国起步较晚,仅几十年来,经过我国英语语言学者的不断努力,我国的英语文体学研究已经取得了丰硕的成果,但尚未有效地成为促进我国大学英语教学的主要手段和大学英语课程知识体系的一部分。大学英语研究应借鉴汉语教学的经验和传统,将文体学运用到大学英语教学的实际当中,推动大学英语教学的改革和发展。

27.1 对文体学与教学应用的认识

文体学是一门运用现代语言学理论和方法研究文体的学科(秦秀白2001:5),而"文体"(Style)指某种语体的风格特征,即适于某特定语用环境的一整套语言变异形式。文体学研究语言使用的规律,体现在语言运用的各个层面,如语音、书写、词汇、句法结构乃至语篇类型的选择。文体分析就是在语音、书写、词汇、语法、篇章结构等各个层面进行的,其重点是分析具有文体意义(stylistic significance)和美学价值的那些语言特征,从那些被"前景化"了的语言特征(foregrounded features)入手,挖掘作者的语用意图和语用效果,以便达到鉴赏的目的(秦秀白2001:36)。

文体分析无疑对于外语教学具有十分重要的意义。巴依(Bally)早就声称他是"为了大学和中学的语言教学而研究文体学的"(童佩智,1995)。韩礼德本人也明确表示过,他的真正兴趣不只在语言学,而在于将其运用于语言教学(Halliday 1978)。语言学习的最终目的是交际,文体知识是交际能力的组成部分之一,这里的文体知识是指"一个人根据交际对象和交际目的,选用不同风格的词语和句篇等进行交际的能力"(束定芳1999)。语言交流要注意语言的正确与得体,所谓得体,就是"在正确的场合说正确的话"(J. Swift)。而在我国目前的英语学习中,学生因缺乏必要的文体知识而造成语域(register)误用的现象比比皆是,不少学生往往不分情景、场合、内容、对象等混用不同语体。而"文体学讨论的中心问题,正是语言对场合的适合性(appropriateness)"(王佐良、丁往道1987:iii)。接触文体知识,提高文体意识,能帮助学生更好地理解语篇在说些什么和怎么说的,明白在某一语境,为何目的该如何使用语言,有助于提高他们运用英语准确得体地表达思想的能力。

27.2 在大学英语教学中运用文体学理论的重要意义

1) 提高学生在不同环境中得体地运用英语的能力

"适合就是一切",适合性(Appropriateness)是言语交际最基本的原则,也是最重要的原则之一。文体学讨论的中心问题正是"语言对场合的适应性"。中国学生学习英语,尤其是初学者,往往只是注重了语言的正确性(Correctness),而忽略了语言的适合性(Appropriateness)原则。在外语教学中运用文体学理论,能够帮助学生加深对各种文体表达方式的认识,提高在不同环境中运用得体英语的能力,帮助我们在适当的场合使用恰当的英语。文体分析与语境的结合能够弥补外语课堂远离真实语境之不足。在中国,大学英语教师多数都是本国人,因此很难创造出真正的交际情景。而文体学教学法却可以弥补这方面的缺陷,因为文体分析离不开语篇的语境。这恰好为学生提供了充分真实的材料,弥补了外语课堂远离真实语境之不足,使学生获得大量的语言经验,不断地增强语感,在接近真实的语境中训练语言技能,提高语言运用能力。

2) 提高语言的敏感度

英语教学的目的是能够使学生的听、说、读、写综合技能得以提高,以便使用目的语(Target Language)能够像使用本族语(Native Language)一样。虽然学生有时能与外国人交谈,但会发现自己说的英语与之相差甚远。以措词的选择为例,如"我明白了",口语体中外国人常说"I see",或"I've got it",但是我们常会说书面体的"I understand"。学生所欠缺的正是对语言的敏感度,分不清楚不同的语体可能会有不同的表达方式,不同的场合或语言环境会影响话语的表达方式。因此,在教学中将文体理论知识与具体文体相结合,能够提高学生对语言的敏感度,提高学生综合运用不同文体的技能,从而取得良好的教学效果。

3) 提高文学鉴赏力

英国文体学家 Henry Widdowson 认为:"文体分析的价值在于为学习者提供一种手段,使他能够与自己对于语言的感受联系起来,从而使他的感受深入一步。"（Widdowson 1975）我们把这种感受理解成一种能够使读者逐步提高文学鉴赏力的感受。文学是时代精神的反映。文学语言是丰富多彩、灵活生动的,它最能反映一个时代的语言特点。对于文学作品的理解是很难把握的,对于作者的创作意旨的把握往往是因人而异。我们可以运用文体学理论,通过对其语音层面、词汇层面、句法层面的剖析,把握住某些特点,上升到语义、修辞、篇章、语境的透彻分析,即从点到面、从微观到宏观、抓住作品语言的重心是什么,领悟到作品的灵魂所在。

4）基于文体学的教学方法能使学生的写作、翻译技能得到真正提高

在大学英语教学中,通过文体分析法分析不同文体的文章中的词汇、句法使用的不同,可以使学生掌握语域的概念以及在不同的环境中如何使用各种语言。因此教师在进行大学英语教学时,可运用文体学的理论结合语境进行教学,分析语体之间的差别,使学生清楚词汇与句型的意义和用法,为写作能力的提高打下坚实的基础。

5）增加文化知识,提高文化素质

不同的国家有不同的文化背景,由于所处的环境不同,语言变化的不同,使语言中的某些成分被约定俗成地赋予了一定的文体色彩。通过文体分析,能够使学生深刻理解其文化蕴涵,把握英语文化的背景,加深对英语社会的了解。知识的不断积累使得他们的知识结构发生质和量的改变,因此学生的文化素质也将大大提高。

27.3 文体学理论在教学实践中的应用

1）语法和修辞关注的都是语言的形式和结构;在英语语法教学中紧密结合修辞方法,由注重语法分析讲解过渡到关注语言审美特点。语法注重普遍性和规律性,较为模式化,单纯讲解语法和过度强调语法会使学生感觉外语学习枯燥无味,降低学习兴趣,从而影响教学效果。而修辞方法侧重的是特色和意境,给人丰富的想象空间,可以激发同学们学习的欲望和兴趣。在外语课堂中,可以将两种方法有机结合起来,增强教学效果。

2) 开展语篇文体特征的讲解和探讨

外语教学中的语篇包括文学语篇和非文学语篇;文学语篇指小说、诗歌、戏剧等文学作品,非文学语篇指文学作品以外的各种语篇,如口头语篇、广告语篇、新闻语篇等。在外语教学中组织同学对各类语篇的文体特征进行讲解,并带领同学们进行讨论,可以使学生更加深入地了解所学外语的语言特色和文体特征,了解在不同情境中应如何使用合适、恰当的语言进行表述和交流。同时这种教授方法所传授的知识也更加贴近同学生活,可以激发学生学习的兴趣,取得良好的教学效果。

3) 针对文学作品开展共时对比的讲解和探讨

同一种体裁的文学作品中,不同的作者会体现出截然不同的风格和特色,包括用词、组句和篇章结构。所谓"共时对比"是指同一时期作品的对比。这种分析讲解模式同样要求教师具备较好的文体学知识,能够发现并引导学生认识作者与众不同的文笔和写作手法,帮助学生体会文章中特定语言的使用与人物性格、感情铺垫、情节变化等的关系。

4) 针对文学作品开展文体风格的历时对比的讲解和探讨

这里的"历时对比"是指不同时期同一体裁文学作品在文体、风格上的对比。这种分析讲解模式适合在高年级的学生中进行,有助于学生阅读和理解不同时期的英语文学作品,加深对语言风格及其使用的理解。

27.4 结论

利用文体学理论教授大学英语不但为我们提供了认识语言形式的途径,而且也为我们认识内容提供了客观依据,使我们对语言的形式与内容的关系有更深的认识。总之,文体学理论指导下的外语教学继承了传统教学法与交际法中合理的部分,发挥了二者互补和相互促进的作用。在注意打好学生的语言知识基础的同时,又注意到了学生的语言交际能力的培养,使学生的语言知识和交际能力得到相互促进、共同发展。

总之,英语文体学的内容是大学英语教学中不可或缺的重要部分。以往的英语教学忽视了语言的文化特征、社会属性以及人们赋予它的感情色彩和交流功能,使得学生所掌握的英语是一种"形式化的"、与现实生活脱节的语言。我们应该将英语文体学的文体、风格研究有机地融入到教学中,使学生更有效、更全面地掌握英语并使用英语。

28. 什么是认知文体学?

认知文体学,也有的学者称之为认知诗学,是从20世纪90年代起发展起来的一门新兴学科,目前尚未形成一个严密而又完整的定义。随着此领域研究的进展,它的内涵还在深入,外延还在拓宽。总的来说,在内涵上,认知文体学把有关语言产生及语言接受中的认知结构与认知过程的理论应用于文学作品的语言学分析。在外延上,认知文体学吸收了认知语言学、认知心理学甚至认知科学中的理论思想。认知文体学最为关心的是具体的阅读过程,而不是最终的阐释(尽管对阅读过程的分析也会产生阐释);即,具体的语言特征及文本要素是怎样激发读者的理解并在头脑中建立心智模型和文本世界的。

认知文体学的主要理论包括:斯珀波与威尔逊(Sperber and Wilson)的相关性理论(Relevance Theory),莱考夫(Lacoff)的概念隐喻理论(Conceptual Metaphor),兰格科(Langacker)的认知语法(Cognitive Grammar),福柯尼艾尔(Fauconnier)的心理空间理论(Mental Spaces),福柯尼艾尔与特纳(Fauconnier and Turner)的概念整合/融合理论(Conceptual Integration/Blending)。此外还有原型理论(Prototype Theory)、图形和背景理论(Figure and Ground)、图式理论(Schema Theory)、文本世界理论(Text World Theory)等等。在应用认知文体学理论进行文本分析的实践中较为活跃的西方学者有 Elena Semino, Margret Freeman, Donald Freeman, Michael Burke, Catherine Emmot, Peter Stockwell, Joanna Gavins 等。

申丹在其编著的《西方文体学的新发展》一书的前言中总结了认知文体学的特点:(1)着眼点发生了转移,从分析语言结构与各种意义的关联转向分析作者创作和读者阐释的认知机制。(2)模式的更新,借鉴了认知语言学、认知心理学等的模式。(3)通常关注的是规约性读者的共同反应,即(某个群体的)读者共享的基本阅读机制,但有时也关注有血有肉的个体读者的反应,即由于个人身份和经历等方面的不同而导致的不同反应。(4)不少认知文体学研究没有阐释新意,其目的不是为了提供对作品的新的阐释,而只是为了说明(以往的)阐释是如何产生的。认知文体学系统地揭示了以往被忽略的大脑的反应机制,说明读者和文本如何在阅读过程中相互作用。(2008:4)

英国国际诗学与语言学学会的核心期刊《语言与文学》(*Language and Literature*)是文体学新动态的风向标。第一篇应用 Werth 文本世界理论分析文学作品的文章(Hidalgo-Downing,2000)于 2000 年在《语言与文学》上出现。迄今为止,除了两篇书评外,该期刊发表的文章中有九篇提到了文本世界这个术语或论及了 Werth 的文本世界理论。2002 年 2 月《语言与文学》发行了有关概念隐喻的专刊,其中包括:Gerard Steen 的"隐喻识别导论"(Metaphor identification: An introduction)和"隐喻识别过程"(Towards a procedure for metaphor identification); Peter Crisp 的"隐喻命题理据"(Metaphorical propositions: A rationale); John Heywood, Elena Semino 和 Mick Short 的"小说诊断中的语言隐喻识别"(Linguistic metaphor identification in two extracts from novels)以及 Andrew Goatly 的"隐喻识别的文本语言评论"(Text-linguistic comments on metaphor identification)等关于隐喻识别的论文。2006 年 Mark Turner 发表了他对概念融合理论进一步发展的文章"缩约与表现"(Compression and Representation)。近年来,认知文体学的文章大量涌现。

2002 年出版了第一本以《认知文体学》(*Cognitive Stylistics*)(Semino and Culpeper 2002)命名的著作。在这本论文集中,上文提到的理论模式有许多被应用到了文学作品的分析之中。例如,Semino 应用概念隐喻理论以及概念融合理论分析了福尔斯的小说《收藏者》中关于男主人公 Clegg 思想中的隐喻以及他的思维风格(mind style)。小说中有大量关于 Clegg 把自己所爱慕的女孩 Miranda 构建为蝴蝶的隐喻,同时 Clegg 不自觉地把自己当做蝴蝶收藏者,而他的这一角色在他自己的头脑中又与他作为绑架者这一角色融合,使得他难以分清两者之间的区别。他的这一特定的思维风格最终铸成了 Miranda 死亡的悲剧。

同时,《认知诗学》(*Cognitive Poetics: An Introduction*)(Stockwell 2002)以及《实践中的认知诗学》(*Cognitive Poetics in Practice*)(Gavins and Steen 2003)两本著作也先后出版,两书试图系统列出认知文体学中的重要理论,并把这些理论与文学批评中的概念相联系,从而更好地应用到文学作品的分析之中。例如 Stockwell 在《认知诗学》中利用文本世界理论分析了 Sebastian Faulks 的 *Birdsong* 中的选段。通过观察选段在读者头脑中建构的文本世界层次和亚文本世界层次的语言特点,可以发现选段在文本世界层次上的动词都是描写性动词或关系动词,语言都趋于沉寂;而亚文本世界中的动词都是动作动词,由此进一步反衬出文本世界的无声无息以及逝去的喧嚣。在《实践中的认知诗学》一书中 Gavins 利用文本世界理论分析了 Donald Barthelme 的《白雪公主》(*Snow White*),发现这本戏仿经典童话《白雪公主》的现代小说的荒唐之处除了因为用词怪异之外,很大部分源于小说中初始文本世界中内容的贫瘠,而大量的信息都是以直接引语形式出现在亚文本世界中的。这使得读者解读时在认知上不能适应。《认知诗学》与《实践中的认知诗学》这两本著作在章节内容、体例安排上互相呼应,可以对照起来阅读。

在认知文体学蓬勃发展之际,不免会有一些批评的声音,比较典型的来自 Tony E. Jackson 的文章"说明、解释与细读:认知诗学进展"(*Explanation, Interpretation, and Close Reading: The Progress of Cognitive Poetics* 2005)。在这篇文章中,Jackson 对《认知诗学》以及《实践中的认知诗学》两书提出了言辞激烈的批评。首先,Jackson 对两书的理论基点提出了质疑:即认知诗学仅仅是解释意义的产生,还是具有阐释功能。《认知诗学》持前一种观点,《实践中的认知诗学》则倾向于后一种观点。Jackson 认为,《认知诗学》一方面坚持自己在解释意义的时候具有其他现行理论所没有的系统性,另一方面却一直没有列举出任何一个可供批驳的现行理论;同时,《实践中的认知诗学》既然称作实践,就应该提供更多实践性的应用,而非新的阐释。于是 Jackson 认为两书在理论基点上都有自相矛盾之处。其次,Jackson 还批评了两书中的批评实践。他从《认知诗学》中选取了一段 Stockwell 应用"射体"(trajector)和"地标"(landmark)两个与图形和背景理论以及意象图示理论相关的工具分析文学作品的例子,Jackson 重新按照 Stockwell 的思路进行了分析,只是去掉了其中的认知文体学理论术语,并宣称,没有认知文体学的术语也能达到同样的分析目的。

但认知文体学仍然在以强劲的势头向前发展,并逐步在文体学的领域中占据重要地位。许多新出版的著作都会给认知文体学留出独立的一章。(Weber 1996; Simpson 2004; 刘世生和朱瑞青 2006; 申丹 2008)。其中,辛普森在《文体学》(*Stylistics*)(Simpson 2004)一书中介绍了认知模型、概念隐喻、图式、文本世界等理论在文学作品中应用的可能,并提供了 Margret Freeman 以及 Peter Stockwell 把心理空间及概念隐喻理论应用于诗歌语言分析的文章。刘世生和朱瑞青在《文体学概论》中应用图形和背景、范畴、概念隐喻、认知语法、象似性等认知文体学的理论分析了诗歌和小说中的语言,并较为详细地介绍了从认知角度对思维风格进行阐释的研究。申丹编著的《西方文体学的新发展》收录了四篇认知文体学领域的文章,包括 Michael Burke 的"How Cognition Can Augment Stylistic Analysis"以及 Margret Freeman 的"The Poem as Complex Blend: Conceptual Mappings of Metaphor in Sylvia Plath's 'The Applicant'"。Burke 的论文针对有的文体学家对认知方法所持的怀疑和排斥的态度,说明在文体分析中增加认知维度是大有裨益的。他先从主流文体分析中选取了一个较为出色的分析实例,即 Peter Verdonk 对 Philip Lartin 的一首诗"离开"(*Going*)所做的分析,然后对这首诗进一步加以认知文体分析。在文中,Burke 主要采用了三个认知理论工具〔(1)图形与背景;(2)意象图式;(3)认知隐喻(概念隐喻)〕对 Lartin 的诗展开认知分析,从而反映出传统的语言学分析与认知分析之间的互补性。Freeman 的文章旨在说明 Fauconnier 和 Turner 的概念整合理论可提供一个较好的框架,来系统、连贯地描述诗歌创作和阐释的认知机制。其分析实例为 Sylvia Path 的诗歌《申请者》(*The Applicant*)。Freeman 首先评介了 Semino 之前用语篇理论、可能世界理论、图式理论对此诗所做的分析,比较了三种理论的长短,认为概念整合理论相比之下最具优越性;然后对该诗进行了系统全面的概念整合分析,较好地描述出心理空间映射的认知过程以及作品内容融合的主要图式。Freeman 指出,在对这首诗进行整合操作时,Fauconnier 和 Turner 提出的"最优性限制"(optimality constraints)使读者得以在表面上反常的比喻中发现一种连贯性,这种连贯性不是源于真实世界的客观一致,而是处理各种隐喻映射的结果。这些映射相互结合,相互作用,共存于与诗歌构成的多重复合、整合之中。此文系统阐明了以往研究中被忽略的心理空间映射过程。(申丹 2008:4,5,6)

认知文体学能够有机地把文本、读者以及世界知识联系起来,弥补了以往利用别的语言学理论分析作品时三者关系容易割裂的缺陷。但是,认知文体学的总体理论体系发展还不够完善,在文本分析中的应用还有待于继续拓展。

29. 什么是认知诗学?

认知诗学顾名思义是认知科学或认知语言学在文学评论中的应用。这个解释自然会牵扯到认知文体学(参见认知文体学部分)。对认知诗学与认知文体学这两个概念的关系,不同学者有着不同的看法。Semino,Stockwell 认为这两个概念实际上是同义的(Semino 2002:x;Stockwell 2002:60);Wales 认为认知诗学是认知文体学的一个更为宽泛的提法(2006:216)。2008 年 10 月在上海召开的第二届文体学国际研讨会暨第六届全国文体学研讨会上,胡壮麟提出,认知诗学是认知科学应用到文学批评上的流派;因为第一批认知文体学家研究的对象主要是文学文本,于是认知文体学与认知诗学会经常被混用。在此次会议上,Michael Burke 主张,诗学自亚里士多德开始就是指文学研究,而文体学是对文学语言的研究,二者是难以分割的;既然认知诗学与认知文体学在做法上是一致的,可以不必区分两个术语,而应集中精力发展理论,拓展应用。

30. 引语有什么类别？

根据 Leech 和 Short（1981）的分类，引语可以分为直接引语、间接引语、自由直接引语、自由间接引语和言语行为的叙述体五种。

30.1 直接引语

1）直接引语的形式特征

使用直接引语时，作者用引号标示所展示的是说话人所说的实际话语，并用一个伴随的报导性从句或附加语（TAG）引导所引述的话语。引导句一般位于被报导的从句之前，包括该讲话人的一个指代词和一个言语行为动词（speech act），如 say, state, reply, shout 等。书面上习惯将这两个从句用逗号或冒号隔开，并用一个大写字母把所引用话语的第一个词标示出来。

2）直接引语的文体作用

直接引语的特点在于直接性和生动性，能够表现人物的特定话语、性格，产生作者所需要的音响效果（申丹，1998）。

一些作家努力使用变异的标点与拼写来标示方言或个人语言的发音，例如狄更斯（Dickens）在《匹克威克外传》（*Pickwick Papers*）中为人物 San Weller 设计的发音特点：Wery glad to see you, in-deed, and hope our acquaintance may be a long'un, as the gen'l'm'n said to the fi'upon'note …

直接引语比间接引语表现力强，因为直接引语允许表现呼唤、称呼语、感叹等，这些在间接引语中一般都被略去了。

直接引语不仅突出话语本身的特性，而且突出它的真理值。通过一种肖像似的相似，直接引语能够显得"直接"（即诚实、直率），而间接引语则显得"间接"（含糊其辞、不诚实）。

Gregory（1965）注意到，在狄更斯的《双城记》中，Dr. Manett 被"允许自己说话"，而诸如见证人 Barsad 和 Cly 则被给以间接方式。Short（1984）发现，大众报刊的标题中直接引语经常作为醒目手段出现，因而记录原词原文的责任有时被打破了。

但是应该注意到,直接引语无论多么"直接",都只是实际口语在书面语媒介中的近似。

30.2 间接引语

间接引语又称报道语言,是与直接引语类比而来的术语,是通过书写媒介来表达言语的一种主要方法,在古典修辞学与传统语法中也被称为 oratio oblianua(间接的讲话)。与直接引语相对,间接引语的转述者只声称他表达了原来说话人的意思,但并不声称它使用了说话人的原词原句。

1)间接引语的形式特征

在间接引语中,说话者的话语出现在言语行为动词(如 say, tell, ask 等)之后的名词性 that 从句中。在报道的过程中,"直接"的话语被改变了,如

"I shall come here again tomorrow," she said.

变成了

She said [that] she would go there again the next day.

that 从句的现在时态通常"往后推"变成了过去时态;第一人称代词 I 变成了第三人称动词 she;表达"相近"的动词和状语变成了表示"远距"的词。

从转换角度来讲,间接引语与直接引语是对等的。对于陈述句,这种对等的情况比较多见,但是对其他句型就不那么简单了。比如,在报道语中有一种倾向,即只有纯粹的主题内容保存下来了,而实际语言的口语、习语及音韵特征却消失了,好像经过了报道者或叙述者的思维过滤或解释。因此像 "Gosh!" she exclaimed, "how dreadful!" 这样的语句很难进行间接的报道,结果只能采用一种近似的变体:She exclaimed how dreadful (it was). 像 The committee agreed that they would appoint a new chairperson before the vacation. 可能是许多实际的话语的一种总结。

2)间接引语的文体效果

与直接引语相比,间接引语为叙述者提供了总结人物话语的机会,

故具有一定的简洁性,可加快叙述速度。直接引语的引号、第一人称、现在时等都会打断叙述流,而人称、时态都与叙述语完全一致的间接引语能使叙述更流畅地发展。

此外,通过一种指引(iconic),小说家可以利用直接引语与间接引语的对立来创造前景化与背景之间的结合、主要情节的突出和情感对比等文体效果。如在狄更斯的《荒凉山庄》(*Bleak House*)中,戴德洛克夫妇之间的对话总是被转述,而不是直接引用,暗示他们之间感情上的距离。

间接引语也可以达到直接引语达不到的文体效果,如狄更斯就经常利用间接引语创造喜剧效果,如,在《老古玩店》(*The Old Curiosity Shop*)中,作者通过自己的转述使基特·纳博母亲的话语令人捧腹:

To this, Kit's mother replied, that certainly it was quite true, and quite right, and quite proper, and Heaven forbid that she should shrink, or have cause to shrink, from any inquiry into her character or that of her son ...

30.3 自由直接引语

自由直接引语自20世纪50年代末以来成为一种广泛应用的描述书面文学话语的方法。

1) 自由直接引语的形式特征

在直接引语中,报导性从句和引语两端的双引号标志着叙述者的存在,作者为了达到某种文体效果,会选择将其中一个或两个标志全部移除,形成自由直接引语。比如,海明威喜欢删除对话中的引导句;詹姆斯·乔伊斯则喜欢去掉引语两边的引号;而在一些狄更斯的作品中,作者将引导句和引号都去掉,形成自由直接引语,如:

She said, "I want to see the elephants."(她说:"我想看大象。")(直接引语)

"I want to see the elephants."("我想看大象。")(自由直接引语一)

She said she want to see the elephants.(她说,我想看大象。)(自由直接引语二)

I want to see the elephants.(我想看大象。)(自由直接引语三)

自由直接引语通常在直接引语的上下文发生,以避免报告情况分句的重复。

2) 自由直接引语的文体作用

郎吉努斯在《论崇高》中认为,从叙述汇报和间接引语转向自由直接引语是标示感情爆发的一种有效修辞手段。

自由直接引语是叙述中叙述者干预最轻、叙事距离最近的一种形式。它使作者能自由地表现人物话语的内涵、风格和语气,能够使读者在毫无准备的情况下,直接接触人物的"原话"。申丹(1998)将自由直接引语的特点总结为直接性、生动性与可混性。请看下面一段话:

(1) 在门前的台阶上,他掏了掏裤子的后袋找碰簧锁的钥匙。没在里面。在我脱下来的那条裤子里。(2) 必须拿到它。我有钱。嘎吱作响的衣柜。打搅她也不管用。上次她满带睡意地翻了个身。(3) 他悄无声响地将身后门厅的门拉上了……

第二小部分中的内容就是不带引导句也不带引号的自由直接引语。与直接引语相比,这一形式的引语使人物的话语能更自然、巧妙地与叙述话语交织在一起,使叙述流能更加顺畅地向前发展。此外,与直接引语相比,它的自我意识感减弱了,更适于表达潜意识的心理活动。(申丹 1998:321)

Wales(1989)认为,任何一种直接的话语出现就是直接引语,而不是自由直接引语。然而,从功能的角度看,两者之间似乎没有什么差别,尽管自由直接引语倾向于降低叙述者的角色而突出人物及其言语。附加语的省略使引语在(流行的)报纸标题中的使用更经济、更显眼、更戏剧化。

30.4 自由间接引语

自由间接引语的说法来源于法语词 le style indirect libre,首先得到了文体学家 Bally（1912）的讨论。

1) 自由间接引语的形式特征

自由间接引语最典型的表现形式是报导性从句被删除,但其中时态和人称代词的使用与间接引语相同。它既不是对说话人原话的再现,也不是对说话人话语的间接复述。如,以下三个句子可以被看做是自由程度不断提高的自由间接引语：

He would return there to see her again the following day.

He would return there to see her again tomorrow.

He would come back there to see her again tomorrow.

自由间接引语出现的典型语境是第三人称叙述者讲述自己过去的事情,其特征是第一人称或第二人称代词变第三人称代词、现在时变成过去时的使用和引导句的缺失。

有些自由间接引语保留了主语和谓语的倒置位置,而主语倒置是直接引语而不是间接引语的特征：

"Am I too late?" she asked.（直接引语）

She asked whether she was too late.（间接引语）

Was she too late?（自由间接引语）

2) 自由间接引语的文体作用

间接引语可以跟叙述相融无间,但缺乏直接性和生动性。直接引语很生动,但由于人称与时态截然不同,加上报导性从句和引号的累赘,与叙述语之间的转换往往较为笨拙。自由间接引语却能集两者之长,同时避两者之短。由于叙述者常常仅变动人称与时态而保留包括标点在内的体现人物主体意识的多种语言成分,使这一表达形式既能与叙述语交织在一起（均为第三人称、过去式）,又具有生动性和较强的表现力。

自由间接引语通常出现在小说中,或者出现在带有叙述汇报或间接引语的国会报告中。其文体作用主要有表现反讽或同情态度,增加语意密度。

Leech 和 Short（1981）指出，自由间接引语是作者表现讽刺或诙谐效果的有力工具。它比常规话语表现形式更加间接，并暗示叙述者的声音在起一定的控制作用，从而可以使话语同时呈现两种观点。如：

"Then I take it for granted," observed Sir Walter, "that his face is about as orange as the cuffs and capes of my livery."

Mr. Shepherd hastened to assure him, that Admiral Croft was a very hale, hearty, well-looking man, a little weather-beaten, to be sure, but not much; and quite the gentleman in all his notions and behaviour; — not likely to make the smallest difficulty about terms; — only wanted a comfortable home, and to get into it as soon as possible; — knew he must pay for his convenience; — knew what rent a ready-furnished house of that consequence might fetch; — should not have been surprised if Sir Walter had asked more; — had inquired about the manor; — would be glad of the deputation, certainly, but made no great point of it; — said he sometimes took out a gun, but never killed; — quite the gentleman.

— Jane Austin, *Persuasion*

在这段文字中，Sir Walter 的话是以直接引语的形式出现的，这也符合了他自信的性格。Shepherd 先生是一个恭顺的公务员，因此作者用更加自我轻视的间接形式表现他的话。他的话最先是以间接引语的形式出现的，然后逐渐过渡为自由间接引语，其中的证据在于报导性从句和表从属关系的连词 that 都不再重复。这些句法特征又与引语中的口语词汇以及不断重复的短语"quite the gentleman"相得益彰。破折号表明我们看到的只是对话的片段。这段引语既有叙述者的干预，又使我们能领略到 Shepherd 先生原话的风味。这些手段使读者和 Shepherd 先生之间产生了一层讽刺距离，使我们觉得，他说的这些话只是对自己有利，而不是帮 Sir Walter。

读者对人物的同情态度可以通过不同类型引语之间的转换和对比完成。比如,《双城记》中描写了一个法庭场景。在这个场景中,狄更斯主要使用自由间接引语来表现对小说主人公有敌意的人物的语言。这种手段可以使作者用讽刺的语气将他们的话转述出来。当对主人公有利的人物出场时,他们的话语是由直接引语表现的,使他们能够有力地为主人公辩护。

自由间接引语中有人物和叙述者两种声音在起作用,形成双语或多语共存的态势,增强了话语的语意密度,从而取得其他引语形式难以达到的效果。比如,在康拉德的小说《黑暗的心》(*The Heart of Darkness*)的第一章,马洛到达非洲腹地之后,去见工作站的经理:

> He began to speak as soon as he saw me. I had been very long on the road. He could not wait. Had to start without me. The up-river stations had to be relieved. There had been so many delays already that he did not know who was dead and who was alive, and how they got on — and so on, and so on.

乍一看,"I had been very long on the road. He could not wait. Had to start without me."是马洛的叙述,然而,根据语境分析,这实际上是用自由间接引语表达出来的工作站经理的话。这两种声音给人一种同声表述的印象,大大增强了语意密度。

30.5 言语行为的叙述体

言语和思想行为叙述体指小说和非小说中的一种叙述人物的语言和思想的方式,即概括角色所说、所想的方法。言语行为的叙述体比间接引语更为"间接",因为它仅仅叙述了所发生的言语行为,却并没有具体交代人物说了或想了什么,即所用的确切词语是什么,比如:

> Stretcher's first question, when he reached the hotel, was about his friend; yet on his learning that Waymarsh was apparently not to arrive till evening he was not wholly disconcerted.
>
> Henry James, *Ambassadors*

在言语行为的叙述体中,叙述者无疑行使了最大的干预权,同时大大加宽了叙事距离。言语行为叙述体可以概括人物间对话,大大节省叙述的笔墨。比如:

> 夫妻们商量妥了,到了明日,便对媒人说。

——吴趼人《恨海》

在这个例子中,具体商量的内容对情节发展和人物塑造都作用不大,因此用言语行为动词一笔带过。

言语行为的叙述体还可以起到遮盖的作用。比如:

> 她接着又说了句话。我从来没有听过女人说这样的话。我简直给吓着了……一会,她又说了一遍,是尖叫着对我喊出来的。

——约翰·福尔斯《收藏家》

这里,第一人称叙述者感到那女人说的话难以启齿,因此用言语行为叙述体的表达方式将她所说的话遮盖掉了。

31. 思想有什么类别?

本部分对思想的五种类别(直接思想、间接思想、自由直接思想、自由间接思想和思想叙述体)的形式特征和文体功能以及不同类型的思想和引语混用产生的文体效果进行介绍。

Leech 和 Short (1981)认为,思想可以分为五类,即直接思想、间接思想、自由直接思想、自由间接思想和思想叙述体。如:

(1) Does she still love me? (自由直接思想)

(2) He wondered, "Does she still love me?" (直接思想)

(3) Did she still love him? (自由间接思想)

(4) He wondered if she still loved him. (间接思想)

(5) He wondered about her love for him. (思想叙述体)

不同思想表现形式可以从语法、词汇和书写三个层面区分。与直接思想相比,自由直接思想缺少报导性从句。在形式上,直接思想和直接引语可以看做是一致的,只是报道性从句中的动词表示的是没有说出来的思想活动而已,如 think(思考),ponder(深思),wonder(想知道),如:"Is there life on Mars?" she wondered. 自由间接思想保留问句形式等直接特征,同时又有时态后推、人称代词由第一人称变为第三人称等间接特征。间接思想保留了报导性从句,被报导思想在语法上从属于报导性从句,被报导从句由疑问句变为陈述句。在思想叙述体中,被体现的思想已经名词化,作为主句的成分出现。

31.1 直接思想

就语言本身是思想活动的结果这一点来说,直接引语本身确实表现思想。而且有时候我们"出声地想",这习惯上常见于自言自语(SOLILOQUY)。反过来讲,思想经常被描绘成"内心的语言"。

然而从功能上看,说的和想的之间是可以有所区别的。众所周知,现实的日常生活离不开言说。而展示思想是小说的特点;这一点不同于其他领域,因为无论在现实生活中多么不可能,"全知的叙述者"(OMNISCIENT NARRATOR)都有权很方便地进入小说人物的思想。但是,出现在引号之间的话语并非被看做实际思维过程的"精确"体现,因为意象以及语言在其中是起作用的。概念化和理性化过程在其中有着不同层次的体现。

31.2 自由直接思想

自由直接思想描述的是书面语中的思想表现,是从自由直接引语的类推中产生出来的。在自由直接思想中,言语化的人物思想得到了直接汇报(例如,通过第一人称代词、现在时等),但是没有汇报分句,比较:

She suddenly thought, "Am I too late?"(直接思想)
"Am I too late?"(自由直接思想)

自由直接思想中的引号通常被省去;因此,只有上下文才能确定一个人物是在说话还是在思想。

如同直接思想一样,自由直接思想是文学叙述而不是任何非文学语域的特征,因为在现实生活中,获得"思想过程"是不可思议的。同自由直接引语可以在直接引语上下文内找到一样,自由直接思想也可以在直接思想上下文内找到。它作为一种20世纪的小说手法,在内心独白中尤其普遍。省略汇报分句使语篇更加流畅,更突出了一个显然起控制作用的叙述者的缺席。话语仅仅代表了人物头脑中的那些思想,因而更具有局限性,与自由间接思想相反,自由直接思想显得更戏剧化。

31.3　自由间接思想

该术语同自由间接引语类似,是由 Leech 和 Short（1981）创造的,用来对言语和思想做出功能的而不是形式的区分。同自由间接引语一样,自由间接思想没有汇报分句,没有明显的代表性间接引语方式（把直接引语的现在时变成过去时；用第三人称代词代替第一和第二人称代词）,但却有直接的或"现在的",而不是间接的或遥远的指示词。如：

She suddenly thought, "I've seen this man before." （直接思想）
She suddenly thought that she had seen that man before. （间接思想）
She had seen this man before. （自由间接思想）

使用自由间接思想的叙述风格,一般是将人物的声音和叙述者的声音融合在一起,这对于（基本上是文学的）思想、感情和感觉的表达是特别有效的,因为它允许通过叙述者不通过插入像 she thought 这样的附加词语来"进入"人物中去,从而不至于破坏叙述的连贯。自由间接思想既保留了一些直接思想的主观性,又避免了过于做作的忠实表达。因此,它在意识流小说里应用特别广泛,而且用在主要人物而不是小人物身上。自由间接思想还存在于回忆的第一人称叙述中,比如,在《大卫·科波菲尔》中代词 I 一直没变。

31.4　间接思想

间接思想是通过与间接引语的类比产生的,用以指思想过程中的表达。有的学者用间接引语这一术语指语言和思想；间接话语（indirect discourse)作为一种总括性的术语也非常流行(McHale 1978)。

与间接引语不同,间接思想只限于文学语言中,无所不知的叙述者有接近人物的思想的特权。间接思想与间接引语的句法特征基本相同,但是表示认识或思考的动词代替了转述性小句中表示说话的动词。

31.5 思想叙述体

思想叙述体是小说或非小说中叙述人物思想的方式,其结构和文体功能与言语行为叙述体相似。

31.6 不同思想和引语形式的综合使用

不同思想和引语形式的综合使用可以作为引导读者感情的策略。例如,在 Angus Wilson 的小说《红莓果酱》(*Raspberry Jam*)中,小说的主人公 Johnny 和同情 Johnny 的两位老年女士的内心世界由自由间接思想表现出来,而且,对 Johnny 内心世界的描写要多于两位老太太。而对于那些与 Johnny 疏远的人物,作者选择不表现他们的内心思想,只是通过对话和叙述的方式描写他们,使他们同读者拉开一定的距离。

引语和思想的结合使用还可以达到特殊的文体效果。下面的片段来自海明威的《老人与海》,引语和思想的区别使用展现了老人两种截然不同的心理状态。

> "I'll kill him though," he said, "In all his greatness and glory."
>
> Although it is unjust, he thought. But I will show him what a man can do and what a man can endure.
>
> "Don't think, old man," he said aloud. "Sail on this course and take it when it comes."
>
> But I must think, he thought. Because it is all I have left …

在以上节选中,老人对周围现实物理世界的直接反应是通过直接引语的形式体现出来的;而通过自由间接思想表现的则是老人冥冥的心理世界。仿佛老人思辨性、哲学性的一面与现实生活中本能反应的一面展开了一场对话和斗争,并且前者在力图控制着后者。

32. 言语行为有什么类别？

言语行为理论是由 Austin（1962）创立的，主要研究说话过程中的言语行为。一个言语行为包括表述性行为（locutionary acts）、施为性行为（illocutionary acts）和成事性行为（perlocutionary acts）。言语行为对文学作品的阐释有新的启发，可以通过对言语行为及其实现适合条件的分析，对人物的话语行为与人物之间的关系进行研究。

表述性行为：关于说某事的行为（the act of saying something），即说话的物质过程。每一个语句只要符合语言的语音和语法规则并有命题意义，都是表述性行为。不同的表述性行为能表达相同的施为目的，比如"请求"（request）这个施为目的可用 Could you close the door, please? Would you mind closing the door? 或 Close the door! 来表达。相反，同一表达形式可以有多种施为作用（illocutionary force），比如 I'll give you a ring. 这一表述形式可以是一个许诺或一个礼貌的拒绝。

施为性行为（illocutionary acts）：说话过程中的施事行为（the act performed in saying something），即说话过程中执行的行为（如许愿、命令和请求等）。Austin 区分了五种施为性言语行为：判断（verdictives）、执行（executives）、承诺（commissives）、喜好（behavitives）和说明（expositives）。这些类别的施为性行为是由所谓的言语行为或施为性行为动词来标明的，比如，I promise to return this book in two days; I vote we adjourn till tomorrow。但是，在正式语和书面场合之外，上述标记是很少见的。

施为性行为是话语中的要素，所有的话语可以说都具有一种施为作用或交际功能。在 I will see you tomorrow 中，情态动词 will 表示许诺的施为作用（illocutionary force）；Cigarettes can seriously damage your health. 一句中的情态动词 can 有警告的施为作用。它们都可以与那些带有动词标志的句子（如 I warn you that）一样成功。因为两者都同样运用了适合条件（felicity conditions），适合于情景场合的性质和说话者的信念等。

许多陈述句的意义是模棱两可的,并且具有潜在的不止一个施为作用,例如听话人可能把 Cigarettes can seriously damage your health.这句话理解成仅仅是一个事实性陈述,而不是对吸烟危险的警告。

言语行为理论家从实际交谈的不可预测性和不明确性中识别出一种重要的施为性行为,即间接言语行为(indirect speech act)。它表面上是在实施一个言语行为,实际上具有另一个言语行为的施事作用。其中一个主要类型是要求受话人做某事,其表述形式则是以问句的形式来询问受话人是否愿意或者是否有能力做这件事,例如:Would you mind opening the window?

施为性行为的研究已经在文学语篇的分析中应用,特别是对于戏剧对白的分析。在戏剧中,所有的语言都是有功能的,并且是一种行为,施为性行为为研究角色的复杂性提供了线索,比如,固定模式的角色的语言,就缺乏诸如头脑灵活的理查三世那种施为性言语行为的作用。

不同的施为行为方式还可以帮助我们区别小说中的不同声音:主要是叙述者(narrator)和角色(character)的区别。在模拟现实的小说世界中,角色在很大程度上有选择施为性行为的权利;读者可根据叙述方式分析叙述者对角色的看法,如辨别、归纳、评价等等。

Austin 随后的早期语言行为专家不主张严肃对待文学语篇中的施为性行为,诺言在舞台上不可能是有效的,因为它们实际上来说不是真实的。尽管如此,这类言语行为在小说的虚拟世界中是有效的。Ohmann(1971)认为文学是伪言语行为,不具有施为作用。也有人(如 Pratt 1977;Culler 1983)认为,言语行为理论对"普通"的语篇持有过于狭隘的观点,低估了非文学性行为的虚构性(fictionality)。

成事性言语行为(perlocutionary acts),即言语行为之后的结果(the act performed by saying),指所说的话在说话人身上产生的效果。言语行为理论和语用学的其他分支主要把研究的重点放在施为性行为上,这是因为成事性效果是我们所无法控制的。比如一个人有意讽刺另一个人,但是对方没有明白这一嘲讽,其成事效果也就丧失了。

语言的成事作用和施为作用是很难区分的。施为性言语行为的目的是表示说话者意在使听话者采取诸如执行命令、满足要求的行为,比如表扬往往有讨好的效果。而某些惯用的施为性语句不可避免地含有成事性暗示,如给一艘船命名、给一个婴儿洗礼等。

成事性言语行为还包括许多非语言交际行为,如眼神、手势等就具有典型的成事性作用。比如,听话者可能会用眼神、手势等表示害怕、快乐、厌烦、愤怒、快慰、困窘、生气等。所有这些动作都可以看做一种隐含的成事性行为。因此,Leech 等语言学家认为成事性言语行为的研究不应归于语用学的研究范畴。

33. 语言学分析与文体学分析有什么异同?

语言学分析和文体学分析的异同可从研究目的、研究对象和研究方法三个方面进行比较。

文体学是以语言学方法研究文体风格的学问(刘世生、朱瑞青 2006)。文体学有多样化的研究路径,这种多样性主要是受语言学和文学批评的影响形成的。文体学以语言学理论为基础,但在有些方面与文学批评有许多相似之处。其注意力集中在语篇上,而且所研究的语篇往往是那些文学经典。大多数文体学研究的目的不仅仅是为了描述语篇的形式特征,而且还为了说明它们对于解释语篇所起的功能作用,或是为了把文学效果与语言"原因"联系起来。从学科分类上来讲,文体学是语言学的分支,是语言学与文学的界面研究。

从研究目的来说,语言学的研究目标比文体学更复杂、更广阔。语言学关注对语言本体的描写和解释,发现语言的普遍规则是什么,语言是如何被建构和使用的,一种语言如何与另一种语言相联系;语言学分析还会关注语言与人类认知能力、语言与社会之间的关系,以及语言的历史变化、儿童对母语的习得和第二语言习得等。文体学主要关心语言与文学的界面,分析语言在特定语境(特别是在文学体裁)之中的特征以及这些特征所体现的规律。在研究语言本体时,语言学分析与文体学分析也有不同。语言学家研究语言潜势,描写选择的系统,如主动与被动、陈述、提问和命令以及各种词序。文体学研究人们在语言潜势中如何选择。语言学家分析文学作品,把作品当成提供语言素材的文本,以展示文本各成分之间的结构关系。文体学把作品当成一种交际形式,说明作品中的语言成分怎样组合起来传达信息,探讨哪些语言特征最具有文体效果,有助于该作品完成其交际功能。语言学家对语言做各种形式分析,试图从语言的语音和词汇及其排列中找到总的模式。文体学家认为语言学家所排除的正是文体学研究所需要的:具体言语的使用目的、使用环境及其具体细节。语言学家分离可附有意义的形式和结构,并确定能标志变异的常规。文体学家从形式、结构、意义等方面研究脱离常规的变异是怎样形成的,其目的与效果是怎样的。

从研究对象上讲,语言学的研究对象可以是各种语言的变异,如各种社会、地域方言或各种语篇体裁的变异。同时,一部分语言学家的研究(主要以乔姆斯基的形式主义语言学为代表),可以不诉诸真实发生的语言材料,而是以操母语者的语言本能为基础。语言学既研究具体语篇,也研究语言潜势,而文体学研究的对象总是具体语篇。文体是语言系统的变异的一种。因此,语言学考察的语篇范围要广于文体学,任何独立的意义单位都是语言学的调查对象,而文体学则侧重文学语篇的研究。语言学研究对语言现象进行客观描写,文体学研究在此基础上进行阐释与评价。

语法有时会扔掉那些部分真实的语言,而文体学家往往感到这些被扔掉的部分(即特殊情况下的具体的特殊语言)恰恰是最接近"变异"或"文体"的特征。语言学家乐意见到纯方言和直接的问题。文体学家欢迎在一个语篇中有两个或更多的格式,这使选择的可能和效果的微妙性更趋复杂。

从研究方法上讲,文体学同语言学一样,采用概括的方法,但侧重点又略有不同。文体学家将文学格式置于普通的语言格式之下,以为语言由多种格式相互联系而成。语言学家分离可附有意义的形式和结构,并确定标志变异的常规。文体学家利用语言学家的界定研究变异。

语言学家注意对每种格式分别比较;而文体学家注意把不同格式放在一起比较,与语境联系,并观察由此产生的复杂模式。如,对 singing hymns 和 singin' 'ymns 两种格式,语言学家想了解 'ymns 是否表示说话人的方言中/h/音给脱落了,如果属实,这会关系到该方言的"音位储存"。文体学家则会认为 hymns 与 'ymns 有可能是同一个人说的,应了解其使用效果的社会差异。如果脱落/h/与脱落/g/一样,在文体学上便没有意义,或不重要。

为了避免形式特点处理上的含糊其辞和单凭印象的主观判断,文体学利用了语言学各个方面的有关模型和术语。例如,20世纪60年代,生成语法给文体学的发展注入了新鲜血液。文体学也从文学理论中汲取营养,或者说对文学理论兼收并蓄,与其并行发展。文学批评的方法对文体学也是非常重要的,特别是其中的直观感觉和介绍技巧。文体学研究兴趣集中于文学语篇上,但它使用的模式均来自语言学。有些文体学家的研究兴趣不完全是研究文学语篇,而是提炼和完善一种语言学模式,以便进行进一步的语言学或文体学分析。

总而言之,文体学的性质介于语言学和文学批评之间。与语言学分析相比,二者都注重语言成分,即作品的语言形式;与文学批评相比,二者都注重信息,即作品的内容。但是,文体学分析又区别于语言学分析和文学批评:语言学分析描述文本中所有语言现象,文体学选择具有文体效果的语言特征;文学批评注重作品的内容,文体学分析兼顾内容与形式两个方面。

34. 什么是语篇分析?

语篇可从形式与功能两个方面来定义。语篇分析研究的发展、语篇分析所采用的方法和语篇分析的基本原则都与此密切相关。

34.1 "语篇"的定义

"语篇"的英语术语是 discourse,"语篇分析"是从英语的 discourse analysis 翻译过来的。也有学者把 discourse analysis 翻译为话语分析。一般来说,可以从结构和形式方面给"语篇"下定义,也可以从功能的角度下定义。从结构上来说,语篇是大于句子的语言单位;从功能方面看,"语篇"是使用中的语言。从语言使用的角度看,在交际过程中,语言的意义是由语境来确定的。系统功能语言学认为,语篇是一个语言使用单位,是一个意义单位;它不是一个比句子大的语法单位。语篇与句子不存在大小高低的关系,两者是体现(realization)的关系,或者说,属于意义单位的语篇是由属于语法单位的句子或小句体现的(黄国文 2000a)。

34.2 语篇分析研究的发展

语篇分析是 20 世纪 60 年代逐渐发展起来的学科,它吸收了包括语言学、符号学、心理学、人类学、社会学、文学等学科在内的研究成果,逐渐成为一门专门研究交际中的语言使用情况并涉及多个学科的学问。

1952 年,结构主义者 Z. S. Harris 发表了题为 Discourse Analysis 的文章,他分析了一篇关于生发水的广告。他的分析包括对能解释句子与句子之间关系的规则的探索,并涉及语言与文化、语篇与社会情景等问题。20 世纪 60 年代起,很多学者的研究都促成了语篇分析的迅猛发展,比如,Hymes(1964)从社会学的角度研究社会环境中的言语使用问题;语言哲学家 Austin(1962)、Searle(1969)和 Grice(1975)等人从言语行为理论和会话含义等角度研究语言的使用;Halliday(1973)的系统功能语言学特别强调语言的社会功能和纯理功能;Gumperz 和 Hymes(1972)对不同社会文化环境中的言语行为(如讲故事、问候语等)的研究,从社会语言学角度探索了语篇分析的新路子;Sinclair 和 Coulthard(1975)对课堂上教师与学生对话模式的研究,揭示了话段与语篇之间的内在联系;荷兰的 van Dijk 在语篇分析上做出了很大的贡献。他早期的研究通常被称为"篇章语法"。1972 年,他出版了《语篇语法诸方面》(Some Aspects of Text Grammars),接着又出版了一系列这方面的专著。

34.3 语篇分析的路径

Schiffrin(1994)介绍了六种可以用于语篇分析的理论:言语行为理论(speech act theory)、互动社会语言学(interactional sociolinguistics)、交际文化学(the ethnography of communication)、语用

学(pragmatics)、会话分析(conversational analysis)、变异分析(variation analysis)。此外,由 Halliday 首创的系统功能语言学也是非常适用于语篇分析的理论。

(1) 言语行为理论

言语行为理论是由英国哲学家 J. Austin 和 J. Searle 建立的。言语行为理论认为,语言不仅仅能描述世界,而且有以言行事的功能。比如,"I promise to be there tomorrow"表现了"承诺"这个行为;"The grass is green"表现了"判断"这个行为。对于语篇,言语行为理论关注言语行为得以产生和解释的条件的知识,即话语的字面意义如何与其存在的语境互动,从而能使我们做到以言行事并能理解别人的言语行为。虽然言语行为理论的初衷并不是用于语篇分析,但言语行为中的许多方面,如间接言语行为问题、言语的多功能问题和语篇对语境的依赖,都是语篇分析中所关注的问题。此外,言语行为理论还为如何划分语篇中更小的单位片段提供了理论依据。言语行为理论中语篇分析的语料来自人为建构的语境中的对话,着重语篇与语境的互动是如何影响我们对言语行为的生产和理解的。

(2) 互动社会语言学

互动社会学从人类学、社会学和语言学那里汲取营养,关注文化、社会和语言以及三者之间的互动关系。互动社会学研究社会语境中真实的语言使用情况,分析社会和语言字面意义的互动如何影响语言的理解以及人们的交际。它着力于分析交际过程中产生的社会和语言含义:听话者会推断说话者的意图,但这种推断会比说话者的实际意图范围更广、更多样。这些推断是通过所有的与交际相关的言语和非言语的线索得出的。受 John Gumperz 影响的互动社会语言学研究来自不同文化背景的人是如何使用同样的语言进行交流的。它关注这种交际过程中人们为何对语境有不同理解,及由此产生的对语码的不同解释。以 Erving Goffman 为代表的互动社会语言学着重关注语言是在特定社会生活环境中的使用,以及语言的使用如何使语境增加了各种新的意义。

(3) 交际文化学

交际文化学以人类学为基础,它着力于对意义和行为进行全面的解释。这一学科的代表人物是 Dell Hymes。针对 Chomsky 提出的"语言能力"的概念,他提出了"交际能力"的概念,即指导人们合适地使用社会、心理、文化及语言方面的知识。交际能力包括知道如何与人进行日常对话以及其他文化建构的言语行为事件(如祈祷、演讲等)。Hymes 认为,交际的文化概念与人的概念、文化价值以及人的世界观密切相连。交际行为从来不是文化中立的。语言和交际是一种文化现象。任何言语行为的地位和意义都能从其背后一系列更加普遍的意义、信仰和价值等超越个别说话者语法知识的系统中发现。由于这些系统在一个社会中无处不在,同时又具有一定的文化相关性,因此交际文化学需要大量的实地调查和跨文化对比工作。

(4) 语用学

语用学的语篇分析路径主要依据是哲学家 Grice 的理论。Grice 区分了不同种类的意义并提出,不同合作原则中的四项准则能够帮助人们推导出说话人的交际目的。尽管从定义上讲,语用学分析的是句子层面的语言使用,但由于这些句子都是在特定的语境之中,特别是语篇的上下文之中的,因此语用学最终为语篇分析提供了有力的理论支持。请看下面的例子:

A:Smith doesn't seem to have a girlfriend these days.
B:He has been paying a lot of visits to New York.

Grice (1975)指出,虽然以上两句话之间明显缺乏联系,这并不能说明 B 的回答没有遵守合作原则,只是他的话不能从话语的字面意义去理解。听话人所做的恰恰是从理性和合作的角度对 B 的话语的字面意义进行补充:B 暗示 Smith 在纽约有一个女朋友。这一推理说明听话人认为 B 遵守了关系准则。

语用学的语篇分析方法关注意义、语境以及人为建构的语境中的对话交流。其基本理论预设是,人类的具体交际意义总是受一些基本设想的支配,并以这些基本设想为基础来推断他人所要表达的意义。

(5) 会话分析

会话分析的理论来源是哲学中的现象学。其中最具代表性的研究是 Sacks、Schegloff 和 Jefferson (1974) 对会话常规和话轮等口头交往的分析。会话分析关注对话中的顺序结构。与其他分析会话的社会学分析不同,会话分析不只关注对话本身,也关注对话如何成为一种建立社会等级的资源。对话还体现了其自身的结构和等级关系。会话分析与互动社会语言学有许多相似之处,两者都关注对话中体现的社会等级以及语言如何创造语境并受语境的影响。两者都致力于对实际言语的细致分析。不同之处在于,互动社会学往往喜欢利用语境来解释对话参与者的交际目的,而会话分析学家则着重对语境乃至社会行为和社会生活的总结和归纳。尽管会话分析学家对实际的会话有很详细的记录,但他们关注声音、结构和意义等语言学范畴。

(6) 变异分析

变异分析的理论和方法来自 William Labov 的研究。变异分析的基本理论设想是,语言变异时的规律是受社会和语言因素的双重影响的,这种变异规律只能通过对语言社区的系统调查才能获得。变异分析着重分析语篇内的结构范畴以及句法结构及其变体如何定义和体现这些结构。虽然变异分析分析的也是实际发生的话语,但它更注重语篇结构本身,而不是语篇对语境的依赖。

(7) 功能语篇分析

功能语篇分析是以 Halliday 创立的系统功能语言学为基础的语篇分析,其主要应用理论包括文化语境理论、情境语境理论、功能语法关于三大纯理功能的理论和衔接理论等等。

根据黄国文(2001b,2002)的介绍,功能语篇分析是一种"解释性活动",它的目标是对语篇进行"评估"(evaluation)。评估的重点是语篇在交际情景中是否合适地起到了它应起的作用。在对语篇进行评估之前,语篇分析必须从"语篇表达的是什么意义"、"语篇怎样表达意义"和"语篇为什么表达某种意义"这三个方面考察语篇。

系统功能语言学认为,语篇由三个部分构成:文化语境、情景语境、语言。功能语篇分析的范围也主要涉及文化语境、情境语境和语言三个方面。文化语境指的是语篇在特定的社会、文化中所能表达的所有的意义(包括交际目的、交际步骤、交际形式、交际内容等等)。文化语境由语篇体裁(Genre)来反映。由于语篇体裁是一个动态的、不断变化和发展的社会过程,所以通常认为它是由交际目的决定的。在特定的社会、文化背景中,人们可以(a)在特定的时间、地点,(b)就特定的话题,(c)根据交际双方的关系,(d)通过语篇进行交流。与语篇传递交际意义有关的时间、地点、谈话内容、谈话双方的关系等因素是语篇的直接语境(immediate context),在功能语言学中称为情景语境。情景语境决定了语篇的合适性和连贯性。语言的主要组成部分是:语义(Semantics)、词汇—语法(Lexico-grammar)、音系(Phonology)或字系(Graphology)(如果语言的表现形式是声音的,则用音系;如果它表现的形式是书写的,则用字系)。

对语篇进行分析通常有以下五个步骤:1)观察(Observation),2)说明(Interpretation),3)描述(Description),4)解释(Explanation),5)评估(Evaluation)。"观察"是指从语料中找到语言使用的规律。对一个语篇进行说明,目的是弄清楚它的内容,看它表示什么(what)意义。描述是指应用一定的理论框架和特定步骤对语篇的特点进行描述。对一个语篇进行解释,就是要弄清楚该语篇是怎样(how)表示某一(些)意义而不是另外的意义的;通过语言、语篇分析可以说出为什么某一语篇达到(或没有达到)它的目的;也可以说在哪些方面这个语篇是成功的,在哪些方面是失败的或不是很成功的。

在对一个语篇进行功能分析时,可以采用如下步骤(黄国文2002):

文化语境(语篇体裁:纲要式结构、体现样式)→

情景语境(语域分析:语场、基调、语式)→

语篇、语义{纯理功能:经验(及物性、作格、语态)、逻辑(相互依赖情况、逻辑—语义关系)、人际(语气、情态、评价)、语篇(主谓结构、

信息结构)、衔接(照应、省略、替代、连接、词汇连接)}→

语言使用(词汇—语法、音系/字系)

34.4 语篇分析的基本原则

Schiffrin(1994)认为,语篇分析的理论很多,但它们都遵循一些基本的理论假设,即它们都认为语言是一种社会交际行为。各种语篇分析的方法也都遵从一系列的原则:

(1) 语篇分析是经验性的。

语篇分析所用语料来自语言社区,是关于人们实际使用语言的资料,而不是语言学家设想的人们如何使用语言的材料记录。分析必须能解释语料,必须有预见力,其产生的理论假设可以被其他资料证实或证伪。

(2) 语篇不只是一系列语言单位的顺序组合:如果只关注语言自身的形式和意义,语篇的连贯是无法得到解释的。

(3) 语篇的连贯资源对日常交际的成功和日常语言的理解起着非常重要的作用。也就是说,语言的形式和意义、其社会和文化意义及解释框架一起创造了语篇。

(4) 日常口语语篇的结构、意义和行为是在互动交际中完成的。

(5) 语篇是按顺序出现的。也就是说,话语的生产和解释必须在由其他话语组成的具体语境之中才能实现。

(6) 语言如何被表达,即说话人如何在众多语言资源中选择自己的说话方式,是由下面的关系决定的:

(a) 说话者的意图。

(b) 特定文化总使自己意图得以体现的惯常策略。

(c) 语境中语言形式的意义和功能。

(d) 与其他话语的上下文关系。

(e) 语篇语码的性质,如叙述、描写、阐释等。

(f) 文化语境,如话语参与者的身份、关系、会话发生的背景等。

(g) 信仰和行动的文化框架。

35. 语篇分析与文体学分析有什么异同？

语篇分析与文体学都是涉及多个领域研究成果的交叉学科。既有相互学习、借鉴的地方，又有所不同。在研究对象方面，两者的研究对象都是语篇。但不同之处在于文体学分析主要研究书面语篇，而语篇分析还关注口头语篇，特别是社会语境中的日常会话。

从研究目的上说，两者都必须回答"语篇表达的是什么意义"、"语篇怎样表达意义"和"语篇为什么表达某种意义"这三个方面的问题。韩礼德认为，文学语篇中出现的语言学范畴在非文学语篇中同样出现。文学分析的范畴离不开语言学范畴。对文学文体的分析只是在语篇分析的三要素（语篇、情景语境和读者）之上，增加第四个要素："文学性"。两者的不同之处在于，文体分析关心的是该语篇的独特性，而语篇分析则相反，所选择的特征要求具有代表这类语篇的典型性。

从研究方法上讲，语篇分析和文体学分析都要遵循观察（Observation）、解释（Interpretation）、描述（Description）、说明（Explanation）、评估（Evaluation）这五个步骤。除此之外，文体学分析还要对文学语篇的"文学性"进行说明和阐释。文学阐释需要以语篇分析为基础。分析与阐释是互相交织的过程。然而，语篇分析的特征可以通过语域和分析的目的来确定。但对于文学性语篇我们事先很难知道哪些特征是值得注意的。文学语篇的可区别性特征可以在语言系统的任何部分中出现，很可能是来自不同方面的特征的结合。

36. 文体学与翻译有何联系？

在翻译的类型、理论方法尤其是文学翻译等方面文体学与翻译有极为密切的联系。

36.1 翻译的类型

翻译是将一种语言转换成另一种语言的活动。它需要两种（或两种以上）的语言进行转换。翻译是一项历史悠远的活动，有人甚至认为，如果没有将希伯来语写的《圣经》和阿拉伯语写的《福音》译成希腊文和拉丁文，并译成近代语言，欧洲的文化不会产生。自《圣经》的翻译起,近两千年来人类从未停止过翻译活动,不同国度的文明也借助语言文字之间的交流而快速发展和进一步融合,对于翻译的标准和方法的讨论也一直在进行。翻译实践主要分为两类:口译和笔译。

口译又称传译,是指以口语的方式将一种语言转换为另一种语言。按照各自的特点口译又可分为同声传译、交替传译和视译三类。

同声传译(Simultaneous Interpreting),是指译员以几乎与讲者同时进行的方式,做口语翻译,也就是在讲者仍在说话时,同声传译员便"同时"进行翻译。由于同声传译员必须一边接收来自讲者的讯息,一边将讯息尽快传递给听者,因此"一心多用"这样的分神能力(Multitasking),是译员的训练重点。

同声传译经常应用于一般的正式国际会议中,通常口译员会坐在位于后方的"口译室"(Booth)中,透过耳机以及视线或视讯接收讲者的讯息,然后对着麦克风进行翻译,而坐于会场中的听众,则可透过特殊的音讯接收设备,以耳机听取口译员的翻译。除了会议口译之外,其他的同声传译类型有:耳语口译(Whispered Interpreting),口译员在听者的耳边轻声进行翻译,通常应用于只有少数一两人需要翻译的状况;电话口译(Telephone Interpreting),由口译员为电话两端的话者进行口译,通常应用于医疗、国际公司客服等方面。同声传译由于具有不占会议时间的优势,已发展成为会议口译中最常用的模式,广泛应用于各种国际场合。几乎所有正式的国际多语言会议及国际组织都采用了同传作为标准口译模式。

交替传译(Consecutive Interpreting),是指讲者讲到一个段落后,停下来让口译员进行翻译,以此方式交替进行。由于讲者说话的时间长短不一,为了不遗漏重点,在短时间内以笔记的方式摘要讲者说过的内容,是译员的训练重点之一。交替传译多用于规模较小,且只涉及两种工作语言的场合,如外交会晤、双边谈判、访问考察、小范围磋商、记者采访、司法程序核准、宴会致辞、新闻发布会以及时间短的小型研讨会。

无论交替传译还是同声传译,其目的均在于让使用不同语言的人能够实现清晰、无障碍的即时沟通。两种口译模式在会议上相辅相成,且其功能以及对质量的要求是完全相同的。

视译(Sight interpreting)是边看边译,要求译员跟着发言人的速度将原文稿件用另一种语言译出。视译既是口译工作的一种,也在口译、笔译中通常作为一个训练环节。

根据中国翻译协会对笔译的定义:"笔译就是笔头翻译,它与口译对应,并与口译构成翻译的两种基本形式。笔译大致可以分为社会科学、文学艺术、科学技术等三类,不过也有其他不同的分类方法。"美国翻译理论家奈达曾把它分为商业、政治、技术和文学四类。

36.2 翻译理论简述

西方的翻译理论主要围绕笔译中的文学翻译提出。系统性的翻译理论可以追溯到西塞罗(公元前106—公元前43),他首次区分了创造性和非创造性的翻译,确定了这两种翻译方法。由此,从文学角度研究翻译问题的理论家们便开始了对翻译标准和理论模式的探讨。从贺拉斯和奥古斯丁,到文艺复兴时期的路德、泰特勒、歌德和尼采,理论家们纷纷对直译和意译、可译与不可译等问题进行了探讨,他们认为翻译是一种文学技巧,翻译的重点在于再创作,其讨论焦点在于直译与意译。随着20世纪现代语言学的诞生,翻译理论的研究中心逐渐向语言学方向转移,新的翻译理论和模式层出不穷。翻译理论家借鉴了很多现代语言学的理论研究成果。例如前苏联翻译理论家费道罗夫从语言的共性出发,认为各种语言都具有同等表现力,一种语言能表达的东西另一种语言同样可以表达;又如卡特福德将韩礼德的系统功能语法运用于翻译理论,讨论语境和上下文的关系,他还从语言学和概率论的角度出发,围绕"等值"这一概念进行了探讨;穆南也从语言学观点出发,讨论了翻译与语义的关系;奈达关注了翻译理论与社会语言学的关系,并用多种方法对语义进行了深入讨论。20世纪中叶开始翻译开始和各种学科互相渗透。翻译的文化性质开始引起了人们的注意,代表性理论为巴斯奈特的文化翻译论。

在口译研究方面,在50余年的发展历程中,先后形成了几种较为成熟的口译研究范式,包括释意理论的研究范式、认知处理的研究范式及神经语言学的研究范式、话语互动的研究范式,以及翻译理论的研究范式等(Pšchhacker,2004:82)。其中话语互动范式以对话口译(dialogue interpreting)为主要研究对象,视口译为话语的互动,主要研究口译活动的话语互动关系(如 Wadensjo,Roy 等人的研究);翻译理论的口译研究范式则刚刚兴起,该范式的研究运用翻译学中发展较为成熟的描述翻译理论及功能翻译理论等,把口译活动作为一种社会/文化现象进行研究。

36.3 文体学与翻译

西方翻译理论的发展经过了文学、语言学和文化的理论影响。文学主要讨论直译与意译、形式与内容、同化与异化、忠实与美的问题;语言学主要探讨翻译与语言层次,与语境、语义和语言功能的关系;文化翻译论主要关注翻译的文化性质。文体学理论中的文学文体学和功能文体学等理论都可以借鉴和评估翻译研究和实践。

文学文体学理论可以用于文学翻译研究。申丹(2002)在《论文学文体学在翻译学科建设中的重要性》一文中提到:"文体学研究无论是在西方还是在中国均取得了可喜的进展,但总的来说,学术界对文体学在翻译学科建设中的作用仍认识不足。"申丹认为,文学文体学的主要作用在于:(1)使译者更好地把握小说中的语言成分(尤其是语言形式)的美学功能和文体价值,促使译者使用文体功能等值的语言成分,特别注意避免指称对等所带来的文体损差;(2)帮助翻译批评家和研究者提高文体意识,在研究中更为注重各种文体手段,注重形式与内容之间的交互作用,注重形式本身所蕴涵的文学意义,善于发现种种"假象等值"的现象;(3)将文学文体学引入文学翻译教学有助于提高翻译教学质量,有利于学生较快地提高文学翻译水平。许多文体学理论家都关注翻译小说中的假象等值的问题,即翻译小说时,译者可能会满足于"可意译的物质内容",而忽视了语言形式本身的文学意义。要避免这个情况的出现,可以关注词汇层面的变异和非逻辑性及句法层面的各种句型结构和话语层面的内涵、风格和语气。

功能文体分析用现代语言学原理与分析方法研究包括文学问题在

内的各类文体,注重对不同的语言结构所产生的不同文体效应的描述,如语言层面的突出形式与前景化分析、语境与语篇分析等,还包括语音、文字、小句等层面。情景语境是文化语境的体现。这一语境层次中三个语境变量(语场、语旨和语式)的配置决定了语言使用中的各类变体。语域理论研究和揭示语言随情景变化的现象及规则,以便帮助语言使用者了解和掌握语境对语言的制约规律。语域的三个变量包括语场、语旨和语式。语场,即"话语范围",指话题以及与话题有关的活动;语旨,即"话语基调",指讲话人和听话人之间的社会关系以及讲话人的交际目的;语式,即"话语方式",指语篇的语言载体形式。语域大体上分为两大类:即正式语域和非正式语域。正式语域就是正式讲话的语境,发生在正式的、严肃的或官方的社交场合;非正式语域,即非正式讲话的语境,是指随意的、思想上轻松的社会语境。系统功能文体学家一般从分析语气、情态、语调、人称、表达态度的形容词和副词等入手,探讨文本中反映出来的信息的发送者和接收者之间的关系(小说中作者/叙述者、人物、读者之间的关系),以及他们对于经验内容的立场态度和价值判断。运用语域的方法,在非文学作品的笔译和不同场合的口译中,可以在充分研究文本的专业背景、使用场合和常用词汇的基础上更好地表现不同文体的特征。

五、交叉学科：修辞学、文体学与其他

37. 什么是语言学？

37.1 语言学的含义和分支

语言学是对语言的科学研究，其研究目的是探索语言作为交际系统的建构和使用的总体原则。语言学关注的是对语言属性的描写和解释。与此相关的问题包括：语言的普遍规则是什么，语言是如何被建构和使用的，一种语言如何与另一种语言相联系，等等。语言学家还关注语言的地域和社会方言变体、语言的历时变化以及儿童对母语的习得等。

对语言的总体性研究称为普通语言学，这包括对语言学的基本概念和理论的研究、对语言的描写和对语言的分析模型和方法的研究。普通语言学的主要分支学科包括：语音学、音系学、形态学、句法学、语义学以及语用学。语音学研究声音，包括言语的产生（即语音如何被发出、传递和感知）以及对语音、词语和连续言语等的描写和分类。音系学研究支配语音分布和排列的规则以及音节的形式。形态学关心词的内在构造，研究意义的最小单位——语素和构词过程。句法学研究产生和理解正确的句子所遵循的规则。语义学考察的是意义如何在语言中被编码。它不仅关心词作为词项的意义，还关心词的上下语义层面，例如语素和句子的意义。语用学在语境中研究意义。它研究特定场合下的特定话语，尤其注意不同的语言运用的社会语境如何影响语义的诠释。

此外,语言学与其他学科交叉,衍生出了一些新的学科,如心理语言学、社会语言学、人类语言学和计算机语言学等。心理语言学考察语言和意识的相互关系,如话语的处理和产生、语言习得等。社会语言学囊括了对语言和社会许多不同领域的研究,包括语言的功能和语言使用的社会特征。社会语言学研究语言变体的特征、它们的功能特征、讲话者的特征及这三者如何在言语团体中持续地相互作用和变化。人类语言学家主要对历史和早期无文字语言的结构感兴趣,他们关注语言的出现和上千年来语言的分化。计算机语言学以利用计算机处理和产生人类语言(即"自然语言",与计算机语言相区别)为中心。在这个领域,语言学有助于理解数据的特殊性,可以提供理论,以便对语言的结构和使用进行描写,而计算机科学为设计和实现计算机系统提供理论和方法。

37.2 当代语言学研究的主要流派

(1) 形式主义语言学

形式主义语言学的代表是乔姆斯基的转换生成语法。这种语言学的理论基础是哲学上的理性主义和心理学上的心灵主义。乔姆斯基把语言定义为一套规则或原则。他认为语言学的目标是产生一种生成语法,能够揭示本族语人对自己语言的默认知识。这涉及语言习得和语言普遍性的问题。乔姆斯基及其追随者对任何能揭示操本族语者默认知识的语言材料都感兴趣,但他们很少使用本族语人实际所说的材料,而是依赖他们的直觉。乔姆斯基及其追随者的研究方法是假设—演绎,这一方法在两个层面上运行:(a)语言学家提出关于语言结构的假设——语言的普遍理论,假设被个别语言的语法验证;(b)每一种个别语法又是关于普遍语言的普遍理论假设。

转换生成语法的发展经历了五个阶段。古典理论旨在使语言学成为一门科学,其中包括有限状态语法、短语结构语法和转换生成语法。第二阶段是标准理论,主要论述语义应当如何在语言理论中研究。第三阶段的扩展的标准理论重在讨论语言普遍现象和普遍语法的问题。

第四阶段的修正的扩展标准理论主要讨论管辖和约束,其中包括X—杠理论、主谓理论、界限理论、管辖理论、格理论和约束理论。其后的理论是最简方案理论,是对以前理论的进一步修正。

转换生成语法的主要特征有:1)理性主义;2)先天论;3)演绎的方法;4)强调解释;5)形式化;6)强调语言能力;7)重视语言的普遍性。

(2) 系统功能语法

系统功能语法是英国语言学家韩礼德在伦敦学派语言学家弗斯的语言学思想基础上发展起来的。系统功能语法包括两个组成部分:系统语法和功能语法。系统语法旨在解释作为系统网络的语言中的内在关系或意义潜势。意义潜势被看成是一个语义网络,该网络包括一些子系统,语言使用者从中做出选择。功能语法试图揭示语言是社会交往的一种手段,其理论基础是,语言系统与组成该系统的形式是由它们使用或承担的功能决定的。

系统功能语法建立在两个事实基础之上:1)语言使用者在语言的系统之中做出选择,并试图在社会交往中实现不同的语义功能;2)语言是与人类进行社会活动密不可分的。因此,系统功能语法把实际使用的语言现象作为研究对象,而不是像乔姆斯基的转换生成语法那样把理想化的语言使用者的语言能力作为研究对象。

系统语法的核心部分是构建句子的一整套有效选择的图表,并且配有对不同选择之间的关系的详细说明。例如,韩礼德提出英语的主句中运行的选择系统(及物性)提供了"强调"和"扩展"之间的一种选择。如果选择了"强调",就有一个"描述"与"影响"之间的选择;如果选择了"影响",就有一个"可操作性"与"接受"之间的选择。在系统语法中,语言的整体被认为是"系统之系统"。系统语法试图建立各种关系的一个网络,从而解释在整个语言中各种与语义相关的选择。

功能语法旨在用功能配置来解释语法结构。他认为成人语言同时实现了三个元功能:概念功能、人际功能和语篇功能。概念功能就是向听话人传递新信息。它主要包括及物性系统和语态。及物性功能是表现概念功能的一个语义系统,它包括六种过程,即物质过程、心理过程、关系过程、言语过程、行为过程和存在过程。人际功能包括表达社会和个人关系的语言使用。人际功能由语气和情态体现。语篇功能指语言中的一种机制,它可以将任何一种口头或书面的话语组织成连贯的语篇,使一个活的言语信息片段区别于一堆随机排列的句子。

(3) 认知语言学

认知语言学发轫于20世纪70年代,其代表人物有Lakoff,Langacker,Talmy,Fauconnier等人。作为一种语言研究的全新方法,认知语言学还没有形成统一的研究方法和理论。根据胡壮麟(2007)的介绍,认知语言学所研究的领域包括识解及操作、范畴化、意象图式、隐喻、转喻和整合理论等。识解是用一种交替的方式对同一场景进行构想和描述的能力。这种能力是通过详细程度、不同的心理扫描、指向性、有利位置、图形—背景分离等加以实现的。识解操作是人类语言处理过程中概念化的过程。范畴化是人类基于经验的异同对经验进行的分类,是人类知识的产生不可或缺的成分,它使人类能够把现在的经验与过去的经验结合起来。范畴分基本层次范畴、上位范畴和下属范畴。意象图式是一种通过感知相互作用和肌动觉程序获得的对事物经验及以连贯和结构的反复出现的动态模式,其共有中心包括边缘模式、容器模式、循环模式、意象图式、连接模式、部分整体模式、路径模式、标量模式和垂直模式九种。隐喻涉及两个概念的对比,一个概念识解另一个概念。隐喻被描述为目标域与源域。目标域是隐喻所描述的经验,源域是人们用来描述经验的方法。Lakoff和Johnson(1980)把隐喻分为三类:实体隐喻、结构隐喻和空间隐喻。认知语言学把转喻定义为认知过程。在认知过程中,源域为同一域中的目标域提供了心理通道。Radden和Kovecses(1999)将转喻理解为概念映射,提出了两种概念表征形式:整体与部分间的转喻和部分与部分间的转喻。整合理论是Fauconnier和Turner(1994)提出的。这种理论认为,两个或更多的心理空间能通过投射整合成为一个新的合成空间,这个空间具有其独特的结构。心理空间的整合是普遍存在的,并被认为是认知的来源。

38. 什么是诗学?

诗学有狭义和广义之分。狭义的诗学就是指对诗作的研究。诗学源于古希腊亚里士多德的《诗学》,是欧洲第一部用科学的观点和方法阐述美学概念的著作。在《诗学》中,亚里士多德首先确定研究的对象是诗,指出诗和其他艺术形式的异同,然后把诗分类,即包括戏剧(主要是悲剧)和史诗,然后分析诗的成分和各成分的性质,逐步寻找规律,探索各种诗的创作原则。传统的诗学强调学问修养、范本规则、技艺熟巧。模仿说乃其灵魂,即模仿自然,模仿范本。(亚里士多德 2006:2;施塔格尔 1992:1—2)

《诗学》原名为《论诗》,据说是亚里士多德的讲义。可以分为五大部分。第一部分为序论,主要分析了各种艺术所摹仿的对象、摹仿所采用的媒介和方式以及各种艺术由此而形成的差别,进而指出了诗的起源,还追溯了悲剧与喜剧的历史发展;第二部分讨论了悲剧,介绍了它的定义、构成要素和写作风格等;第三部分讨论的是史诗;第四部分讨论批评家对诗人的指责,并提出反驳这些指责的原则和方法;第五部分比较了史诗与悲剧的高低。

在《诗学》中,亚里士多德认为,艺术的本质是摹仿,摹仿是把艺术和技艺制作区别开来的基础,也是学术分类和界定个别艺术的本质的基础。摹仿是人的本能,艺术就起源于人的摹仿的天性。在模仿说里,亚里士多德提出:"诗人的职责不在于描述已发生的事,而在于描写可能发生的事,即按照可然律或必然律可能发生的事。"因此,与历史比较起来,写诗这种活动更具有哲学意味,更能表现事物的普遍性和必然性,从而更接近事物的真理。

《诗学》讨论的核心是悲剧。在讨论悲剧的时候,亚里士多德首先对它下了一个定义:"悲剧是对于一个严肃、完整、有一定长度的行动的摹仿;它的媒介是语言,具有各种悦耳之音,分别在剧的各部分使用;摹仿方式是借人物的动作来表达,而不是采用叙述法;借助引起怜悯与恐惧来使这种情感得到陶冶。"这个定义涉及悲剧摹仿的对象、媒介、方式和悲剧的功能等方面的问题。亚里士多德认为,悲剧作为一个完整的有机整体是由六个要素构成的,即情节、人物、思想、台词、扮相和音乐。其中情节和人物是最为重要的。就情节安排而言,诗人应当遵循事件发展的可然律或必然律,应当使情节构成一个有机统一的整体。就人物描绘而言,应当恰当、逼真、前后一致。亚里士多德还认为,悲剧的主人公应当是一些并非十全十美、亦非十恶不赦之辈,他们应当是好人,但又有一些缺陷和过失,由此而给自己招致了灾祸,这样悲剧才能激起我们的怜悯与恐惧之情,才能使我们的情感得以净化。《诗学》系统地探讨了美学和艺术理论,对西方后世文艺理论和文学创作的发展产生了巨大影响,其中有些观点曾被近代新古典主义奉为金科玉律。

随着近代文学史上小说的兴起,文学的研究逐步拓展到了对小说的研究,并在体裁上不断拓宽。诗学也成了广义的诗学,它是指对所有文学体裁作品的研究。在卡勒的《结构主义诗学》(*Structuralist Poetics*)(Culler 1975)出版后,诗学更是泛指文学批评理论。卡勒在此书中不仅论述了诗歌,也谈论了小说的批评原则。随着诗学在文学批评理论这个更宽泛的领域中的使用,不同的文学批评理论思潮也开始用诗学这个名称,如后结构主义诗学、认知诗学。广义的诗学甚至不只限于一种文艺理论的应用,目前出现了对不同语境中的文学进行对比研究的比较诗学。广义的诗学也不限于传统的文学门类,比如电影诗学研究就是研究电影的艺术特点、语言、风格、样式、流派、作品结构和美学表现手段的理论。总之,现代诗学的发展使诗学内部分科趋于细密化,出现了"一般诗学"、"叙述诗学"、"历史诗学"等提法,同时其研究的范围也越来越广泛。

39. 什么是文学?

文学是人文学科中一个通用却又难以把握的概念。对于大众来讲,文学作品应该具有想象性的内容、创造性的语言,文学包括诗歌(poetry)、小说(novel)、戏剧(drama)、散文(prose)等体裁的作品。这种划分的根据是文学文本的外在形态,同时考虑题材选择、形象塑造的特点以及文本的语言特征、体制篇幅等。在此基础上目前又增添了影视文学。现今由于出版和教育的进步以及社会的全面发展,文学已经失去其垄断地位而成为大众文化的一支,产生了所谓的严肃文学和通俗文学或大众文学的分割。但这些理解实际上都具有历史性。

不同的历史时期有着不同特色的文学。早期作品经常带有宗教或教诲的目的。说教式的文学从此诞生。理性时代造就了民族主义史诗与哲学短文。浪漫主义强调通俗的文学及情感的投入,慢慢被寻求真实的现实主义与自然主义文学所取代。到了 20 世纪,象征主义抬头,强调文学的象征本质的作品开始出现。

伊格尔顿(T. Eagleton)在其经典著作《文学理论导论》(*Literary Theory: An introduction*)(1983)的第一章就探讨了"什么是文学"这个问题。他先讨论了从内容上界定文学的难度。指出,如果说文学是想象性写作,这是经不起推敲的。17 世纪时英国文学既包括莎士比亚、米尔顿的作品,也包括培根的散文、约翰·唐尼的布道,甚至包括一些历史性或其他类别的文献。而且"事实"与"想象"本身就很难区分。17 世纪初之前小说这个词既指真实的也指想象性的事件。而且如果拿想象性来专门定义文学,难道说历史、哲学以及自然科学就没有想象性吗?

既然从内容上难以定义文学,20 世纪以后,形式主义文论家开始从语言上定义文学,即文学的语言相对于日常用语来讲是偏离常规的。雅各布森的名言(文学写作是"对日常语言所做的有组织的暴行")影响了很多文学文体学家的研究。另外,对文学文体学家影响最深的还有布拉格学派的穆卡洛夫斯基(J. Mukarovsky)的观点,他认为,文学语言的特性在于"突出"(foregrounding),即作者出于美学目的对标准语言有意识的歪曲或偏离。但如果从形式主义的角度定义文学,就等于承认所有的文学都具有诗化的语言。而事实上,很多小说中的选段并不是字字如锱铢。另外,对一个人来讲是标准的语言,对另一个人来说却可能是偏离常规的语言。这种评判标准又涉社会及历史背景。

另外,文学经常被认为是优美写作(fine writing),是具有美学感染力的。但人们所公认的美学感染力并不完全来自作品内在的特质,而是建立在某一特定阶段的某种文化或社会的审美情趣之上的,即这种评判是与意识形态相连的,是反映统治阶级价值取向的。伊格尔顿宣称:我们所建构的莎士比亚和荷马已经不是当时读者心目中的莎士比亚和荷马,因为历史环境变化了,读者的目的也发生了变化。

这种历史的、意识形态的观点正是马克思主义文论家伊格尔顿所要强调的。文学不是一个客观存在,它是一个历史建构,是一个社会占统治地位的意识形态影响下的价值评判。

20世纪60年代,早期的文体学家受文学批评理论的影响,强调文学是自治的领域,于是在文体分析实践中更多关照那些语言风格有突出之处的文本。近年来,受诸如巴赫金理论、语篇分析、马克思主义以及后结构主义等理论的影响,在以福勒(R. Fowler)为代表的文体分析实践中,文体学开始更为关注社会背景、意识形态,对文学作品的研究更注重其所涉及的语境,对文本的选择也更宽泛了,从而产生了语境文体学(参见语境文体学部分)。

可见,对文学的理解不是固定不变的。阎嘉依据美国文学理论家艾布拉姆斯(M. H. Abrams)的《镜与灯》一书中归纳的西方文论从古到今的四个理论视点,即作家、作品、世界、欣赏者四个要素,探讨了四种不同角度对文学的不同理解。模仿说强调文学与世界的关系,涉及文学作品与社会生活、自然界、历史等具体的社会性、真实性问题。表现说关注文学作为人类独特的精神现象的表达与发泄,关注作者的思想情感与内省意识的流露。文学性的本质说认为,文学的本质不在于它所写的内容与外在世界的逼真性与典型性,不在于它是否符合作者或人类的主体性的表达,而是聚焦于文学作品的本身,认为文学作品的语言、形式、结构、手法决定了文学成其为文学的根本性问题。读者反应论强调文学是一种在接受者参与下存在的审美活动。每一种文学本质观都有其自己对"文学是什么"的回答。(阎嘉 2006:4—5)

40. 什么是文学批评？

文学批评是指按照一定的标准对作家作品和文学现象(包括文学运动、文学思潮和文学流派等)所做的研究、分析、认识和评价。文学批评以文学鉴赏为基础，同时又是文学鉴赏的深化和提高。在文艺学的诸种研究形态中，文学批评是最活跃、最经常、最普遍的一个种类。文学批评从文学实践出发，又反作用于文学实践。它能影响作家对文学的性质、特点、规律的认识和理解，从而影响创作的发展；它还通过对作品的分析、评论来影响读者对文学的鉴赏和理解，从而直接关系到文学的社会作用的发挥。达到时代先进水平的文学批评，不仅对同时代个别作家和作品起到支持、鼓励和指导作用，而且对同时代作家的创作思想、创作倾向产生很大影响，甚至能改变一个时代的文学风尚和创作风格；它不仅能提高读者的接受能力和艺术趣味，而且能帮助、促进一定时代审美理想的建立和形成。文学批评又是进行文学论争较为常见的方式。

文学批评与文学理论息息相关。文学理论建立在对具体的文学作品、文学活动的批评基础之上，并反过来为文学批评提供理论资源。它是文学批评进行突破和发展的关键因素，有助于检验文学批评的合法性与价值的有效性。文学批评往往立足于一定的理论基础之上，如现象学文学批评立足于胡塞尔的现象学哲学以及现象学美学的基础之上。英美新批评是一种分析文学作品的方法，但它却超越了纯粹的文学分析方法，形成了自身的理论形态，有着自身的概念和术语、规范模式与操作策略。德里达的解构主义文学批评超越了纯粹的文学批评而不断向哲学、美学理论延伸。许多文学批评事实上就是其文学理论的实践(阎嘉 2005:232—233)。

文学批评有广义和狭义两种。广义的文学批评属于文学理论研究的一个方面，涵盖面非常宽泛，从新书的评介到系统的理论研究都包含于其中，在西方几乎成了文学研究的同义语；而狭义的文学批评属于文艺学的一个分支，是一种在鉴赏的基础上，以文学理论为指导，对文学文本以及与之相关的文学现象进行分析、研究和评价的科学阐释活动。

自有文学作品之日起，就有对于文学作品进行批评的实践。亚里士多德的《诗学》、贺拉斯的《诗艺》、郎吉努斯的《论崇高》等古代理论著作，实际上都包含对文学作品的批评和阐释。但在 20 世纪之前，文学批评实践还没有具备系统的文学理论，还没有形成学科形态。

文学批评特指出现于 19 世纪末期，并于 20 世纪二三十年代迅速发展起来的在文学作品研究中占主导地位的学科。19 世纪末期的西方社会，随着科学的发展，人们的宗教观念日趋淡薄，为了寻找能够提供道德准则的话语，文学的研究日益兴盛。一战之后，人们愈发倾向于到文学中寻找解决社会问题的答案。20 世纪二三十年代，英国的牛津、剑桥大学确立了文学科目，自此对文学的研究进入了专业阶段。

文学批评的目的与方法的制定最初主要归功于剑桥学者里维斯（F. R. Leavis）、瑞恰慈（I. A. Richards）以及艾略特（T. S. Eliot）。里维斯在 1932 年创办了《细读》（*Scrutiny*）杂志，旨在确立英国文学研究的道德中心，并关注社会生活的状况。在这些剑桥派的批评实践中，文学是现代社会与商品抗衡的力量，是返回 17 世纪英国有机社团的归路。他们的文学批评对象主要集中于乔叟、莎士比亚、乔生、蒲伯、约翰逊、华兹沃兹、奥斯汀、艾略特等从古到今的经典作家的作品。他们关注文本中的语言：里维斯创建了细读派（close reading），瑞恰慈是英美新批评的代表人物，艾略特强调要改变陈腐的语言。他们认为文学具有解救社会的功能，而文学中最重要的体裁是诗歌。在英美其后长达半个世纪的文学批评实践中，新批评一直占领主导地位。

随着俄国形式主义的传入和法国结构主义的影响，英美的文学批评开始吸收不同的文论思想而得到进一步的发展，走上了"科学化"的道路，并占据了与文学创作同等重要的地位。

20 世纪被称为批评的世纪。但是在西方，真正把文学批评当做一门独立的学科、对其自身进行比较系统的探讨的应当是《批评的解剖》。作者弗莱在这本书的前言中就开卷名义，他"试图从宏观的角度探索关于文学批评的范围、理论、原则和技巧等种种问题"。他把文学批评的种类分为历史批评、伦理批评、原型批评和修辞批评,并把文学批评界定为"与文学有关的所有学术研究和鉴赏活动"。他认为文学批评不但是整个文化的基础部分之一,而且是一个独立的学科,它不是文学本身的派生形式,而是一种创造艺术,具有"从它所接触的艺术中独立出来的特性";它研究艺术,其作用却是艺术自身无法取代的,因为艺术是沉默的,而批评却可以而且必需讲话。陈慧等认为,《批评的解剖》以相当开阔的眼光剖析和总结了西方当时存在的各种批评流派的是非得失,突破了从20世纪20年代起即统治英美批评界的"新批评"派的眼光狭窄、观念僵化的局限。此书既是50年代以前西方文艺批评的系统总结,又是50年代以后西方文学批评新动向的明确宣言(陈慧等 2007:2—3)。

进入后现代,在解构主义、女性主义、后殖民主义等思潮的影响下,文学批评更加多样化,并对文学创作产生着更为巨大的影响。

41. 什么是新批评?

41.1 什么是新批评?

新批评专指文学研究中立足文本的语义分析理论。该理论于20世纪20年代始于英国,在20世纪三四十年代在英美蓬勃发展,成为主导英美文坛和批评界的主流。50年代后期,新批评渐趋衰落,但新批评提倡和实践的立足文本的语义分析仍不失为文学批评的基本方法之一,对当今的文学批评尤其是诗歌批评产生了深远的影响。

在"新批评"以前,文学研究主要采用传记式和印象式的方法,对文学做出基于历史、心理学、社会学等思想意识角度的阐释。新批评一词,源于美国文艺批评家兰色姆1941年出版的《新批评》一书,但这一流派的起源则可追溯到艾略特和瑞恰慈。艾略特可视为新批评的思想先驱。他在《传统与个人才能》一文中提出了一个重要论点——非个性论,这一论点构成了新批评文论的基石。艾略特强调批评应该从作家转向作品,从诗人转向诗本身。为新批评提供方法论基础的是瑞恰兹,他通过引进语义学的方法使人们把注意力移向语言。

(1) 早期

T.S. 艾略特的《传统与个人才能》(1917)是新批评的重要文献之一。艾略特在该书中提出了"非个人化"(impersonality)的概念,他把文学作品看做是客观的、有机的、独立自主的象征物。他认为文学批评的对象不是作家,不是背景,也不是笼统的作品,而应当是每一部单个的文学作品与整个文学传统之间的关系。在《传统与个人才能》中,艾略特写到:"优秀的诗把个人情感转化为人类的普遍情感。"艾略特认为,文学批评的标准应当是"外部权威",它包括两个方面:文学事实与文学传统。在文学事实方面,艾略特强调批评要以事实为基础,反对对文学作品进行随心所欲的解释;在文学传统方面,艾略特认为任何文学作品都必须融入传统。

I.A.瑞恰慈的《文学批评原理》(1924)和《实用批评》(1927)是新批评的代表作。他认为文学批评的对象不是文学作品本身,而是读者对作品的经验。他在《文学批评原理》中写到,"诸门艺术的价值"便是文学批评的核心问题。他将文学批评区分为批评部分和技巧部分,表述经验价值的为批评部分,表述客体的为技巧部分。他认为这种区分非常重要,区分不明往往会导致错误的文学批评,因为许多文学批评家都把对技巧的批评等同于价值的批判。瑞恰慈还将语义学和心理学引入新批评。他与奥格登(C.K. Ogden)合著的《意义之意义》便是他在语义学方面的代表作。他将语言分成符号语言和情感语言两种,他认为在文学批评中,应判断我们的语言是符号式的还是情感式的,要用"通常严格科学意义上的真假"(瑞恰慈 1989:149)才能判断。瑞恰慈认为,人们之所以在文学作品的"美"的价值上观点不一,就是因为缺乏对这两种语言形式的区分。在《文学批评原理》中,瑞恰慈提到,"批评意见仅仅是心理意见的一个支流"。他认为,人的精神是一个冲动系统,日常生活中必须压制这样那样的冲动才能保证正常的生活。艺术家通过经验调和人体的冲动,真正的艺术品是多种对立的冲动得到调和的产物。

燕卜荪是瑞恰慈的学生,他提出的含混(ambiguity,又译"模糊"、

"朦胧"、"多义"等)对新批评也有很大的影响。他将含混定义为"对同一文字的任何不同解释及文字歧义,不管多么细微"。他认为"含混"是优秀诗作的基本特征。

(2) 中期

兰色姆是新批评派中承上启下的人物,他提出了一个新的术语:肌质。他认为,大多数诗歌都可以用散文来重写和概括,但诗歌中总有一些不能概括的东西,就称为肌质,而能够用散文概括的部分称为"构架"。科学文体只有构架,而诗由构架和肌质两部分组成。构架和肌质相互独立,"本身就可以完全自足"。兰色姆认为,因为构架是科学和诗共有的,而肌质是诗特有的,所以是诗的根本和精华。因此文学批评的对象是肌质。兰色姆提出的本体论是其理论的核心。他将新批评建立在明确的文本批评之上;认为文学批评应关注诗的本身,诗的意义与形式相融合,故应对诗进行全面的综合研究。

(3) 盛行期

布鲁克斯:悖论和反讽

布鲁克斯评价诗歌的标准运用了"悖论"(paradox)和"反讽"(irony)。他在传统的修辞义上赋予了"悖论"新的含义,认为诗人要表达真理只能用悖论语言。他通过分析华兹华斯的"威斯敏斯特桥"说明,即使表面看起来易懂的浪漫派诗歌也存在着悖论,更不用说玄学派诗歌了,从而也证明悖论语言表达了伟大诗歌中的真知灼见。对于反讽,布鲁克斯认为它是一种"语境对陈述语明显的歪曲"。同样通过分析华兹华斯的诗歌,他证明了反讽是诗歌中的显著特征。

退特:张力

退特在"论诗的张力"一文中阐释了他所提出的诗歌"张力"(tension)结构理论,他认为诗的意义就是它的张力,即我们在诗中所发现的所有外展和内包的有机整体。他主张诗既要注重内涵,也要倚重外延,内涵使诗意具有多重性,外延使诗意具有一定的明晰性。

韦勒克:透视

韦勒克和沃伦合著的《文学理论》(1963)是新批评成熟时期的代

表作。他们在该书里提出了文学批评的"内部研究"和"外部研究":一切对文学作品有决定性结构和价值的研究为"内部研究",而"外部研究"则为对文学作品经验的研究。对于内部研究,韦勒克提出了纵向层次分析法:声音层面;意义单元;意向和隐喻;我们称作诗的"神话"的象征系统;小说投射世界的形式与技巧;文学类型的性质;文学作品的评价;文学史的性质。而外部研究有五种模式:传记研究、心理学研究、社会学研究、思想史研究和比较艺术研究。

韦勒克不同意将文学批评归纳为简单的概念及标准,从而提出了"透视主义"。他认为,文学批评就像我们的眼睛对一栋房屋的观察,从不同角度会产生很大的不同,但是我们必须承认的是它和它的所有特征的存在。所以,经验并不能否认文学作品的客观性,我们应该采取一种透视的眼光,尽可能从各个方面全面看待这个客观存在的物体,像盲人摸象一般,通过大量的学说见解、判断和理念,使决定性结构在历史的批评过程中呈现。

41.2 新批评代表方法:细读法

细读法是新批评的代表方法,也是新批评理论家们所遵循的基本原则。瑞恰慈、兰色姆、布鲁克斯等均对细读法有所阐述。美国学者来奇(Leitch,1988)曾将细读法分为16个步骤:(1)选择简短文本;(2)排除"发生学"的批评方式;(3)避免"接受批评"的研究方法;(4)把文本看做自治的、与历史无关的存在客体;(5)设想文本既是错综复杂又是高效统一的;(6)多次重复地进行细致研读;(7)把每一文本视为内在相互对抗力量的戏剧性展示;(8)注意力持续集中在文本上,集中在文本的语义和修辞的多层次相互关系上;(9)坚持文本语言本质上的比喻性力量及由此而生的奇异的力量;(10)力戒意义阐释或综述大意;(11)关注和谐的文本部分,探寻全面平衡的或统一的结构;(12)对不和谐处和矛盾冲突方面不予重视;(13)把悖论、含混、反讽用作克服分歧和确保统一的结构;(14)把内在的意义仅作为结构的因素之一;(15)阅读中注意文本中的认知的、经验的成分;(16)努力争做"理想读者",创造出唯一的真正的阅读,真正的阅读包含重复多次的阅读过程。

美国学者古尔灵(1988)则在《文学批评方法手册》(1988)中将细读法概括为词义分析、结构分析和语境分析三步。

41.3 新批评与文体学的关系

文学文体学作为语言学和文学批评的桥梁,在六七十年代在西方蓬勃发展,很多语言学家和文学批评家转向对文学文体学的研究。而新批评在当时受到了一些学者的质疑,逐渐衰落。申丹将文学文体学在新批评衰落之时兴盛起来的原因总结为两方面:其一,文学文体学用现代语言学武装了自己。其二,有些文学文体学家采用了比新批评派更灵活的立场。他们虽反对将作品视为社会文献或历史文献,但并不摒弃对作品背景的了解。与新批评派相比,文学文体学家虽注重文本,但一般不排斥作者,有的还较能从读者的角度考虑问题。此外,文学文体学作为对传统印象直觉式批评的修正和补充,填补了新批评衰落后留下的空白,在语言文学教学中起了较大作用(申丹 2000:23)。

41.4 新批评在中国

中国学者之中,40年代的袁可嘉,五六十年代中国香港的叶维廉、李英豪、王敬羲,美籍华裔夏志清,中国台湾的欧阳子、颜元叔,80年代的黄维梁,都受到新批评的影响。林以亮编选的《美国文学批评选》(1961)有艾略特、布鲁克斯、泰德等的论文。这种批评方法,在反对文以载道或泛政治化批评方面有其意义,产生于特殊的历史断层的处境也有其必然性,对文章细读有帮助,个别评论家对其做出了进一步的发展(袁可嘉、夏志清、叶维廉),亦各有盲点,如颜元叔谈古诗、黄维梁谈新诗弊端特别显著。

42. 什么是修辞?

语言是人类最重要的交际工具。人类在社会交往中,不仅要使语言清晰、通畅、合乎逻辑和语法,而且还要在这个基础上,进一步做到语言鲜明、准确、精炼、生动、深刻、具有感人的力量,以期达到最佳的表达效果。为此,人们充分地运用和发挥语言各要素的作用,恰当地选择语言手段,不断地对语言进行调整、加工、润色,于是就产生了修辞(Rhetoric)。

42.1 修辞的定义

关于什么是修辞,我们可以从中外修辞学家和语言学家的著述和辞书中找到答案,如:

The art of using words in speaking or writing so as to persuade or influence others.

(*The World Book Dictionary*)

The art of effectively using language in speech or writing, including the use of figures of speech.

(*Random House Webster's College Dictionary*)

Rhetoric is the theory of informative and persuasive discourse.

(D.C. Bryant: *Rhetoric: Its Function and Scope*)

Rhetoric is a kind of art which deals with how to manipulate language effectively.

(C. Brooks and E.P. Warren: *Modern Rhetoric*)

What rhetoric concerns is how to make an effective choice between two synonymous expressions.

(Martin Steinmann: *New Rhetoric*)

Rhetoric should study the misunderstanding in human communication and find a solution to it.

(I.A. Richards: *The Philosophy of Rhetoric*)

修辞:修辞文字、词句,运用各种表现形式,使语言表达得准确、鲜明而生动有力。

(《现代汉语词典》)

修辞:依据题旨情境,运用各种语文材料、各种表现手法,恰当地表现写说者所要表达的内容的一切活动。

(《辞海》)

修辞不过是调整语词,是达意传情能够适切的一切努力。

(陈望道《修辞学发凡》)

修辞是为了有效地表达意旨、交流思想而适应现实语境,利用民族语言各因素以美化语言。

(张弓《现代汉语修辞学》)

修辞是指最有效地运用语言、使语言很好地表达思想感情的一种技巧。研究这种技巧的学问,就叫做修辞学。换言之,修辞学是以修辞的规律、方法和语言手段的表现为研究对象的科学。

(北京大学语言学教研室《语言学名词解释》)

修辞:通过对语言材料的选择、调整、修饰,使语言美化,更好地交流思想,表情达意。所谓"调整",主要指依据题旨情境的需要,对词语、句式、段落、篇章做恰当的选择和安排;所谓"修饰",主要指恰当地选择一些修辞手段、修辞方法,增强语言表达的艺术效能。调整的目的,就是要求语言准确、鲜明,没有丝毫的模糊,也没有丝毫的歧义,使人家清楚、明白。修辞学就是研究如何提高语言表达艺术效果的规律的科学。修辞学是一定的历史范畴的产物,它体现着一定的历史阶段上语言和人的关系、语言和思维的关系、语言和艺术的关系,是一门人际关系的学科。

(杨鸿儒《当代中国修辞学》)

修辞的范围很大,涉及面也较广。以上英汉词典、修辞著述都力求给出一个较科学的解说,但角度不同,其说不一,然而都揭示了修辞的实质问题。通过这些定义,我们可以得知:修辞是最有效地运用语言以期更充分、透彻、鲜明地表情达意的一种艺术。研究这种艺术的学问,就叫做修辞学。修辞学就是研究在一定的题旨和条件下如何对语言素材进行调整、加工、润色,如何运用修辞方式提高语言表达效果的学科。它旨在探讨修辞规律和方法,并将他们上升到理论高度以具体地指导语言实践。修辞学是语言学中的一门学科。

42.2 修辞的研究对象

修辞学既然是一门探讨提高语言表达效果的规律和方法的学科,

那就必然以语言要素本身为主要研究对象。但它研究的角度和目的与语音学、词汇学和语法学有所不同,它不是具体研究语音、词汇、语法的本质特点、内部规律、使用规范等,而是从功能着眼,根据具体的语言使用环境,研究怎样运用语音、词汇、语法这些语言材料最恰当地表达思想,取得最佳的表达效果。

42.3 修辞的任务

修辞的任务是:分析研究各种表达手段的特点及其作用,找出有效的方法和运用的规律,化平淡为新奇,化呆板为鲜活,化枯燥为生动,化冗杂为洗练,化灰色为明快,化一般为艺术化,激发联想,唤起美感,娱人耳目,增强表现力、说服力和感染力,做到语言形式与表现内容完美和谐的统一。(吕煦 2003,1—7)

43. 什么是修辞学?

43.1 修辞学的概念

修辞学是一门古老而又年青的学科。因为古老,它有很多大同小异的定义。因为年青,所以不断发展,人们对这一学科的本质有了新的认识,它也必然有一些新的定义。

韦氏大字典是这样为修辞学下定义的:是演说和写作中有效使用词的一门艺术或科学。修辞学是人们一直使用的一个术语,却有几种不同的意义。其中一种意义就是不传递任何物质的演讲。例如,言行不一的政治家被说成是"空洞修辞",一些教人们如何写作的书表达的却是修辞学的另一种意义。古希腊修辞学自问世之日起就是一门劝导和说服的学问,但具体的修辞学意义也因人而异。"诡辩家"(Sophists)教授用于法庭的实用修辞;柏拉图以"修辞"与"辩证"对立,他在这一过程中推广的修辞学以真理为目标,而不是获得法律要领;亚里士多德则把修辞学定义为一门"劝说艺术"。古罗马时期,西塞罗几乎不使用哲学询问,而是把修辞视为影响统治政策的一种手段。后来,修辞学进入现代时期,应用问题已大量为社会意识问题所取代。西方的"修辞学"(Rhetoric)是理论与实践的结合,两者互相体现,因此这一词同时兼指演说和写作的艺术,也指对演说论辩的研究。该文从两个方面为修辞学下定义:其一,修辞学作为一个研究领域检测说话人或写作人影响别人思维状态和行为状态的方式方法。其二,是对这些方式方法加以应用。这一定义不同于传统的定义,不仅将修辞学作为知识学科,而且将其作为一种艺术、技巧或人们具有的并且可使用的能力。亚里士多德就把修辞学定义为"在每一(特别)情况下发现有效劝说的能力"(Kennedy 1991)。

在继承古典修辞学的基础之上,现代人也提出了对于修辞学的定义。如:

> 修辞学是研究语言表达效果的科学,是人们在长期的社会实践和语言的实际运用中总结出来的理论。凡一篇文章的思想内容、语言形式、感情色彩、艺术特色、表达技巧、语体风格等均属修辞学的研究对象。(吕煦 2003:19)

美国语言学家 Brooks 和 Warren 在他们合著的《现代修辞学》(*Modern Rhetoric*)一书中说:修辞学是有效地使用语言的艺术(Rhetoric is the art of using language effectively.)。

修辞和语法有密切的关系,但有区别。Francis Christensen 说:

> Grammar maps out the possible; rhetoric narrows the possible down to the desirable and effective.

伍海伦在《英文修辞手册》前言中引述了一位学者的话:

> Grammar is the law of language, considered as language; rhetoric is the art of language, considered as thought. Grammar tells what is correct; rhetoric tells what is effective and pleasing.

这说明人们在社会交际中为了有效地使用语言,不仅要遵守语法规则,还要追求语言的使用技巧;既要考虑句子结构对不对,话说得通不通,又要注意话说得是否准确有力,是否鲜明生动,是否协调连贯等等。简而言之,就是话说得是否有艺术性,而这种说话的艺术性,要与有效性结合起来,一切技巧的使用都要考虑语境,针对不同场合与不同对象,才能取得更好的实际效果。

43.2　中西修辞学的历史发展

西方修辞学有着悠久的历史。西方修辞学这门学问起源于公元前四世纪,即亚里士多德时期。当时它仅指口头表达技巧,相当于我们今天说的"辩论"(argumentation)。17世纪末期英国哲学家John Locke曾把修辞称为"演说术"(the science of oratory),是"说话得体、优美和有力的艺术"(the art of speaking with propriety, elegance, and force)。因此,在希腊语、拉丁语、法语、西班牙语以及意大利语中,rhetoric这个词的词根都是"说话"的意思。

随着19世纪印刷业的高度发展。人们越来越普遍地采用书面交际手段,于是修辞的原则和方法也进入了各种书面语体。

现代语言学的迅速发展推动了现代修辞学的发展,修辞学研究呈现两种主要趋势:一是着重研究修辞手段的体系,称之为语言修辞学;二是着重研究话语中的修辞现象,称之为话语修辞学,或者言语修辞学。

而我国的汉语修辞研究同样源远流长,近代有陈望道先生的《修辞学发凡》(1932)和吕叔湘、朱德熙先生的《语法修辞讲话》(1952)两座里程碑。但我国的英语修辞研究则起步甚晚。虽然60年代初王佐良先生就曾撰文论述英语修辞在外语教学中的地位和作用,但政治运动使这方面的研究停顿了近20年,直到改革开放以后才真正得到开展。近年来国内学者踊跃发表修辞学方面的论文,出版相关专著和词典,把我国的英语修辞研究推上了新的台阶,不少大学已开设了英语修辞学课程,开展这方面的专题研究,预期将会有更多的成果问世。

43.3　中西修辞学的分类

随着语言的不断发展,作为提高语言表达效果的修辞也在不断地发展和丰富,其内容和方法也日益繁多,逐渐形成一个大致完整的体系。西方修辞学把修辞分为交际修辞(communicative rhetoric)和美学修辞(aesthetic rhetoric)两大类。交际修辞要求选词择句时"语意明确,文理通顺,结构妥帖,语言平易好懂",而美学修辞则以此为基础要求语言表现"生动、形象、富于说服力和感染力,最大限度地发挥语言的表达功能,给人以美的享受"。

我国现代修辞学的奠基之作《修辞学发凡》(陈望道,1979)从修辞的功能着眼,将修辞区分为消极修辞和积极修辞两大类。前者的功能是明确、通顺,后者的功能是有力、动人。陈望道先生称之为"修辞的两大分野"。

在英汉修辞学中,交际修辞与消极修辞、美学修辞与积极修辞是完全对应的。(吕煦,2003:21)

43.4 我国当前修辞学研究现状

当前我国的英语修辞研究主要在下述三个方面展开:一是继续对传统修辞学和现代修辞学派进行研究,继承和发扬英语修辞学的优良传统,同时吸收现代修辞学派的新观念、新思路和新方法,改进和提高我们的研究和教学;二是把英语修辞同汉语修辞加以对比研究,既促进文化交流,又利用汉语优势促进英语修辞研究;三是把英语修辞同其他学科联系起来,如认知学与修辞学、心理学与修辞学、交际学与修辞学、话语学与修辞学等等,从而引出种种跨学科研究的新课题、新成果(黄任 1996:2)。

44. 文体学与修辞学有何联系?

对于文体学与修辞学的关系,长期以来一直未有定论。有人认为文体学就是现代的修辞学,修辞学就是古代的文体学。但是文体学与修辞学究竟是不是一回事,二者之间究竟有怎样的联系,这些问题尚待解决。顾曰国在其《西方古典修辞学和西方新修辞学》一文中曾提出,英语文体学是在西方修辞学基础上发展起来的,当时的研究涉及的问题是语言运用的普遍原则和表达技巧。文体学(Stylistics)是研究文体(Style)的学科,而英语文体学就是研究英语各种文体的学科,文体学可谓古典修辞学衍生的一个分支(1990),但文体学并不等于修辞学。王文融在其《从修辞学到文体学》一文中从修辞学和文体学产生与发展的过程入手,对修辞学与文体学的关系进行了细致深入的讨论。本文将在各位前辈的研究成果基础之上以引介的方式对于修辞学与文体学是何关系进行简要回答。

44.1 修辞学与文体学的源起与发展

西方修辞学产生于古希腊,距今已有2500多年的历史。它最早是一门雄辩术。公元前五世纪初,因财产引起的纷争在西西里时有发生,希腊哲学家恩培多克勒等雄辩术教师便在该岛的锡拉库萨教授用于法庭辩论的雄辩术。不久,这门艺术传入雅典,人们在那里创立了培养演说家的修辞学校。公元前二世纪以后,古罗马也开设了许多修辞学校,向贵族奴隶主阶级的子弟传授演说辩论的技巧。

这一时期的修辞学论著主要有:公元前四世纪古希腊哲学家亚里士多德的《修辞学》,公元前一世纪古罗马政治家和演说家西塞罗的《论演说家》和公元一世纪古罗马教育家和演说家昆体良的《演说术原理》。

根据上述论著,修辞理论可分为五部分:(1)如何选择将要加以发挥的论据、论证;(2)如何安排这些论据、论证的先后顺序;(3)如何使用语言材料,尤其是修辞格;(4)如何运用语调、讲话速度、手势、面部表情等手段;(5)如何记忆将要发表的演说。其中第四与第五部分在修辞学著作中常常被忽略,而第三部分,尤其是对修辞格的研究,在传统修辞学中占有十分重要的作用。

亚里士多德在其著作中根据控告或辩护、说服或劝阻、褒扬或贬抑等不同动机,区分出演说的三种类别。后来,作为雄辩术的修辞学被推广到文学创作领域,在文学的各种类别中得到运用,产生了有关体裁的理论。人们认为,写作时首先要选择适于表达自己思想的体裁。每种体裁都包含一种本质,并有高雅、低下之分。每种体裁也有其相应的表达手段,这些手段决定作家应采用哪些词语、句式、修辞格等等,换句话说,就是应采用哪种文体。古希腊、罗马人已区分出典雅、适中、朴素三种文体,这种区分实际上与当时由军人、域邦居民和农民构成的社会的划分是互相吻合的。罗马帝国末期和中世纪时,有些人曾把维吉尔的三部主要作品《埃内伊德》、《田园诗》和《农事诗》作为三种文体的典范来研究。他们发现,描写对象的社会地位不同,作者采用的文体也不同,而且词语所指事物的色彩或使用这些词语的社会阶层的色彩也折射到词语本身。文体具有社会标准这一观点很重要,后来被现代文体学的鼻祖巴依所采纳。

综上所述,传统修辞学从用于辩论和演说的雄辩术发展为研究文体风格的学科。它不仅是一门语言的艺术,而且是评论鉴赏文学作品的工具。

从18世纪起,随着有关语言和风格文体的新观念的出现,传统修辞学开始走下坡路,逐渐失去它的规范作用和作为评价文学作品工具的功能。人们对布封"文体就是人本身"这句话的断章取义,却体现了文体表现人的本性和想法的现实,于是"文如其人"的说法便不胫而走。传统的模仿观念因而被独创性这个新标准所取代。传统修辞学则逐渐失去了它超验的、美学的基础,越来越遭到人们的否定。1836年法国《公共教育部公报》也承认:"若无学校规章的保护,修辞学在法国早已寿终正寝。"修辞学没落了。但从18世纪中叶起到20世纪初并没有一个新的学科来取而代之。人们往往把语言研究和文学研究割裂开来,而后者受到实证主义的影响,过分强调作家的生平经历与作品的关系。

随着哲学、社会学、人类学、心理学、精神分析学等社会科学的发展,尤其是20世纪初以瑞士人索绪尔为鼻祖的结构主义语言学的产生和发展,人们在传统修辞学的废墟上逐步建立起现代文体学。

索绪尔最重大的贡献之一,是提出语言和言语这两个相互对立的概念。语言指的是同一社会集团从一代人传到另一代人的符号体系,包括词汇、词法和句法,具有社会的和约定俗成的特点,是一种代码,言语则指个人在某种情况下对语言的使用,是一种信息。现代文体学正是在语言和言语这两个不同的基点上发展起来的。法国学者吉罗将文体学归为语言文体学和言语文体学两大类。

其中语言文体学包括描述文体学、发生文体学和功能文体学。描述文体学是由索绪尔的学生、瑞士语言学家巴依创立的。他在《文体学概论》(1905)和《法语文体论》(1909)中对描述文体学的任务、研究对象和方法作了明确的阐述。巴依的文体学研究的是某一社会集团习用的语言表达方式,而不是个人使用母语的特色,更不是作家或演说家的风格。因为巴依认为后者使用语言是有意识的,抱有美学的意向,因而不能作为科学研究的对象。发生文体学着重研究语言中各种表达手段产生的根源以及这些表达手段与其创造者和运用者(个人或集团)之间的关系。功能文体学则是在巴依的描述文体学中关于语言功能的概念基础之上提出来的。

言语文体学主张,研究文体要从具体的信息(如一篇文学作品)的内部结构入手。文本只存在于信息之中,文体效果与其说取决于语言符号本身,不如说取决于符号之间的关系。

44.2 文体学与修辞学的联系与区别

从以上对修辞学和文体学起源和发展的介绍来看,尽管现代文体学的创立者们(如巴依等)不愿承认文体学与传统修辞学有着千丝万缕的联系,但这两门学科的研究范围的确有不少重合之处。从研究语言表达手段的角度来看,传统修辞学可以说是古人的"文体学",而现代文体学则是在修辞学(尤其是它的第三部分)的基础上吸收了现代科学的成果发展起来的。它还是一门年轻的学科,在许多概念上仍然众说纷纭,莫衷一是。如有些人主张把文体学归入文学史,把它与语文学相提并论,另一些人认为文体学附属于语言学,还有些人认为它是符号学的一个分支。虽然关于两者的关系异议很多,但是依然可以总结出二者的一些明显的区别和联系。

(1) 研究内容不同。

文体学研究语言风格。众所周知,任何一种语言都有区别于它种语言的独特体系,如节奏韵律、书写形式、语法解构、习惯表达等,集种种特点之总和,便构成一种语言区别于它种语言的风格。即使同操一种语言,因交际对象、目的、方式不同,语言表达方式和所产生的效果也大相径庭。给朋友写信的用语有别于公函用语;与家人闲聊有别于官方会晤;求援与发号施令的语气截然不同。人们所处的社会地位、经济地位、文化素养等都直接影响着语言风格。按照英国文体学家 D.

Crystal 和 D. Davy 的意见，影响语言风格的因素主要有以下几个方面：

1）个性特征——指持之以恒的、出自惯性的个人特点；局限性的通用语——包括方言和阶层语言；时间性——指古语、现代语、当代语；

2）言语手段——包括口头和书面的；言语的参与者——包括独白、对话、交谈；

3）领域——指职业用语、同行用语；身份地位——包括正式或非正式、礼貌或亲切、上下关系或血统关系的语言；方式——例如通讯方式可用信件、明信片、电报、电邮、短信、微博、微信等；科学成果可用讲演、报告、论文、专著或教科书等各种方式发表；

4）奇笔——奇笔或异彩指作家或者发言人为了适应情景而灵活地表现出来的特殊风格。第一项所讲的个性特征是持久的习惯行为，而奇笔或异彩往往是即兴或临时增添的特有的笔调和气派。

以上可以看出文体学研究具有广泛性、复杂性、艰巨性。从基本语言要素——语音、词汇、句法结构，到超离语言规范现象；从文学到各类体裁；从影响语言的社会因素到个人心理因素，总之一句话：

> Style can be applied to both spoken and written, both literary and non-literary varieties of language.

而修辞学则侧重研究演讲艺术。应当指出，古代修辞学与当代修辞学概念不同。"rhetoric"（修辞学）的词干"rhetor"无论希腊语、拉丁语、法语、西班牙语或意大利语都是"演讲"（to speak）之意。早在公元前五世纪左右，修辞学已成为古希腊文化教育中少数几门重要学问之一。但是古希腊没有印刷术，很少有人读书识字，文化传播相当困难，交际方式多是口头形式。一个人的聪明才智靠在公共场合发表演讲和雄辩显露出来。所以修辞学是专指"演讲艺术"的一门学问。著名古希腊哲学家苏格拉底、柏拉图、亚里士多德都对修辞学颇有研究。德国学者 W. Wackernagel 称亚里士多德为修辞学之父：

> ... the ancient understood by rhetoric simply the art and theory of persuasive speaking; so Aristotle considered it; and he, as he was the

father of Poetics, may likewise be called the father of rhetoric.

亚里士多德时代的修辞学内容包括以下三个方面：

1) The possible source of proofs;
2) The style;
3) The right ordering of the parts of a speech.

可见古希腊人十分追求讲话艺术的美学价值，并已提出了文体风格在演讲辩论中的地位和作用。专指"演讲艺术"的修辞概念，一直可追溯到18世纪初。英国哲学家J. Locke17世纪末仍认为：

Rhetoric was the science of oratory; the art of speaking with propriety, elegance, and force.

18世纪以后，印刷术迅速发展普及，人们的交际方式已不仅限于口头，书面语成为重要、广泛且更为便利的形式。自然，修辞学的涉猎范围随之转向研究如何提高书面语言的质量上来，成为"the art of effectively joining words together"。修辞学兼收并蓄了语法结构学和逻辑思维学。语言结构学乃修辞学的基础，逻辑学乃思维之前提，两者相辅相成，从而达到语言表达准确、生动；两者偏一，都有害于语言色彩，甚至造成谬误。

（2）研究目的不同。

修辞学注重"净化语言"，企图树立标准；而文体学则强调适合原则。修辞学讲究所谓的"净化英语"（clean English）。净化有利于语言的纯洁，广大社会成员若能共同遵守这一条语言准则当然有益无弊。但是社会是复杂的，语言学家唯有客观地面对现实方可开拓研究之路。美国学者J. Hamilton著有《民众英语》（*The People's English*）一书，根据人均经济收入，将美国划为六个阶层，每个阶层所操的英语都有别于其他阶层。黑人劳动者属最下层，他们生活水准低，更谈不上受到良好的教育，因而语言大大偏离上层阶级的语言。诸如下列句子屡见不鲜：

a. Nobody don't like a boss hardly.
b. Him and me were drinking vodka.

c. Some of we boys were going.

d. She hungry.

e. It's a boy in my room name John.

奇怪的是,某些难登大雅之堂的俗语不断地冲击着"标准"英语,连那些受过良好教育的人也以讲俚语、俗语为快。可见"净化"是相对的,"不干净"是绝对的。任何语言都不存在什么永恒规范,一味追求"净化"是主观主义、教条主义的表现。某些尚未被承认的语言现象,也许正是日后语言新发展的动向。修辞学力图建立一套美学评价标准,通过划定如何写、如何讲的范围,指出哪些永远是好的用法,哪些应该废弃。试看这段话:

> About fifty feet away I saw a buck deer running for safety and so I kneeled on my right knee and then I brought the rifle to my right shoulder. He was still running, so I fired one shot at him, but I missed, but he stopped and looked at me, and then I had a much better target to shoot at.

从修辞角度审查,这段话滥用连接词,层次不明,主次不分,应当加以修改:

> About fifty feet away I saw a buck deer running for safety. Kneeling on my right knee and bringing the rifle to my shoulder, I fired once, but missed. He stopped to look at me, providing a much better target.

当然,修改后的文字洗练清晰,几乎无懈可击。

与之相反,文体学则不想建立统一的美学评判标准,因为文体是相对的产物,受各方面因素制约。上述一例,如果出自一个少年之口,未必不合适,读者反而会产生真实亲切感。假如该少年用修改后的话谈出来,难免会牵强附会。大家熟悉 S. Leacock 的散文 *How We Kept Mother's Day*,语言流畅自然,脍炙人口,读后几乎把每人都带回自己的童年时代。作者的成功妙诀正在于采用不合修辞规范的儿童口语体形式,犹如童年的 Leacock 站在人们面前一口气叙述过"母亲节"的情形。其他体裁也各有自己的文体特色和要求:新闻报道力求简练准确,科技论文不带个人感情色彩,法律条文难以避免拉丁词……这些都决定了建立统一美学标准的困难性。那么是否意味着文体学不含美学因素?答案是:否!从某种意义来讲,文体学就是研究如何选择最恰当、最有效的手段来表达思想和感情的学问。适合性(appropriateness)是文体学的灵魂,一切美学意图和美学效果必须通过词句的恰当选择体现出来。所以,只有懂得文体要素,说话或写文章才能按照不同的要求,选择不同的表达方式,做到得体、应景、达意,尤其是欣赏文学作品,分析各个作家的语言风格,不具备一定的文学知识和文体素养,就不能领会文章的意境和遣词造句的妙处。文体学一方面研究全民语言素材的提炼取舍,以便形成不同文体特征的规律;另一方面也注意超规范语言在特定环境中的作用和效果。

(3) 文体学是对修辞学的扩展和延伸。

修辞学属于语言学的一个分支。英语从古代的曲折(inflectional)语言转化为当代的分析性语言(analytic language)以来,语言学家一直试图制定出一套严格的语法规则,告诉人们该如何讲、如何写。修辞学重视选词、炼句、段落转换起承、前后呼应、人称时态统一等细节。修辞学目的是为了提高语言表达效果,文体学同样讲究语言的表达方式和所产生的效果,那么是否可以将两者合为一体呢?确实存在这方面的争论,有人干脆把 stylistics 译为"修辞学"。不过,G. Leech 和 M. Short 认为:

> Stylistics builds on linguistics, and in return, stylistics challenges our linguistic framework, reveals their deficiencies, and urges us to refine them. (Leech, G & Short, M, 1983)

修辞学从古代的"演讲艺术"至今天的"写作艺术",为语言发展、净化起了巨大作用,且富有无限生命力。但是,由于修辞学拘泥于公式化的修饰手段和模式,忽视了语言的社会交际情景,严重束缚了人们的

活跃思想,阻碍情感的自由表达,特别是与节奏加快了的现代社会不大合拍,因而不断遭到批评与抵触:

> Writing is an art and no art can be taught by recipe. A textbook that attempts to tell you just how you should organize your thoughts, and then how you should express them, would have just one good reason for existence. You might become a great writer by consciously violating every precept within its pages.

文体学则正是在人们对修辞学的不满情绪中应运而生的学科,是修辞学的引申和扩展,是对修辞学的挑战,可以说是一场突破性革命。

毫无疑问,学习语言应当掌握该语言的基本要素和规律,诸如修辞格式。然而,修辞方式产生于语言素材基础之上,必然受语言素材制约;而语言素材又受更为复杂的因素所制约,诸如使用者、社会背景、交际场合、目的、对象等,离开这些因素而空谈修辞是徒劳的。修辞学讲究语言的明了、达意、精炼,但是在公文套语、外交辞令中,交际者为了某种目的而故意华而不实、玩弄辞藻、拐弯抹角、掩盖实情,如同引人入迷宫。请读一位办公室负责人送交的一份备忘录:

> Verbal contact with Mr. Blank regarding the attached notification of promotion has elicited the attached representation intimation that he prefers to decline the assignment.

一大串"big words"读起来令人费解,而实际表达了什么意思呢?很简单:Mr. Blank didn't want the job。

而文体学则注重语言的交际环境。中国有一句俗话"见啥人说啥话",就是指"场合"而言的。文体学所观察、研究的就是什么样的语言适用于什么样的场合,从而冲破了机械修辞学条条框框的束缚。同样一个事实,在不同的场合下,不同的交际方式中,其表达方式就呈现出语音、词汇和句子结构的不同。

a. When his dad died, Peter had to get another job.

b. After his father's death, Peter had to change his job.

c. On the decease of his father, Mr. Brown was obliged to seek alternative employment.

第一句话很明显是两个熟人之间随便交谈的用语,"dad"、"Peter"、"get"等属俗语(colloquial words);第二句属于"共核"语(common core),口语和书面语均可;第三句的"decease"、"obliged"、"alternative"、"employment"等词一般很少用在口头交谈中,多出现在庄重的书面语体中,因而,无论从语气到措辞都不同于前两句。以上三句话的差异说明了交际对象、环境、手段对语言选择的影响作用。

44.3 结论

修辞学为文体学的发展提供了积淀和基础,而文体学的创立也开阔了语言工作者的眼界,冲击了传统的修辞学。修辞学注重语言素材本身,在方法与技巧上为写作艺术提供了不少有益的准则;词和句是各类文体研究的前提。文体学主要是使研究者的视点从单词、单句中跳脱出来,从宏观角度将语音、语义、结构与其他因素有机结合起来,形成高于修辞学的境界,因为语言的灵活性、微妙性、深邃性是远非修辞框框所能够束缚的。两门学科分别从不同角度观察分析英语语言,关键是要正确处理好两门学科的关系,使之达到相辅相成、并行不悖的目的。

45. 什么是广告修辞学?

广告修辞就是与广告活动、广告语言有关的修辞,是人类在进行广告宣传时利用语言等媒介符号,依据具体的语境,有意识、有目的地建构话语和理解话语以及其他文本,以取得理想的传播效果的一种社会行为。广告是一种特殊的文体,它吸收了文艺语体的某些特点,有其特殊的审美要求。广告的性质和特点决定了它对语言的要求:简明扼要,通俗易懂,生动新奇,最终给广告接受者以深刻的印象,激发他们的兴趣,以达到自身的目的。因此,广告不仅要把商品信息传递给消费者,而且要把美感、情感传递给消费者。在广告如林的时代,为了使自己的广告别具一格,广告创作者常常运用一些修辞手法来增强广告语言的表达效果。因此,广告修辞学是一门运用广告学的一些理论和方法探讨各种广告领域中的修辞现象、修辞规律的新兴交叉学科。

45.1 广告中所使用的修辞手法

广告是一门语言艺术,有传播信息、劝说和刺激消费的功能,除了要宣传商品信息,更要让消费者认同它的价值取向,从而诱导消费者的意向。采用直截了当的方式,广告往往难以引起人们的注意,且易被认为是自吹自擂而招致反感。为了使其具有特殊的感染力,广告在语言上常常精雕细琢、匠心独具。

经过修辞后的语言,可以大大加强表达效果,使对事物的描述更生动、更形象,给人们以语言的美感,让人们得到艺术的熏陶。为了达到吸引公众、说服公众的目的,多数广告采取迂回曲折的方式委婉含蓄地表达,把不便明说的言外之意寄托于对比、拟人、隐喻、夸张、双关、仿拟、排比、重复等语言文学的各种修辞手法中,使人们在接受商品信息的同时,获得高尚的情趣和精神上的享受,从而激起人们对美好事物的向往和追求,唤起人们的消费欲望。我们结合实例来看一下广告中常用的几种修辞手法。

(1) 夸张

夸张是为了强调和突出某一客观事物或人物的情感,故意对其某种特征作艺术上的扩大或缩小,以渲染客观事实,从而加强说话的力量。为了突出所宣传的商品,扩大其影响,商家常常对商品的特征大肆渲染,在内容上虽言过其实,却胜似真实。而夸张的类型主要分为直接夸张、融合夸张和窜前夸张。

直接夸张指的是"直接对某些事物的形象、特征、作用、程度、数量等方面加以夸大、缩小或故意颠倒出现次序的一种夸张"(倪,2001:435)。例如:

> 江汉钻头,穿透地球。(湖北江汉钻头厂广告)
> 神奇蒸汽电熨机——轻轻地,熨出一个笔挺的世界。(神奇电器制造厂有限公司广告)

他能将整个世界粘在一起。(某黏合剂广告)

融合夸张指的是"夸张同比喻、比拟、借代、映衬等相互融合的情形。融合以后,比喻、比拟、借代、映衬等都成为夸张的表现形式,或者说,比喻、比拟、借代、映衬等都含有夸张的意味"(倪,2001:439)。例如:

我们的渔竿连鱼看了都喜欢。(渔具广告)
给你送去另一个太阳。(美国全美取暖器公司广告)

酒气冲天,飞鸟闻香化凤;
糟粕落地,游鱼得味成龙。(山西杏花村汾酒广告)

窜前夸张指的是"时间先后上的突破,把后出现的事物说成先出现",(倪,2001:438)。例如:

未曾回眸,百媚已生。(泳装广告)
有个消息连未出生的宝宝听了也会拍手鼓掌。(强生系列婴儿护理用品广告)

(2) 排比

排比是将结构相同或相似、意义相关、语气一致的几个词组或句子排列使用的一种修辞手法。排比句式整齐,节奏明快,便于表达强烈、奔放的感情,大大增强广告语言的语势,产生一种气势美。

排比的类型有平列排比和层递排比两种。平列排比指的是"相连的几个短语或分句结构一致、意义平列的一种排比"(倪,2001:251)。例如:

为您提供美,为您提供乐,为您提供爱,为您提供趣。(《故事会》广告)

虚虚心心学本事,兢兢业业干事业,
规规矩矩做生意,清清白白做个人。(上海紫江集团公司广告)
拜早年
忙贺岁
《甲方乙方》

五、交叉学科:修辞学、文体学与其他

好梦一场

笑出你眼泪

笑掉他的大牙

笑破我的肚子。(电影《甲方乙方》广告)

"层递排比指的是相连的几个短语或分句结构一致,但意义排列上有层次性的一种排比"(倪,2001:253)。例如:

人无我有

人有我新

人新我优(康力系列彩电广告)

春季给您带来沉醉,夏季给带来欣慰,秋季给您带来甜美,冬季给您带来回味。(新飞冰箱广告)

生在杭州,长在中国,走向世界。(金鱼牌洗衣机广告)

(3) 双关

双关是利用语言文字的同音异义或同形异义现象使一个词或句子具有两种不同的含义,形成言在此而意在彼的语言效果。恰当运用双关,能够使广告语言精练、含蓄幽默,给人以回味无穷的艺术享受。

双关又分为谐音双关和借义双关。"谐音双关指的是利用语音上的联系(声音相同或相近)构成的一种双关"(倪,2001:453)。例如:

中意空调,终身无"汗"的选择。(中意空调机广告)

真经得起"烤"验。(某烤箱广告)

补钙新"钙"念,吸收是关键。(龙牡壮骨冲剂广告)

借义双关指的是"利用词语的多义性构成的一种双关"(倪,2001:454)。例如:

相信您的选择——您不会拒绝长寿。(《长寿》征订广告)

阿里山瓜子,一嗑就开心。(阿里山瓜子广告)

人生新天地,"永久"伴你行。(永久牌自行车广告)

(4) 反复

反复,就是重复使用同一词、句、段,以达到强调主要信息、加强语气和感情、加深印象的效果。

反复分为连续反复、间隔反复、交错反复以及定式反复。连续反复指的是某些词、短语或句子连续重复出现的一种反复。例如:

天工首饰——货真！精！精！精！
艺苑金行——价实！硬！硬！硬！(天工艺苑购物中心广告)

佳佳佳 全国报纸十佳
家家家 百万读者之家(《现代家庭报》广告)

吃吃吃吃个安逸,烫烫烫烫得舒服。(某火锅店广告)

间隔反复指的是某些词、短语、句子间隔出现的一种反复。例如:

留下山留下水,留下青春留下美。(某相机厂广告)

在特别的日子
把特别的爱
献给特别的您(无锡轻骑摩托车公司广告)

感冒总是难免的……
娃哈哈平安感冒液隆重上市！
要平安,有"平安",用"平安",保"平安"。(杭州娃哈哈集团公司广告)

交错反复指的是连续反复和间隔反复交错出现的一种反复。例如:

东方,东方的风格,东方的情调。(上海东方家具厂广告)

酒,天长地久；
酒、酒,文化历史悠久；
酒、酒、酒,中国名酒,沱牌曲酒。(四川沱牌曲酒广告)

定式反复指的是词语在一定的格式中重复出现的一种反复。例如:

世界的公园,

瑞士,瑞士,还是瑞士。(瑞士旅游广告)

实在,实在,除了实在还是实在。(某综合商店广告)

放心,放心,第三还是放心。(某商场广告)

除了上面所提到的修辞手法之外,广告中经常使用的修辞手法还有对偶、顶真、回环、拟人、比喻、借代、映衬、引用等。

45.2 广告语的修辞效果

从对以上几种常见修辞手段的语言特色进行粗略分析不难看出,广告语言那修辞鲜明、独特的语言形式特色构成了广告语的一种特殊标志,修辞的运用大致能收到如下几种效果:(1)凝练、生动、含蓄;(2)新颖别致,楚楚动人;(3)诙谐机智,富有情趣;(4)节奏和谐,韵律优美。

广告修辞最主要的目的在于产品推销和品牌推广。因此,广告修辞的运用应与广告本身的功能相适应,即具备"推销能力",激发人们的购买欲望;具备"记忆价值",使人印象深刻;具备"注意价值",能在瞬间吸引大众的注意力;具有"可读性",用词简单,表意清晰。巧妙的修辞背后是独特的匠心和构思,既能增强语言的生动性、艺术性和感染力,也能更好地起到宣传和推销的作用。

总之,广告语言是一种商业价值很高的实用文体,常常运用一些诗歌或演说的技巧及其他文学艺术中常用的修辞手法,目的是为了用艺术的形式实现商业的目的,这不仅可以创造出一种意境,一种氛围,而且通过和谐共鸣,使消费者在获得精神陶冶和美的享受的同时,不自觉地加深对该产品的印象,有了购买的欲望,从而达到促销的目的。

46. 什么是传播修辞学?

传播修辞学,就是运用传播学的理论和方法,以人类传播为视点,探讨人类各种传播领域中的修辞现象、修辞规律的新兴交叉学科。它以各种传播中的修辞手段、方法、规律为研究对象,其研究领域包括政治、人际、新闻、科技、广告、文艺、摄影以及网络等传播领域(陈,38)。

起源于20世纪中叶的传播学,20世纪90年代初被介绍到我国,其后出现蓬勃发展之势。其研究范围不但包括人际传播、群体传播、组织传播、大众传播等,而且广泛涉及一些实际传播领域,比如新闻、广播、影视、广告、编辑出版、网络以及其他媒体等。传播学不但吸收、借鉴其他学科的理论和方法,同时也与相邻学科相互借鉴,传播修辞学就是这样一门交叉学科。

46.1 修辞研究的传播学视角

在修辞学的发展历程中,不乏传播的成分,尤其是言语传播。其学理传统不但为传播学的分支学科提供了理论支撑,同时也为传播学基本理论的建构奠定了基础。与此同时,修辞学也不同程度地吸收了传播学的基本观念和研究成果。两门学科在发展中互相影响、相互渗透。北京大学新闻与传播学院的陈汝东教授(2004)在其《论修辞研究的传播学视角》中提到,具体到修辞学,首先是对修辞性质的认识采取了传播修辞观。比如,I.A. 瑞恰慈的修辞观和修辞研究都贯彻了修辞是交际或传播的观念。这也包括了其他文艺理论著作。其次,在修辞学研究对象的拓展中,同样渗透了传播学的视角。修辞学把修辞看做人类的符号交际行为,也就是传播行为。因此,在探讨修辞的属性、修辞过程、修辞模型、修辞规律以及修辞学理论的建构过程中贯穿了传播观念。比如,1955年瑞恰慈所建构的言语传播模型、1968年詹姆斯在《修辞交际(或传播)学导论》一书中结合古典修辞学和传播学所建立的修辞传播模型以及我们在《社会心理修辞学导论》中所建立的修辞交际模型。修辞研究中的传播视角,促成了两门学科的融合,并产生了一些交叉性的分支学科,比如"新闻修辞学"、"广告修辞学"、"修辞传播学"等等。当然,也有的是从修辞学角度建构传播理论的,比如海宁斯的《传播行动——语言艺术教程》(Hennings 1990:26)等等。杰克·富勒(1990)也曾说过,修辞学是一门吸引和保持注意力以改变某种意向的学问。当其目的是出售某件商品时,修辞学被称为市场营销学。这可以看作修辞学在实用传播领域中的应用。

下面几点促使修辞学和传播学走向融合:修辞与传播内涵和外延上的交叉性,修辞学与传播学在研究对象、研究方法、研究结果上的统一性,以及两门学科研究实践上的交叉。这种研究对象、方法以及理论上的融合将可能导致新的交叉理论体系的出现。这就是以修辞为研究对象、以传播为视角的传播修辞学和以传播为研究对象、以修辞学的理论和方法为视点的修辞传播学。前者的研究结果,目前已有一些,比如新闻修辞学、广告修辞学等。后者如上述的詹姆斯的《修辞传播学导论》等。这些交叉领域统属于传播学与修辞学的交叉地带。这方面存在的问题是学科立意的不自觉和理论应用的不系统。为此,深入探讨两门学科学理传统上的渊源,剖析两者研究对象、研究方法、研究目的、研究成果等的异同,将有助于更自觉地进行理论互动,推进两门学科的发展。

自 20 世纪以来,我国的修辞学研究取得了很大的进展。其理论建设已比较完备,但仍需进一步发展完善。从目前的研究看,对微观的修辞手段、修辞方法、修辞分析等的研究依然占了相当的比重,宏观的理论研究不足。因此,修辞学研究应能动地吸收借鉴相邻学科,尤其是传播学的理论和方法,以宏观的人类传播行为为视点,重新审视修辞系统,探讨人类传播的规律。这必将带动修辞学的理论创新,同时也能为传播学的基本理论发展带来生机。此外,修辞学研究还应向具体的各种传播领域深入,从修辞角度揭示具体传播领域中的修辞规律,使修辞学为社会传播实践服务,以此促进我国修辞学教育体系的完善。

46.2 具体表现形式

(1) 新闻标题中的复用方法

关于文章的题目,如何把这个题目取得引人注目,我们也可以采用复用这一方法。所谓复用,就是再次利用的意思,指后面的语用成分多重复了前面已出现的语素或词语,而且两者在语音或语义上具有某些联系(陈,2002)。这种修辞方法有人已讨论过,有人称之为"移脱格"(徐,1998),并认为这种修辞方法能增加新闻标题的信息含量,能体现作者的情感色彩,造成"文似看山不喜平"的美学意境,能加速标题的解读过程,但认为这不是复用。

下面举例说明采用复用这种修辞方法的标题。比如,《加油站加油建》、《清明节需要文明》、《残长城别"残"着开》、《"接吻区"外禁接吻》、《"形象工程"别败坏形象》、《"有关领导"有关吗》、《〈综艺大观〉要改观》等等。以《加油站加油建》一例进行分析说明,此文说的是前几年许多地方已经加油站林立,但仍有许多投资者蜂拥而上,继续增建加油站。"加油站加油建"后面的"加油"完全可以用"不停"、"继续"、"努力"等功能相同的词语代替,这样也能表达文章的主题,但作者没用这些替代品,原因在于如此一来,就不如原标题有趣味性了。原标题中由于两个"加油"含义不同,第一个是动词,表示实义——补充油料,与"站"构成一个词;而后一个"加油"则是副词,表示"进一步努力"。但由于他们语音和文字形式相同,而意义和功能不同,理解起来显得趣味盎然。作者们之所以选择重复利用已出现过的词语或者语素,主要是因为复用有以下的修辞效果:

首先,重复使用已出现的词语或语素,在听觉上具有回环复现作用。听起来语音和谐,具有一定的趣味性;其次,复用现象在文字形体上,也就是诉诸视觉时,也形成复现,起强化作用,能增进无意注意,具有强化文化视觉信息的作用;最后,复用法之所以被人们广泛使用,主要是这种方法在语义上耐人寻味。

(2) 新闻中谐音现象的传播价值

谐音是语言运用中常见的一种修辞方法,大众传播领域中也广泛使用。比如,广告词中常利用谐音活用成语的方法,像"咳不容缓"、"随心所浴"、"骑乐无穷"等广告语,所利用的就分别是成语"刻不容缓"、"随心所欲"、"其乐无穷"的谐音。谐音现象有些也不一定是成语,有的只是一些固定的说法。比如,有一部电影名为"'缘'来如此",就是谐音于"原来如此"。北京市一楼盘名为"天赐良园",显然是谐音于"天赐良缘"。

上述谐音现象分布在大众传播的各种领域中。那么,人们为什么在新闻、评论中使用谐音词语呢?我们认为,这首先是出于表达需要。

因为利用谐音构词,较之其他表达方法简洁,而且鲜明。因为谐音所构之词与原词音同或音近,但意义却不同,具有对比功能,且能形象简洁地表达事物的本质特点。人们乐用谐音构词的另一个原因是,谐音构词类似双关,因此在语音和谐的同时,还具有一定的趣味性,所以被人们所喜闻乐用(陈,2004)。

(3) 数字语音迷信及其跨文化传播价值

在自然语言符号的运用过程中,由于生活经验、民俗文化、宗教等的影响,人们会对某些语音或数字产生相关联想。比如,婚车用"奔驰"和"桑塔纳",有人就联想到"奔桑"——奔丧。引起这种联想的有时是数字。比如,中国人遇到"6"、"8"、"9"及其结尾的数字组合,常常联想到顺利、幸福、吉祥;遇到"4"有时会产生晦气、死亡等不吉利的联想。有些语音和数字因此被赋予了某种神秘色彩。对那些具有美好联想的语音和数字,人们特别信奉乃至崇拜;对那些引起凶恶等联想的语音和数字,则避之唯恐不及。这种没有科学依据,依靠联想、心理暗示或附会,崇信或忌讳语音或数字及其组合的现象,有学者称之为数字语音迷信(陈,2007)。数字语音迷信有语言性、宗教性、民族性、地域性、时代性、领域性及群体性和个性差异。数字语音迷信的形成有语言、社会、文化、心理、图腾、宗教以及历史事件等多种原因。作为一种语言现象、社会现象和文化现象,数字语音迷信具有一定的普遍性,不仅汉族有,其他民族、其他国家也有,只是具体内涵、形态、成因有同有异。

数字语音迷信在本民族传播和跨文化传播修辞中都具有重要的价值。由于数字语音迷信与许多社会生活领域尤其是企业经营有关,有些数字组合因此被赋予了巨大的商业价值,成为重要的社会资源和营销手段。某些政府单位或企业通过出售这些吉祥数字资源获得巨额利润。比如,电信、汽车、商品房等领域中的选号费就是这种数字资源商业价值的体现。花巨资购买吉祥号码则是一种重要的营销手段。比如,成都市一公司用233万元购得电话号码"88888888"(周,2003)。此外,有些企业的特殊电话号码也具有广告作用。比如,上海出租车公司的电话号码是"2580000",上海话谐音"让我拨四个零"。三菱电梯公司的电话"4303030"用上海话谐音则是"是三菱三菱三菱"。这些都具有广告作用(章&郑,1993)。企业并非盲目投资这些吉祥数字。购买吉祥号码本身具有广告功能,是一种营销手段。新闻报道及特别号码都具有巨大的商业传播修辞价值。

此外,在定价、包装以及销售等领域中,吉祥数字也具有重要的传播价值。比如,在中国,有些汽车商把产品定价为25.98万,而不是26万。其中就蕴涵了对消费者数字语音迷信心理的认知判断。在美国,商品价格的尾数一般用奇数,避免偶数,因为消费者感觉上单数比双数少,奇数显得便宜。在日本,商品定价也采用奇数,因为奇数吉祥(纪,1998)。

数字语音迷信在跨文化传播中也具有重要价值。比如,据报道,2008年北京夏季奥运会的开幕式为"2008年8月8日晚上8点"。因为"8"谐音"发",具有兴旺发达、运气好的意思,能带动人气。此外,2008年北京奥运会吉祥物"福娃"共有五个:鱼、大熊猫、孙悟空、藏羚羊、燕子,名字分别为贝贝、晶晶、欢欢、迎迎和妮妮。五个吉祥物对应五大洲、奥运会五环,代表海洋、森林、火、大地和天空五种自然事物,能体现人与自然和谐相处的"五行"思想。"福娃"与"friendlies"中都有"f"这个吉祥音。五个吉祥物的叠音名字朗朗上口,谐音为"北京欢迎您",表达中国对世界人民的友好(人民网,2005)。据说,这种独特创意的商业价值达40亿元人民币。这也是数字语音文化传播价值的一种体现。

数字语音迷信也有消极的一面,就是容易导致误会,影响交际、传播的效果与效率。在营销过程中,如果忽视了数字语音迷信心理,也会影响销售。

总之,作为一种语言现象、社会现象和文化现象,语音迷信具有语言性、宗教性、民族性、地域性、时代性、领域性、群体性和个性差异。

47. 什么是宗教修辞学?

宗教修辞学诞生于20世纪70年代,是一门修辞学与宗教学的交叉学科。所谓修辞,我们认为,它"是人类的一种以语言为主要媒介的符号交际行为,是人们依据具体的语境,有意识、有目的地建构话语并理解话语以及其他文本,以取得理想的交际效果的一种社会行为"(陈,2004:6—7)。宗教修辞就是与宗教事务、宗教活动有关的修辞,是人类在宗教活动中利用语言等媒介符号,根据具体的语境,有意识、有目的地建构话语并理解话语以及其他文本,以取得理想的传播效果的一种社会行为(陈,2008:4)。宗教具有修辞性质,而修辞又是宗教传播的重要手段。

宗教是人类生活的一种方式。宗教生活本身具有修辞性质。这主要表现在以下方面(陈,2008:3):第一,宗教本身是修辞性的。所谓修辞,其本质就是积极利用语言等符号构建话语或文本以影响他人的行为。任何宗教都具有教义,而大多数宗教教义都是教人信仰什么,遵守什么,放弃什么,教给人一套修身养性的方式、方法。而这必然是修辞性的,唯有通过修辞才能达到传播宗教教义、笼络信众的目的。第二,宗教传播离不开修辞。一方面,宗教语言的形成离不开修辞,有许多宗教词语是通过修辞方法形成的,比如"法海"、"正果"、"心花"等;另一方面,任何宗教都需要一个从产生到广为传播的过程。在此过程中,宗教教徒为了光大宗教教义、扩大宗教群体,必然使用修辞手段和修辞方法。第三,宗教语篇本身就是修辞的结晶。宗教话语都是通过修辞产生的。第四,有些宗教教义被用作重要的修辞手段、修辞方法。比如"救人一命,胜造七级浮屠"往往被作为教导人们弃恶向善的说服手段。

正因为宗教具有修辞性质,宗教传播者才广泛使用修辞手段和修辞方法。修辞成为宗教传播的重要途径,许多宗教教义的传播,都利用了修辞。比如,《金刚般若波罗蜜经》中的"弥勒颂曰":"渡河须用筏,到岸不须船。人法知无我,悟理讵劳筌。中流仍被溺,谁论在二边。有无如取一,即被污心田。"其中以古代诗歌形式运用了比喻手法。这种修辞形式在当代佛教传播中依然被广泛使用。

宗教对修辞也产生了重要的影响,并促进了汉语修辞手段和修辞方法的发展。比如,在佛教的影响下,汉语形成了"偈颂"、"诗话"以及"唱导"("俗讲")、"变文"等佛教文学体裁。这些文学样式实际上也是一种修辞样式。此外,宗教经典传播中的一些修辞方法也被借用到日常语言中,例如比喻、夸张、比拟等等。此外,宗教对汉语文学创作也产生了重要影响。在中国文学史上产生了许多具有禅宗倾向的文学作品,比如唐代王维的鼓歌《鸟鸣涧》。在中国,还有一些文学作品是以宗教为主题的,比如《西游记》。《西游记》是根据唐代玄奘和尚到西域取经的故事杜撰而成的。其中的故事以去西天取经为主线,整部作品弥漫着宗教气息。"唐僧"、"孙悟空"、"猪八戒"等人物的名称都是宗教名称。另外,还有一些当代中国文学和电影也以宗教为题材。

47.1 宗教修辞的类型

宗教修辞可以区分为许多类型。根据修辞所使用的符号性质,可以区分为以下几个方面。(陈,2008:5)

(1) 宗教语言修辞

宗教语言修辞是使用自然语言符号的修辞。宗教话语、宗教写作中的修辞都是宗教语言修辞。

(2) 宗教音乐修辞

讲经布道、作法过程中通常使用宗教音乐以及宗教歌曲,利用音乐符号进行宗教传播。其中使用了独特的修辞手段、修辞方法,包含了许多修辞现象,它们本身就是一种修辞行为,因为宗教音乐也具有劝说性质,与语言修辞不同的是,宗教音乐使用的是音乐符号。因此,我们也把其归入修辞范畴。宗教音乐与其他世俗音乐相比,有自己的修辞特点,呈现出独特的风格。

(3) 宗教图像(绘画)或雕塑修辞

各种宗教大都有自己的神灵系统。神灵往往被符号化、形体化,比如通过各种塑像、绘画以表现神灵以及宗教故事。这实际上也是一种修辞现象。比如基督教教堂里往往有耶稣基督的画像或雕像,佛教场所往往也有各种佛的雕塑、画像等。宗教塑像往往被塑造得高大伟岸,突出人自身的渺小和神灵、佛身的伟大,从形体上体现宗教的威力,这些都是在塑造一种修辞氛围,对受众进行教化。

(4) 宗教建筑修辞

各种宗教活动场所的建筑也都可以看作是一种修辞现象和修辞行为。比如,在中国,佛教、道教等的建筑多建在清静幽雅、风景秀丽的山坡上,而且走势都是逐级向上的。建筑是多重的,内部宽敞、肃穆。其目的也是为了塑造空灵、神秘的宗教氛围,使人产生敬畏感、肃穆感。另外,中国人所倡导的儒学也具有宗教性质。与佛教、道教不同的是,儒教的建筑多依傍皇宫大院,其修辞诉求在于积极入世,塑造的氛围往往是雅致、华贵。这与佛教、道教的出世思想截然相反。

总之,宗教修辞基本上可以区分为语言的、音乐的、图像的和建筑的四种。这四类关涉语言、音乐、图像和建筑四种符号,分别诉诸人的听觉、视觉。既往的研究往往侧重于宗教语言修辞,而对宗教乐音、宗教图像、塑像以及宗教建筑修辞关注不多。

此外,根据宗教的类型,也可以区分出佛教修辞、基督教修辞、伊斯兰教修辞等类型。根据宗教事务、活动的不同,也可以区分为宗教文本修辞、宗教事务修辞、宗教活动修辞、宗教文学修辞等。

47.2 研究成果

在西方,已经有不少这方面的研究,也已经出版了很多专著,比如 Kenneth Burke 的《宗教修辞学:字母学研究》(1970)、Eugene Edmond White 的《清教徒修辞:宗教中的情感表达》(1972)、Thomas Stephen Szasz 的《心理疗法的神话:作为宗教、修辞和压抑的精神康复》(1978)、Averil Cameron 的《基督教与帝国修辞:基督教话语的发展》(1991)、Gedicks 和 Frederick Mark 的《教堂与国家修辞》(1995)、Russell T. McCutcheon 的《宗教学:结构、意义、修辞》(2003)、Annabelle Mooney 的《宗教仪式修辞》(2005)等等。上述著作分别从语言学、心理学、政治学等角度探讨了宗教和修辞的关系问题。此外,还有许多这方面的学术著作。

汉语的宗教修辞研究相对比较薄弱,目前还没有看到这方面的专著,只有少量论文涉及修辞与宗教问题,比如王志耕的《比喻的辩证法:

陀思妥耶夫斯基的宗教修辞》、骆小所的《略论佛教文化对汉语修辞学的影响》、陈兰香的《佛教词语中的比喻造词及其美质》以及任册的《禅宗语言中的会话修辞》、疏志强的《禅宗修辞中的特殊问答方式》等等。其他相关论文中，有徐红、张廷选的《大众传媒语言中的宗教词语及其言语价值》和郑贵友的《汉语歇后语中的"谤佛"现象与中国佛教》等等。这些文献探讨了宗教对汉语和修辞的影响、宗教对话修辞等，研究比较零散，多局限于语言修辞。

48. 什么是视觉修辞学？

视觉修辞学（Visual Rhetoric）是一门新兴的以视觉修辞为研究对象的修辞学交叉学科。它起源于20世纪60年代的图像修辞学（Rhetoric of Image）（陈，2005：35）。我们目前所见到的较早的论著主要是罗兰·巴特1961年和1964年发表在法国《交流》上的论文《摄影讯息》和《图像修辞学》等。20世纪末期这方面的研究逐渐展开。2001年9月，在美国印第安纳州布鲁明顿的印第安纳大学召开了视觉修辞学研讨会。有的大学还开设了视觉修辞课程。

视觉修辞学的研究对象主要包括以下四个方面（陈，2008：28）：其一，语言文字传播行为与视觉形象的相互转换规律。其二，直接的图像传播规律，主要是单帧的图像建构和动态的连续图像建构以及相关的处理规律。对图像传播规律的研究称为图像修辞学，它是视觉修辞学研究的一个重要方面。其三，由图像、语言文字、音乐等符号共同构成的综合传播文本的传播规律。其四，建筑或雕塑、雕塑符号的传播规律。建筑或雕塑、雕刻实际上也是一种视觉修辞，因为其中运用了修辞手段、修辞方法和修辞规律。比如，中国的传统建筑往往采用对称的结构方式，中间一般正殿或正房，两侧是偏殿或偏房。这是一种对偶。此外，在建筑上往往雕刻有蝙蝠、龙、狮子、云、莲花等图案，这些图案或者是谐音，或者是比喻。有些雕塑则采用了夸张的方法，比如佛教中的千手观音、巨型佛像等等。在有些民族建筑中，则采用了其他的比喻手法，比如黑龙江的阿城博物馆主馆，就采用了古代战士头戴头盔的形象,以比喻战争历史。这种研究建筑中的修辞现象、修辞规律的修辞学往往被称为建筑修辞学。从视觉符号角度看,建筑或雕塑、雕刻实际上也是一种视觉符号修辞,也完全可归入视觉修辞学的研究范畴。

48.1 视觉修辞效果

语言文字是抽象的符号系统。人们通过语言文字传播信息,有时为了给人以身临其境的感受,就要追求视觉修辞效果。视觉修辞效果多不是指文字的直观形态,而是指修辞者把现实或思想中的形象转换为语言,使听读者通过话语把信息转换为心理形象或通过其他媒介转换为实在的图像。视觉修辞效果包括微观上的和宏观上的两种,具体表现手段如下。(陈,2005:23—25)

(1) 词语的视觉效果

微观上的视觉效果一方面是通过具有形象性的词语实现,这主要包括表示实物、色彩和形貌的词语。例如,"养生要多吃水果蔬菜,多吃绿色食品,如黄瓜、西瓜、菠菜、冬瓜等等;还要多吃一些红色食品,如西红柿、胡萝卜、红薯等等;多吃黄色食品,如香蕉、土豆;多吃白色食品,如白萝卜、白菜;多吃黑色食品,如黑芝麻等;多吃紫色食品,如茄子、紫菜等"。

除了通过表达实物的名词表现视觉形象外,还通过色彩词突出斑斓多彩的视觉效果。有些修辞经典所蕴涵的正是视觉修辞的道理。比如,王安石《泊船瓜洲》中的"春风又绿江南岸",其修辞理据主要是色彩词"绿"的视觉效果强烈,而"到"、"过"、"入"、"满",则没有鲜明的视觉效果。再如,宋祁《玉楼春》中的"红杏枝头春意闹","闹"虽不能直接展现视觉效果,但可以使人联想到春天万紫千红、百花争妍、花团锦簇、蝶飞蜂舞的景象,间接产生视觉效果。

实际上,词语的视觉效果是通过词语所固有的形象来实现的,比如"向阳花"、"马蹄莲"、"仙人掌"、"千年虫"、"爬山虎"、"梅花"、"红彤彤"、"摇摇晃晃"等,人们在理解这些词语时,会不自觉地激活已有的经验,产生心理上的视觉形象。词语所蕴涵的视觉功能,是话语视觉效果塑造的基础。所谓词语的形象性实际上大多是指词语可引发视觉效果的功能。

(2) 句式的视觉效果

视觉效果还可通过句式修辞方法来实现。比如,同样的信息,既可用紧句处理,也可通过松句处理,但是它们所达到的视觉效果却不一样。比如,鲁迅《秋夜》中的"在我的后花园,可以看见墙外有两株树,一株是枣树,还有一株也是枣树",完全可以说成:"在我的后花园,可以看见墙外有两株枣树。"对此的修辞分析,往往立足于句式差异和其意义强调功能,至于为什么具有强调功能,语焉不详。实际上,应该从话语的视觉效果角度分析。作者的修辞立意中暗含了视觉效果的预设。使用松句,信息点分散,呈现给读者的是两个连续的分镜头,是两个连续的画面,具有强调作用。这是由话语理解的时间顺序决定的。但是如果用紧句,信息点凝合,呈现给读者的则是一个画面——两株枣树。两者比较,两个连续的画面与一个综合的视觉效果不同。前者具有强调作用。

(3) 修辞格的视觉效果

在修辞过程中,除了上述方法之外,人们还利用一些修辞格,比如比喻、借代、夸张、比拟、移就、排比、双关等,增加话语的视觉效果。比如,"白领"、"蓝领"、"石榴裙"、"江山"、"乌纱帽"等是借代,它们较之"高级职员或阶层"、"高级技术工人或阶层"、"年轻女子"、"国家"、"官职"等,具有鲜明的视觉效果。比喻也往往能产生鲜明的视觉以及其他感觉效果。比如,宗璞在《紫藤萝瀑布》中写道:"从未见过开得这样盛的藤萝,只见一片辉煌的淡紫色,像一条瀑布从空中垂下,不见其发端,也不见其终极,只是深深浅浅的紫,仿佛在流动,在欢笑,在不停地生长。"作者把藤萝"辉煌的淡紫色"比做了从空中垂下的"一条瀑布",把静态的视觉效果转化成了动态的视觉、听觉效果。同时,作者还把藤萝紫色的深浅喻作了流水和人物的欢笑,使静态的颜色顿然生出动态的声像效果。

(4) 语篇的视觉效果

宏观上的视觉效果主要通过语篇来实现。语篇及其类型不同,所产生的视觉效果也不同。一篇散文,可以转化为一段影片。而一部小说、一个剧本,则可以转换为一部电影、戏剧或电视剧。至于一首诗,则只能塑造一种气象、一种意境。所以说,语篇的视觉效果因话语的类型、篇幅而异,既可以通过一般的叙述、描写实现,也可以通过话语的信息结构实现。比如,在文艺语体的话语中,尤其是诗歌中,就可以通过诗歌的信息结构塑造视觉效果。比如,马致远《天净沙·秋思》中的"枯藤老树昏鸦,小桥流水人家,古道西风瘦马。夕阳西下,断肠人在天涯"。其话语的建构中蕴涵了一定的视觉图像,因此,话语的解析同样会产生视觉效果。不过,这种视觉效果是通过标示相关事物词语的顺序展示的。上述词语所表示的事物,都是由三个分镜头组合的画面。"断肠人"补足后,形成由上述事物组成的统一景象。其话语的信息结构蕴涵的实际上是视觉的逻辑结构。

以上分析说明,人们在修辞过程中重视视觉修辞效果,但是这有语体和修辞动机差异,并不是所有的修辞行为都蕴涵了视觉修辞效果的预设。一般来说,艺术语体较之实用语体,更强调视觉修辞效果。这与两种语体类型的传播动机密切相关。前者重感性信息,后者重理性信息。在其他语体类型中,文艺语体中的诗歌、散文、小说、剧本等,十分强调视觉效果;而政论、科技、公文等语体,则不怎么强调视觉效果。其他交叉语体,比如新闻语体,也十分强调视觉效果,因为新闻要达到吸引人的目的,就需要给人以身临其境的现场感,这需要通过视觉修辞效果来实现。当然,不同类型的新闻对视觉效果的要求也不一样。通讯、特写比较强调视觉效果;简讯、消息等则不强调视觉效果。一些社会新闻、体育新闻、娱乐新闻等,强调视觉效果;而科技新闻、会议新闻、政治新闻则不怎么强调视觉效果。比如,"市民揭露大街小巷还有不少'火山口'",这是一则社会新闻的标题,作者用"火山口"比喻火灾隐患,以强化视觉效果。

48.2 综合视觉修辞

综合修辞就是利用语言、图像、音乐等多种符号系统实施的积极传播行为。提综合修辞,一方面是强调修辞的多媒体性,另一方面是突出修辞研究的进展和侧重点。综合修辞只是就修辞借以实施的符号媒介说的。实际上,修辞的原始形态本来就是综合的。日常口语修辞或者说人际传播中,人们利用语言进行交际,其中就包括了听觉、视觉、嗅觉、味觉、触觉以及温觉等多种感觉(陈,26)。过去,之所以把修辞界定在语言形态中,是因为修辞的主要媒介是语言。这一方面反映了不同历史时期修辞研究的视点,另一方面也反映了修辞研究中的历史局限性。综合视觉修辞是指以图像修辞为主的综合了语言文字等其他符号的积极传播行为和现象,比如电影、电视、网络视觉影像等传播类型中的修辞现象,其中也包括其他符号,比如音乐、绘画等。

实际上,综合视觉修辞也可以看做是日常生活口语修辞的一种变体形式,因为日常言语交际往往是面对面的,其中蕴涵了多种感官行为,包括视觉、听觉、嗅觉、味觉、触觉等等。人们在进行日常口语交际时,一方面通过语言文字传播信息,这基本上属于听觉范畴;另一方面,也通过视觉,通过交际双方的表情、手势、动作、体态等辅助传播手段,感知信息。后者往往被作为语言辅助手段,这种看法不无片面性。实际上,日常口语传播,是一种综合的交际行为,属于听觉、视觉等综合修辞范畴。至于聋哑人的日常交际,实际上完全是通过视觉进行的。盲人的日常交际则是通过触觉进行的。当然,日常口语修辞与电视、电影、网络视频的综合修辞行为还是有区别的:一方面是实用修辞与艺术修辞的差异。日常口语修辞完全属于实用修辞范畴,重在传播理性信息,没有或者说很少有虚构的成分。而电视、电影、戏剧表演、网络视频等,多属于艺术修辞,当然也有的属于实用修辞,比如纪录片、电视新闻等等。

综合视觉修辞实际上也是可以单独作为修辞学的研究对象的。提综合视觉修辞,是为了突出视觉修辞学的一种研究视角和研究领域。它主要探讨以视觉形象为主的修辞行为规律,这区别于以往以语言为主要传播媒介的修辞研究。

49. 什么是建筑修辞学?

建筑语言也是一个多层次的复合系统。当建筑师运用语形要素遣词造句、描绘建筑时，始终围绕着一条主线，即如何去恰当地表现所要表达的内容。在这个过程中，修辞是其中必不可少的一环，而且是直接关系到作品成功与否的一环。因此，如何按照建筑文本的总体创意来进行语言修辞，对于建筑师来讲既是一个理论问题，也是一个创作技巧问题。

一般来说，建筑修辞语言的依据是书写建筑时所确定的文体形式以及所要描绘的建筑所处的场所环境。建筑语言中基本词汇的选用和搭配，典型语句的确立与变换，语段、章节中繁简关系的推敲以及重点描绘的强化等等，都要与确立的文体相适应。在这个前提下，还要力求从建筑本体、建筑文化、建筑艺术等不同视角去关注建筑作品在其所处自然环境和人文环境中所展示的品格、气质、体态与表情。建筑语言中修辞的目的就是为了使建筑语言能恰当地表现建筑师所要表达的内容，更好地实现要表达的效果（布，2001）。

因此，建筑修辞学是一门用修辞学的理论与方法去解读不同建筑风格、不同建筑形式的交叉学科。

49.1 建筑语言修辞手法

修辞还要通过灵活多样的表现手法才能实现。离开了具体的表现手法，修辞也就落不到实处。我们将其中几种主要的手法举例如下：

（1）对比、映衬

贝聿铭的卢浮宫改建、扩建设计中，那座建在中央大厅上面的玻璃金字塔曾经引起人们激烈的议论。在拥有500年历史的卢浮宫中设计这样一个纯现代主义的玻璃金字塔，确实需要建筑师有足够的勇气和创新精神，但是经过仔细的推敲，应该承认，这大胆的设计是恰当的，甚至是必然的。除了功能外，最后形成的效果也使争议自然平息了。卢浮宫精美的古典建筑形式和金字塔的极为纯粹简洁的现代形式之间，以及古旧、敦实的石材体量和光洁、透明的玻璃锥之间形成鲜明的对比，可以说是相互映衬、相得益彰（虞＆布，2002）。

（2）夸张

作为香榭丽舍大道西端延长线上的标志性建筑的"德方斯巨门"

可以说是成功地使用夸张手法的著名实例,极度夸大的"门"的形象充分表达了建筑师的概念。长宽高各为 105m 的巨型方框,在香榭丽舍大道方向垂直敞开其口,宽度与大道相同。由于形状极端单纯,饰面材料无比光洁(玻璃和白大理石),使之颇具永恒的特点,同时又好像是一个可以任意移动的简单构件。巨门的工程成就也是颇为可观的。整个方框放在 12 根极深的巨柱上。巨门重 30 万吨,每根桩承荷重近 3 万吨,或四倍埃菲尔铁塔的重量。方框的结构由四榀 35 层楼高的钢筋混凝土巨型框架组成,间距 21m。框架的顶部和底部各以一个三层楼高的水平构件相联结。从外形看,每 7 层楼有白大理石水平饰带,与框架形成方格,像一块巨大的"集成电路片",象征信息时代。(虞 & 布,2002)。

设计者称它为"通向世界的窗口"、"人类的凯旋门"。它对于香榭丽舍轴线来说,是既不全开敞,也不全封闭。似乎象征着法国革命以后已经走了 200 年的路,人类已经走完了 20 世纪。这是个重要的里程碑。但通过它还可以看到前面有更长的路、更遥远的前景。可以看出,如果不使用这种夸张的巨门形式,是很难赋予这座建筑如此多的含义和如此重要的地位的(关, 1989)。

(3) 引用

具有特异色彩的年轻的日本建筑师隈研吾,以独特的视角从西方历史主义中寻找创作的源泉。他的 M2(Matsu-da 第二组织, 1991 年)的设计借用了一个巨大的爱奥尼柱式,并附加上各种历史的造型片断,脱开了建筑部件所具有的原来的意义。对历史主义原件的"曲解"便成为隈研吾设计的出发点。建筑设计的完成,是通过计算机对已有建筑文件进行简化、变形、集合、构筑进行的,这是一场计算机建筑游戏的产物。该建筑从意义、功能、尺度等建筑的规则中解放出来,像是患了分裂症。相同手法的设计还表现在"陶立克(Doric, 1991 年)"作品中(吴, 1995)。这种直接引用古典柱式的形式并将其加以超尺度的放大的手法并不是简单的抄袭,而属于一种超常规的手法,往往能够体现出建筑师某种极端的态度。

以上列举的只是建筑语言修辞手法的一部分,随着建筑思潮的起伏变化,建筑语言修辞手法也在不断变化和发展。

49.2 从建筑语言修辞看建筑师所追寻的艺术风格

(1) 弗兰克·盖里——"诗性化"的修辞

盖里说自己是一个建筑师,不是美术家,说明他对美术极感兴趣,与画家们密切往来,常从绘画中得到启示。他提到绘画中的笔触能直接表现画家的创作过程,于是他追求在建筑中也有类似的体现,"这引导我探索着把房屋结构和构造坦露出来,采用粗糙的木工技术,让房屋看来好像是碰巧成了那个样子,好像有谁让施工突然停顿下来"。盖里曾说:"……在我看来,我们正处于这样一种文化之中:这种文化由快餐、广告、用过就扔、赶飞机、叫出租车等等组成一片狂乱。所以我认为,可能我的关于建筑的想法比创造完满整齐的建筑更能表现我们的文化。另一方面,因为到处混乱,人们可能真的需要更能放松的东西——少一点压力,多一些潇洒。我们需要平衡。"又说:"我们大家都按自己的方式解释我们视野中的东西,我以自己的倾向看事物……一间色彩华丽漂亮美妙的客厅对于我好似一盘巧克力水果冰淇淋,它太美了,它不代表现实。我看现实是粗鄙的,人互相啃咬。我对事情的反应源自这种看法"(吴,1998:70)。

总之,盖里的建筑作品从一个侧面反映了它所处的社会和时代精神,又具有特定的审美价值,或者说,他发展了一种特定的建筑审美范畴。就像现代诗歌一样,不拘泥于特定的格式,依作者自己对事物的特定看法自由发挥,建筑的性格、表情充分反映了建筑师的个性爱好、文化认同、价值取向,这也反映出建筑修辞的情感功能。

(2) 矶崎新的"异化修辞"

从语言学、符号学的角度来进行建筑设计的思考是矶崎新20世纪70年代作品的"主线"。在1975年出版的《建筑的解体》一书中,他阐述了他对当代几位世界著名建筑家、理论家及都市规划家的分析。

由此出发,他开始着手从语言学方面突破来建立自己的创作体系,或者说是"文法"。在他的另一部书《手法》中,他解释了把建筑作为语

言学而采用的修辞法,如:

增幅:用无限展开的立体格子方法获得建筑空间的透视感(群马县立美术馆)。

捆包:使内部空间异化(福冈银行本店)。

切断:把时间切断,形成突然凝固的瞬间(富士县高尔夫俱乐部)。

转写:把实像变为虚像。

射影:可以产生出各种虚像。

布石:像"作庭"那样的布石,产生出"间",形成抽象化、观念化的距离。

他认为,采用这些手法使建筑的单词汇产生联结而出现异化作用,因而进一步提出这些手法的"系":

几何学系:射影、增幅。

伦理系:转写、切断。

行为系:布石、捆包、应答等等。

这一异化了的作用与惯用的一些建筑处理手法所处理的空间不同,产生了意想不到的效果。比如,在他的语言学符号学的修辞体系代表作——群马县立美术馆中,他选择了每边12m的立方体格子作为基本形体(文字),然后导入"场"的因素,形成第二次结构。再经过异化修辞(增幅、转换、对立、反转、并置)之后,使形体消失,获得深邃的透明度。

以上这些,因为与惯有的建筑处理方法有些距离,所以较难理解。但仔细想来,为了开拓建筑空间创作的新领域而探讨一些手法,这是很值得称赞的。当然,他的成功主要还离不开他对建筑处理的娴熟的技巧及艺术感(傅,1993)。

50. 什么是修辞伦理学?

修辞是一个复杂的系统,不仅与语言要素、修辞手段、修辞方法有关,而且与整个社会关系和价值体系密切有关。因此,对修辞现象、修辞规律的阐释不能仅局限于语言层面,还应扩大到其所关涉的各种社会价值观念层面,应把修辞置于一个广泛的人类社会语境之中进行审视、研究、探讨。"修辞伦理学作为一门从伦理学角度来阐释修辞行为中的道德伦理现象、揭示修辞活动中的道德规律的新兴交叉学科,就是把修辞进行伦理定位的结晶"(陈,2008:57)。

50.1 历史回顾

把修辞与道德联系起来的,从现存的文献看,在我国最早的是孔子(551 B.C.—479 B.C.)。《周易·乾》中孔子所说的"君子进德修业。忠信,所以进德也;修辞立其诚,所以居业也",不仅把"修"和"辞"连在一起,而且把"修辞"纳入了"进德修业"的范围,且同"诚"挂钩,今天看来,就是把修辞纳入了道德修养范围。此外,先秦时期的其他言论中,有的也论及了"言"、"辞"、"说"等之于进身立道、治国安邦的重要作用,如《诗经·大雅·板》中的"辞之辑矣,民之洽矣;辞之怿矣,民之莫矣"、《论语》中的"一言而可以兴邦"、"一言而丧邦"等等,也有论及"言"、"辞"、"文"、"说"与道德之间的关系,如《礼记》中的"君子服其服,则文以君子之容;有其容,则文以君子之辞;遂其辞,则实以君子之德。是故君子耻服其服而无其容,耻有其容而无其辞,耻有其辞而无其德,耻有其德而无其行"等。这些反映了我国先秦时期人们关于言、德相协的完美人格观。我们还可以发现,先秦时期这方面的言论蕴涵了"言礼"、"言仁"、"言忠"、"言信"等道德准则。这些可以看作我国古代关于修辞与道德伦理之间关系的零珠碎玉似的论述。

在西方,修辞与道德产生联系是在公元前五世纪。公元前465年,古希腊所属的西西里岛上的 Syracuse 城邦发生了一场民主革命。人们可以运用演说或辩论参与社会管理,决定社会事务。于是,演说或辩论技巧备受社会重视,以辩论或演说术为主的古典修辞学兴起,并出现了一大批修辞教师。有些修辞教师由于过分强调辩论或演说的技巧以及华丽的辞藻而不顾论点、论据的真理性,因而变成了诡辩家(Sophist),由此引发了一个修辞与道德的问题。在当时,反对这一倾向且把修辞与修辞者的人格及道德结合起来的是伊索克拉底(Isocrates 436—338 B.C.)。他认为品格(ethos)是修辞中的重要因素,有时甚至是最重要的因素。伊索克拉底设立了通过读写中的品德教育提高学生道德水平的课程,这一直是西方传统教育的一个重要组成部分。与其同时代的柏拉图(Plato 427—347 B.C.)也对当时的诡辩派进行了道德批判,并主张修辞更重真理。之后的亚里士多德(Aristotle 384—322 B.C.)较为系统地阐述了修辞与道德的关系,在其著作《修辞学》中,他不仅指出了论题、论点以及演说者的道德属性在说服中的重要作用,而且明确指出:"修辞术就像是辩证法和伦理学说的分支,后者可以被恰如其分地称作政治学。所以,修辞术也可以纳入政治学的框架……修辞术是分析科学和伦理方面的政治学的结合"(苗,1994:339—349)。西方修辞学到了罗马帝国时代,逐渐失去其开创时期的社会基础。古典修辞学的研究对象在专制统治的社会中由演说、论辩技巧萎缩到了修辞手段和言语风格。后来,虽然西塞罗(Cicero 106—43 B.C.)、昆体利安(M. Fabius Quintilian 35—95 A.D.)也强调演说要考虑听众的道德观和演说者的品德,康帕拜尔(George Campbell 1719—1796)强调了道德推理,但直至19世纪末,西方修辞学对修辞与道德之间关系的探讨并没有系统化为一门分支学科。进入20世纪后,西方当代新修辞学把修辞与道德的关系研究系统化,逐步建立了修辞伦理学。这一学科成立的标志是瑞查得·维沃(Richard M. Weaver 1910—1963)1953年出版的《修辞伦理学》一书。此后,修辞伦理学逐渐成为了西方当代新修辞学的一个分支。

50.2 研究对象

修辞伦理学所研究的对象几乎关涉了修辞学和伦理学两门学科的所有本质问题,比如,人、语言和修辞的本质,善恶、义务、良心、幸福、正义、诚实等及其同修辞行为的关系。

(1) 人和语言的本质

讨论修辞道德问题的第一个基本定位,是对人、语言及其关系的道德阐释。古典主义修辞学讨论修辞伦理问题的基本定位都在于:人是会使用语言进行交际的动物,他们具有思想、情感、理性、态度、观念,而且他们可以运用语言进行互动。正因如此,修辞才成为必要,人们通过修辞影响对方、改变对方。正如亨利·约翰斯顿在《论修辞伦理》一文所说的:"人除了其他特点之外,还是一个说服别人并被别人说服的动物","如果人无法被说服的话,那么,语言就退化成了没有交流功能的计算机输入信号"(博克 1994:23—24)。在更为广泛的意义上也可以说,人类是通过修辞在改变世界,这里世界既包括主观世界,也包括客观世界,因此,人类在根本意义上可以说是修辞性的,同时也是伦理性的(陈,2008)。从修辞伦理角度看,语言对于人类来说,不仅仅意味着借以进行沟通、了解,人类也通过语言生存。语言塑造了人们的主观世界,同时反映客观世界,人们生活在语言之中。也正因如此,在修辞行为的实施过程中,人们才关心话语与客观现实以及真理的关系,关心修辞推理的道德属性。

(2) 修辞的本质及其道德属性

对修辞进行伦理定位的另一个前提是修辞观点和修辞的道德属性。对修辞进行伦理定位,当然不是把修辞看做一种工具或者手段,而是把它看做人类的一种言语交际行为。因此,讨论修辞的道德问题,就必须把修辞定位在言语交际行为上。行为是有善恶之分的,也是可以进行道德价值评价的,因为行为有主体——人,有动机、过程、效果,还有社会影响。所以,从伦理角度看,"修辞是一种渗透有社会道德伦理意识的社会行为,带有浓重的道德伦理色彩"(陈,1999:106)。阐释修辞与道德的关系、修辞的道德功能是修辞伦理学研究的内容之一。

(3) 修辞道德推理

毫无疑问,在修辞过程中人们不但会对修辞动机、话语信息、交际对象、修辞效果给予道德价值判断,而且会能动地利用交际双方的道德价值观念,进行道德劝服。这其中蕴涵了道德推理,也反映了修辞与道德的作用机制。

通过道德推理进行劝服是古典修辞学的重要命题之一。修辞要实现调控交际对象行为的目的,改变其思想、态度是关键。因此,把握交际对象的道德观念,有效使用道德推理,利用其道德价值取向因势利导,是促使对方合作的重要手段。所以,修辞道德推理的原则、方法,也是修辞伦理学研究的重要对象。修辞过程中的道德推理是与特定的道德价值体系紧密相关的,修辞伦理研究离不开特定的道德价值系统。因此,在研究中还应该重视修辞道德推理的民族性、阶级性、时代性以及普遍性。

(4) 修辞与真理的关系

作为古典修辞伦理研究的一个重点,修辞与知识、真理之间的关系,依然是现代修辞伦理研究的命题之一。在这一点上,修辞伦理学与认知修辞学具有统一性,因为两者都关心修辞与知识、真理的关系问题,但两者又稍有不同。认知修辞学侧重修辞的认知功能,关心修辞是否产生知识和真理,是如何产生的。而修辞伦理学则更关心修辞是否适合客观实际,是否真实,是否具有真理性,即修辞行为的伦理价值。这种探讨始于古典修辞学。柏拉图之所以批判诡辩派,是因为他们为了达到劝说的目的不择手段,不考虑真实性、知识性、真理性。这也是历史上修辞学一度遭受诟病的原因之一。20世纪新修辞学兴起后,修辞学与哲学的联姻扭转了这种对修辞学的不利评价。哲学家对修辞认知功能的阐发,也使修辞摆脱了作为"真理漂亮外衣"的旧说。修辞与知识、真理的关系依然是修辞伦理研究的重要内容之一。

(5) 修辞伦理秩序

修辞伦理学研究修辞行为中的道德作用机制,研究修辞道德判断、道德推理、道德评价,探讨修辞的道德功能,揭示修辞的伦理规律,其最终目的还是为了建立一种道德秩序、一种修辞传播行为的道德系统,使社会公众的修辞行为在一定的道德秩序中运作,以保证社会事务决策的公正。因此,修辞道德秩序、修辞文明、修辞道德修养也是修辞伦理学研究的对象。

50.3 研究任务

修辞伦理学的任务包括理论和实践两方面。

(1) 理论任务

在科学理论层次上,修辞伦理学所要解决的是以往修辞学所没有解决或者没有完全解决的修辞道德问题。以往修辞研究的重心多在于修辞的语言层次和审美层次,很少关涉修辞的道德伦理层次,即使有所涉及,也尚不系统。因此,系统地探讨修辞伦理学的基本理论、阐释修辞与道德伦理的关系、揭示制约修辞交际的潜在道德价值系统、综括修辞交际行为的道德规律就成了修辞伦理学的理论任务(陈,2008)。

社会生活是纷繁复杂的,人们的修辞活动也是纷繁多样的。有的人言语诚实,言必信,行必果;有的人言语虚伪,言而无信,言行不一;有的人言语文明礼貌、温文尔雅,但也有的人出言不逊、污言秽语。修辞伦理学的理论任务就是要从这些纷繁复杂的修辞现象的成败中,概况出具有规律性的东西。

(2) 实践任务

生活中,有些修辞失误是与修辞者的道德价值取向密不可分的。在修辞行为的实施过程中,修辞者如果对话语修辞功能的道德价值判断不准,就会导致交际有误。修辞伦理学的实践任务是为社会提供修辞行为道德管理的理论策略,指导人们的修辞交际实践。修辞伦理学阐释修辞过程中与道德伦理有关的修辞失误问题,向人们提供处理修辞与道德问题的方法,以提高公众修辞交际的效率和公众的修辞道德品质。

修辞学研究的最终目的就是为人类的言语交际生活服务,为提高人们修辞交际的效率服务,为提高人们的整体素质服务。修辞伦理学研究修辞与社会道德的关系,揭示修辞的道德规律,最终目的就在于建立和维护文明的修辞交际秩序,提高社会的整体道德水平和文明程度。

51. 什么是比较修辞学?

比较修辞学是修辞学的一个重要分支学科,近年来,在国际修辞学研究中备受重视。随着这方面研究的深入,东西方修辞学史的比较研究成为当前修辞学研究的一个热点。

比较修辞学就是用比较的方法来研究、总结修辞规律的修辞学科。比较修辞学有两个分支:(1)以一种语言的言语作品为材料的比较研究,可以在修辞学范围的各个方面进行比较:语体的历史比较、作家风格比较、修辞手段比较、辞格比较等,此外,还可包括作家手稿比较、语言变体比较等。(2)对两种语言的比较研究,也就是对比不同语言的修辞现象,这种比较一般在选定的语言范畴和层次上进行。例如,比较两种语言中人称代词的修辞功能。

比较修辞学的研究对象范围主要有以下几种类别:东方与西方修辞学的比较、现代修辞学与古典修辞学的比较、中外修辞学的比较等等。通过比较、分析、研究两种及以上的修辞学,可以发现这些不同的修辞学有着不同的思想,在很多方面存在很大差异,如在社会背景、研究立意上的不同、在研究领域和方法上的差异以及修辞观念的差异等。虽然不同的修辞学思想存在很大差异,但是依然有些相同或相通之处,都有些修辞学的共同特征。以孔子和亚里士多德的修辞学思想为例,虽然两者存在很多差异,但其共同之处体现在如下几方面:修辞观指向中的共谋——积极有效的语言行为;两者都强调了听众在修辞中的决定作用,都重视区分不同受众与修辞手段、修辞方法之间的辨证方法;共同的伦理追求;他们的修辞学思想都贯穿于学校教育;孔子和亚里士多德都是当时人类文明、文化成果(尤其是修辞学思想)的集大成者(陈,2007)。

51.1 对比中的东西方修辞学传统

比较修辞学研究中最大的一个分支之一是东西方修辞学传统的比较,因此,我们重点比较一下东西方修辞学传统的差异。

综观人类修辞学发展的历程,我们不难发现其中的共性和差异。在数千年的修辞学发展历程中,东西方修辞学都研究人类如何使用语言进行交流,都研究修辞的手段和方法,都重视修辞的影响功能,都关注了人类的修辞规律。但是,各自所关注的方面、焦点和重点,以及研究的立意、视角和所产生的社会价值,却各不相同。

(1)研究对象不同

中国的古代修辞学主要研究语言运用的手段、方法,尤其是书面语写作的手段、方法、风格以及原则。虽然古代的修辞论也涉及口语修辞,比如汉人刘向的《说苑·善说》中,"出言陈辞,身之得失,国之安危也。""人而无辞,安所用之。……夫辞者,乃所以尊君、重身、安国、全性者也。故辞不可不修,而说不可不善。"其中就包括了口语修辞,秦代之后的修辞论则基本是关于书面语写作的。这与古罗马、中世纪到19世纪的西方修辞学有相似之处。

(2) 修辞功能观不尽相同

东西方修辞学的修辞功能观不尽相同。东西方修辞学都重视修辞对修辞对象的影响功能,但是,各自的视角和阐释却存在很大差异。中国古代的修辞思想中强调道德修养、人生追求、人际关系协调和社会管理等四种功能(胡 & 陈 2008)。那时,人们把言语技能(也就是我们今天所说的修辞能力)看做是个人安身立命、参与社会政治管理的基本能力。这从当时人的论述中可以看得出来。比如在《周易·系辞》中,孔子所说的"言出乎身,加乎民,行发乎迩,见乎远。言行,君子之枢机",就说明了修辞之于人际关系和社会管理的价值。在《左传·襄公二十四年》中,叔孙豹所说的"'大上有立德,其次有立功,其次有立言。'虽久不废,此之谓三不朽",则阐述了修辞之于人生的意义。

与东方修辞学对修辞功能阐释的宏观视角不同,西方修辞学对修辞功能的阐释着眼于微观层面,尤其是说服、劝服、影响与互动。比如,古希腊早期的诡辩派的修辞观认为:"修辞术是说服的艺术"(罗 1991)。亚里士多德则"把修辞术定义为在每一事例上发现可行的说服方式的能力"(苗 1994)。他认为"修辞术的功能不在于说服,而在于在每一种事情上找出其中的说服方式"(罗 1991)。现代西方修辞学继承了古希腊的修辞观传统,并发展了这一传统,比如,美国当代修辞学家认为,修辞是"有效地运用语言的艺术","是劝服的艺术"(富勒 1999:111)。同时,修辞也是人类运用符号相互传播的独特能力,是"一种用以协调社会行为的传播活动",并且"是人类一切行为的基础"(Foss 1985:11—14)。这种修辞功能观的立意多在于公共事务决策,比如公共政策制定、公共利益分配等方面的意志统一。其关涉的实际上是如何实现社会思想和行为的统一。

(3) 研究范围不同

此外,东西方修辞学(尤其是古典修辞学)的研究范围也存在差异。中国古代修辞学虽涉及口语修辞,但这种口语修辞不同于古希腊对公众演讲、论辩的研究,多是个体修辞,尤其是君主、帝王,并非公众,诉求点主要是维护君主、帝王统治,尽管也涉及公共政策和公众的利益(胡&陈 2008)。

比如,春秋战国时期,苏秦、张仪依靠自己的辩才,主要在诸侯国国君之间纵横捭阖,即使辩论发生在朝堂上,也不同于西方的公共演说修辞。此外,中国先秦时期的口语修辞,主要关涉国家的政治、外交等,很少涉及司法领域,没有像古希腊的修辞那样关涉诉讼、典礼演说。日本的近代修辞学也主要以书面语为主,尽管有数量不多的演讲和论辩著作。与东方修辞学不同的是,西方修辞学从开始就以演讲、论辩为主要研究对象,虽然在古罗马、中世纪以及18、19世纪萎缩到了书面语修辞,但到20世纪新修辞学兴起后,恢复和发扬了古典修辞学中的演讲、论辩传统。

综上所述,西方修辞学和东方修辞学(中国、日本)是有本质性差异的;虽然两者微观上都以劝说、说服,以影响受众的思想、心理、态度为主要指向,但这只是修辞社会功能的表面特征。中国古代的修辞和修辞学、近代日本的修辞和修辞学,其劝说、说服是以政治权势个体为受众的。无论是臣子,还是民众,都以君王为受众对象。劝说者所力图掌握的都是君主的心理,与普通民众关系不大。而古希腊的修辞、修辞学,美国的新修辞、新修辞学,则以公众、公共政策决策者为劝说、说服受众。这种差异只能从修辞秩序、传播秩序和社会制度中获得解释。

51.2 研究成果

目前,在中国,研究比较修辞学的论文与著作主要有:张朝昌和朱丽娜合著的《中西古典修辞学美学思想比较——以先秦和古希腊为例》(2008),戴仲平的《语用学与中国现代修辞学的比较及其合作前景》(2007),陈汝东的《东西方古典修辞学思想比较——从孔子到亚里士多德》(2007),杨莉的《现代修辞学与西方古典修辞学之比较》(2006),邓晓明的《中西古代修辞学的理论形态之比较——诗性与理性之异》(2003),李鑫华的《规劝与认同:亚里士多德修辞学与博克新修辞学比较研究》(2002),雷淑娟的《亚里士多德〈修辞学〉和陈騤〈文则〉比较之我见》(2001),郭焰坤的《诗性与理性——亚里士多德〈修辞学〉与中国传统修辞学理论形态比较》(2001),王晓路的《信言不美——中西修辞学比较》(1999),樊明明的《话语权力在两种文化中的结构与功能——中西古典修辞学中说服三要素比较》(1999),胡曙中的著作《英汉修辞比较研究》(1993),以及李国南的《英汉修辞格对比研究》(1999)等。

在国外,主要研究成果有 George A. Kennedy 的《比较修辞学:历史与跨文化导论》(*Comparative Rhetoric: A Historical and Cross-Cultural Introduction* 1998), Xing Lu 的《美国的比较修辞学研究及进展》(*Studies and Development of Comparative Rhetoric in the U. S. A.: Chinese and Western Rhetoric in Focus* 2006)等。

52. 修辞学与演讲有何关系?

修辞学与演讲的关系,可以说是水乳交融,密不可分。

修辞学一词对应的英语单词"rhetoric",源于希腊语"rhetorike",意指演讲。由此源头便可以看出修辞学与演讲非同一般的关系——修辞学最初便是研究演讲艺术的学科。《修辞学》作者亚里士多德注重听众心理、构思过程、辩论、谋篇和文体风格,而对于修辞学的研究则强调三个"M",即 manner(演讲风格:演讲的方式,包括目光交流、体态姿势等)、matter(演讲内容:包括选题,资料收集、选词、锻句、推理的建构、观众心理需求的满足等等)和 method(演讲方法:谋篇的成段)(樊启青 2008)。

52.1 演讲的修辞环境

为了实现三个"M"的最佳效果,我们首先需要分析演讲的修辞环境,其主要包括三个基本因素:

(1) 题目:subject

(2) 听众:audience

(3) 目的:purpose

用图表示,它们呈现一个相互作用、相互制约的动态的三角关系。不同的题目、不同的读者和不同的目的都会使作者在写作时选用不同的词汇以及表达方式。

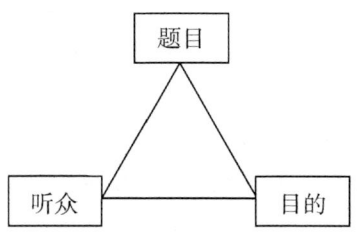

52.2 修辞学指导下的演讲实践

以上分析了修辞学指导下的演讲需要注重的三个方面及演讲活动的修辞环境,下面分析如何在修辞学理论指导下开展成功的演讲实践。

修辞环境的三个因素分别是指:

题目:关于什么方面的内容;

听众:演讲者和读者的社会关系,读者对题目熟悉和了解的程度,读者对题目以及演讲者要阐述的论点的态度和立场;

目的:演讲的目的及演讲人的角色。

(1) 演讲题目

演讲题目是演讲人演讲内容的集中体现,也是其演讲目的的概括和浓缩,因此选好演讲题目对于演讲者达到好的演讲效果至关重要。演讲题目与演讲的内容和风格有直接的关系。内容决定了题目,题目则鲜明地表现内容的特点。好的演讲题目有这样几个作用:具有概括性,可以把演讲的主题、内容、目的全面地反映出来;具有指向性,听众一看题目就知道要讲哪个方面的问题,是政治性的、学术性的,还是伦理道德的;具有选择性,清晰的题目可以给听众自由的选择,不至于慕演讲之名而去,未得演讲之实。因此,演讲者应该仔细斟酌,选择新颖、生动、恰当而富有吸引力的题目,在与听众交流的第一时间便可以抓住听众的注意力,为实现演讲的交际目的打好基础。

(2) 听众

在英语演讲修辞环境的三个基本成分中,听众具有相当重要的地位。因为没有听众,也就无所谓演讲。听众因素对演讲的内容、结构、风格及口气等各个方面产生明显的影响。演讲的成功很大程度上取决于整个过程中对听众因素的敏感程度,很多情况下还有必要预先对拟定和设想的听众认真分析,以期用最有效的手段和方式达到演讲的目的。我们可以从三个方面来分析听众:演讲者与听众的社会关系;听众对题目的兴趣、熟悉和了解程度;听众对题目及演讲者论点的态度(祁寿华 2005:24)。

1) 演讲者与听众的社会关系

听众是演讲活动不可缺少的重要方面,演讲是演讲者与听众的双向交流活动,演讲者是信息的传播者,听众是信息的接受者。演讲者离开听众就失去了对象,演讲活动就无法进行。了解和掌握听众是实现演讲目的的客观要求。演讲的目的是说服听众改变态度,并按照演讲者的意图去行动。这就要求演讲者了解听众的心理、要求和希望及对所讲观点的态度,这样演讲者才能有的放矢地做好演讲。听众在演讲活动中虽处于客体的地位,但也绝不是被动的"接收器",而是具有主观能动性的积极参与者。如果听众对演讲内容有极大兴趣,便会采取积极、热情的合作态度;反之,则会采取冷漠甚至敌视的态度,演讲就不会成功。因此,演讲者必须在了解听众的基础上力求触发听众的兴奋点和创造欲,才能实现最终目的。演讲者应了解听众群体的特点,妥善处理好自身与听众的关系,根据听众的不同选取不同的演讲题目、内容、结构和风格等。

2) 听众对题目的兴趣、熟悉和了解程度

如前所述,听众在演讲活动中处于客体地位,但其对演讲者的演讲内容有选择性接收的自主性。因此,在准备演讲时,演讲者必须明确听众对题目的兴趣、熟悉和了解程度,做到演讲时有详有略,有声有色,有起有伏,抓住观众的注意力。

分析听众对演讲题目的熟悉或了解程度,在做说明性演讲时尤为重要。如演讲的题目是"Cohabitation and Today's College Students",如果听众是在校的大学生,那么他们对当今大学生对两性关系的态度、价值观、行为准则以及具体的生活方式都比较熟悉,对比对此演讲题目不太了解的听众,比如外国听众,两者演讲内容的谋篇布局方面便会有较大不同,比如,在介绍历史文化、社会背景方面所占的时间和空间就不同。

3) 听众对题目及演讲者论点的态度

大多数情况下,演讲的目的是要让观众接受演讲者的观点、立场,或者说服听众就某件事采取某种态度或者具体行动。而演讲听众的态度大致可以分为三类:同意;中立或犹豫不决;反对。对于持同意观点的听众,演讲的阻力便减小了很多。虽然听众对于演讲者的观点是持同意态度的,但是演讲者有时也有必要把所持的立场和理由阐述一遍,以加深听众的认识,某种程度上还有坚定信心和鼓舞士气的效果。持中立或犹豫不决态度的听众是最有潜力的,演讲者是最有可能赢得他们的认可和支持的。比如,演讲题目是鼓励海外企业集团到中国的大西北投资发展,听众自然是企业的决策人物。不难想象,去中国的大西北发展,那里的资源、人力资源和市场潜力及优惠的政策都是具有很大的刺激和诱惑力的。但是任何一个企业的决策人也会看到在西部投资的风险,因此也难免犹豫不决。一个成功的演讲人应该认真考虑这些因素,并在演讲中对于听众关心的问题做出充分的解释和阐述。只有这样,才有可能赢得原来摇摆不定的听众的支持,最终达到预定的演讲目的。持反对态度的听众是最难对付的听众,他们持反对意见的原因概括起来有两点:对演讲题目涉及的基本事实不了解或对同样的基本事实做不同的解读;听众的态度是由各自的政治、文化和宗教等价值观所决定的。通过分析,了解特定听众持不同意见的原因所在有利于演讲者找到可能说服听众的最有效的方式。此外,对于听众的分析还要考虑他们的年龄、性别、教育程度、社会经济状况、民族文化和宗教等因素。

(3) 目的

演讲活动是演讲者与听众的双边活动,演讲的目的就分别体现为演讲者演讲的目的和听众听演讲的目的。由于每个演讲者的背景和身份不同,他们演讲的目的各不相同,而每位演讲者每次演讲的具体目的也会有差别。演讲者的目的总体来看是为了与听众取得共识,使听众改变态度,使听众采取相应的行动,从而影响社会的发展。如,美国总统林肯解放黑奴的演讲,目的就是动员美国人民为解放黑奴、废除奴隶制而斗争。由于听众的年龄、性别、背景各不相同,听众参加演讲的目的也各不相同。比如,对林肯解放黑奴的演讲,听众的态度有拥护,有中立,有反对。同时,即使听众参加演讲的目的或态度相同,他们对演讲者的演讲内容也是有选择地接受的。作为演讲人,应该认真分析自己的演讲目的和听众的目的,实现演讲效果的最大化。

如顾曰国所述:"演讲是修辞活动的至上形式,演讲词是至上的修辞话语。"演讲是修辞活动的主要活动形式之一,修辞学理论为演讲活动提供了扎实的理论支持和实践指导,演讲者应该在修辞学的框架内丰富实践,磨炼修辞能力。

53. 修辞学与写作有何关系?

修辞学和写作有着十分密切的关系,古今中外学者对此有不少论述。我国古代学者沈约提出:"甫乃以情纬文,以文被质"(《晋书·谢灵运传论》)。著名修辞学家刘勰说:"……故情者文之经,辞者理之纬;经正而后纬成,理定而后辞畅:此立文之本源也"(刘勰《文心雕龙·情彩》)。沈约的论述表明了其根据感情思想组织文字、用文字来修饰内容和内容决定形式的写作修辞观。刘勰的立文之道则是:以质定文,以情做经,以辞作纬,形、声、情三结合,声情并茂,深刻地解释了语言形式、写作内容、修辞和思想感情之间的密切关系。而西方修辞学在不同阶段的发展也勾勒出写作研究在各个历史阶段的发展动态,显示了修辞学与写作之间千丝万缕的联系。写作作为西方修辞学理论中的一个重要部分,不断地从修辞学中汲取丰富的营养。从西方古典修辞学到当代西方的"新修辞学"(指 20 世纪 30 年代在欧洲大陆及美国产生并在60年代盛行的修辞哲学),写作始终是修辞学家们所关注的研究焦点之一。传统修辞学认为,写作是一个表达已有的观点及论辩素材的过程,因此写作教学主要是教学生掌握各种语篇、语体的规约和范式。现代西方"新修辞学"则认为,写作在很大程度上是一个发现的过程,写作者在写作过程中不断发现新的素材,因此写作教学不仅要教各种规约和范式,还要注重培养学生的创造能力和对修辞的敏感性,使其在写作过程中学会发现和探讨思想(胡曙中1999:94)。

53.1 修辞与写作的联系与区别

诚然,修辞学与写作之间的密切联系已在古今中外各位大家的著作中得到很好的证明。然而,修辞和写作本身作为两种不同的思维活动依然存在一定的区别和联系。修辞和写作有诸多共性,如:都是以语言作为思维的媒体,都涉及语言、词汇、语法结构的正确运用和搭配;都把语篇构思作为自己的内容;两者共同服务于主旨,服务于主体和客观事物的表达;都以清楚、正确、生动、条理作为表达的原则;写作活动与修辞贯穿于写作的全过程,两者交织在一起(潘绍嶂1998:5)。

修辞与写作在诸多共性基础之上也存在一定的区别,主要有:

(1) 表达思想的原则不同。写作以词语、语法正确为原则,而修辞在要求词语、语法正确的基础之上,还要求做到语言准确、简明、生动、得体;

(2) 修辞和写作的内容不同。写作活动主要包括主题、观察、调查研究、广泛取材、确立主旨、谋篇布局和落笔成篇等,着重将主题清楚、准确、全面地表达出来。修辞活动建立在写作的基础上,调整语词、锻句炼词、谋篇布局,加强句、段、篇的粘连,增强文章的表现力、说服力和感染力;

(3) 写作重在取材选材、构思和主旨表达,修辞重在辞格的运用,语言的生动流畅和语篇结构的严谨、合理、新颖和独创;

(4) 写作与修辞有着不同的发展历史。有了文字便有了写作,并逐步有了写作规范。有意识的修辞活动则是后来的事。在欧洲,古典修辞学起源于古希腊,大约产生于公元前五世纪,它经历了产生、发展、完善、兴盛、衰落和再发展的历史过程。在我国,修辞学启蒙于先秦,它经历了发展、完善和繁荣的过程。现代修辞学的发展同语言学、文体学、美学、心理学、哲学、伦理学、文学密切相关,这些学科的发展为修辞学开拓了空间带来了营养,从而使它发展成为一门跨学科的边缘学科(潘绍嶂 1998:5)。

修辞与写作密切相关,相互依赖。写作靠修辞得到提高,增强表达效果;修辞以写作为研究对象,进行修辞活动,从写作实践中和作品中获取发展的营养。

53.2 修辞学对于写作的重要作用

我们认为,学习修辞可以锻炼人们自觉地把文章写得准确、鲜明、生动,提高个人的写作水平。如前所说,修辞不是写作,但写作需要修辞。修辞是写作的必要手段,修辞贯穿于整个写作过程之中。为什么有的人写出来文章干净利落,思想表达鲜明准确?为什么有的人写的文章啰里啰唆、拖泥带水?其中很重要的原因之一就是有人会修辞,有人不会。

语言的材料是丰富多彩的,语句的结构和表达手段又是多种多样的。一种意思可以用许多不同的语言形式来表达,但效果往往是不同的。姑且不说那种啰里啰唆、词不达意、语句不通的文字需要进行修改加工,就是已经把话说得通顺明白了,也还存在着用什么语言形式表达使其效果更佳的问题。达不到准确、鲜明、生动的程度,就不能称作是一篇好文章。一旦我们积累了修辞知识,体会到了修辞方式能产生的种种动人的魅力,掌握了修辞方法和技巧,认识了客观的修辞规律,就能够自觉地运用它们来抒情表意。我们的文章就会感染人,打动人的内心,激发人的审美共鸣。

语言素养是人类最基本的文化素养,写作是人们综合能力的集中体现。在社会生活、工作中,我们很看重人的语言表达能力。人的表达能力分口头表达和书面表达,书面表达是比口头表达更重要、更难培养的一种能力,因为书面表达折射出文化的蓄积,反映出一个人知识系统的构建情况,是衡量一个人素养的重要标准。不管你是本科生、硕士生还是博士生,你都要通过论文来展示你的研究成果。如果你的写作能力较差,修辞知识欠缺,你怎能写出高水平的论文来?纵然你有新颖的观点、独到的发现,可你"只能意会,不可言传",不能以准确鲜明的语言形式来深刻、完整、流畅地表达出来,你又怎能展现你的学识呢?修辞是为了更好地表达思想内容,调整文章"表"与"里"的关系,即形式与内容的关系,使两者完美地统一起来。

53.3 修辞学指导下的写作实践

把文章写好、把话讲好是修辞的最基本的要求。西方学者对此也各有所见,但大同小异。

F.L. Lucas 教授的观点是"诚实、清晰、简明、生动"。他对此做如下解释:

(1) Be honest: don't try to fake your ideas;
(2) Be clear: don't puzzle your readers;
(3) Be brief: don't waste the readers' time;
(4) Seek variety: vary your sentence length, work on liveliness.

Lucas 教授把"诚实"列为首要标准,严格地说,这是修辞的前提,是作者应具备的基本道德。如果不诚实,欺骗读者或者听众,其他标准都是妄言。只有诚实,才能正确认识事物,确切地表达思想,表达事物。

清晰是修辞的基本要求之一。心诚要会表达,不能把读者领入迷宫,不知你的用意。要话语清晰,表意清晰,思路清晰,语篇清晰。清晰与简明密切相关,语言简明、语篇简明才能使作品与各种交际表达清楚。如果语言繁杂,必然影响表达的清晰程度。生动也十分重要,生动而富于变化的语言才能引人入胜,才能更好地表达思想,达到预期效果。

Elizabeth McMahan 教授提出的标准是:"如果可能,也要使你的语言优美、有力、令人信服。"这句话是对上述标准的补充。

潘绍嶂认为,英语修辞的基本原则有三条:明确目的和对象;遣词清晰、准确、有效;篇章连贯(1998:5)。

1) 明确目的和对象

修辞法则认为:优秀文章能对预定的读者产生预定的效果,强调修辞者(写作者)、读者和语言三者之间的关系。就写作而言,修辞环境有下面三个基本成分构成:

题目——关于什么方面的内容;

读者——写作者和读者的社会关系,读者对题目熟悉和了解的程度,读者对题目以及作者要阐述的论点的态度和立场;

目的——写作的目的及作者的角色。

它们呈现一个相互作用、相互制约的三角关系。明确目的和对象也就是明确修辞环境下这三个方面的内容。不同的题目、不同的读者和不同目的都会使作者在写作时选用不同的词汇以及表达方式。无论口头交际还是书面写作,总要确定发言和写作目的,根据目的选材组材,进行构思。没有目的,或者目的不明确,所说、所写就会无的放矢,不着边际,甚至词不达意。目的大致可以分为三类:to inform, to entertain, or to persuade(告知、消遣、说服)。明确目的之后,就要了解对象。对象不同,写法也不同。要了解读者或者听众的文化程度、性别、职业,甚至宗教信仰爱好等。不看对象,所讲内容不是深了,就是浅了,有时会闹出笑话。有时写文章不好把握读者情况,作者多采用中性方式,使文章具有较大的适应性。

2) 遣词清晰、准确、有效

要想使读者理解,清晰是作者必须首要考虑的因素。一般说来,三种词最能达到这一要求:

(a) 通俗词汇或简单词汇,试比较:

A: We made our headquarters under that roof.

B: We stayed there.

前后两句意思相同,"我们在那儿住下了",但前者因为用词晦涩而使句意难懂;后者则用词通俗,清晰易懂。

(b) 具体词汇,试比较:

A：A workman hurt himself with one of his tools.

B：The blacksmith smashed his left thumb with a hammer.

很明显,句子 B 更生动,更具体,因而也更清晰。上述例句还表明,笼统的词汇不能表达生动鲜明,而这正是具体词汇所取得的修辞效果。

(c) 外延词汇,这类词汇能使语言更加清晰,使意义更加丰富,并使读者能有所联想,如:

A：Hongtu Company supplies society with many things.

B：Hongtu Company serves people a lot.

我们可以看出,B 句中的意义更丰富,"serves"表达出宏图公司不仅供应人们物品,而且具有公益精神。

3) 语篇连贯

(1) 靠意义连贯

伊丽莎白·迈克马汗说得好:"要在长篇大论中保持段落之间的连贯,最好的做法是保持思想内容的清晰连续。"

(2) 靠语言手段连接

语言连接手段主要有词汇、语音和结构三种形式。

(a) 段内句子间的连接主要靠关联词,如关系代词、连接词等。如:

Roosevelt's first words were in a light vein. As the youngest of the three, he said, he welcomed his elders. Churchill was the most eloquent, saying, "In our hands we have the future of mankind." As host, Stalin welcomed his guests and then added: "Now let us get down to business."

(b) 段落之间的连接照应。语段之间除意义上下连接之外,还可以用关联词或词组,重复某一词或短语、重要意义、指代词、提问等。如:

How does it happen that children learn their mother tongue so well? Let us compare them with adults learning a foreign language ... What accounts for this difference?

Some people believe that a child's organs of speech are more flexible than adult's ...

（3）靠文章的布局连接。任何事物都按自身的规律发展，其发展规律分为三种：一是时间顺序；二是逻辑顺序；三是空间顺序。在表现这类事物时，可以适当使用语言手段进行连接，也可以不用。作者要善于发现事物的运行规律，正确组织材料，反映事物的发展。

修辞学与写作密切相关，修辞是写作的必要手段，修辞贯穿于整个写作过程之中。修辞学理论及修辞手段可以帮助写作活动达到雄辩、精确、表现力强、具有感染力和说服力的水平。然而，要达到这个水平，需要长期的写作实践和修辞磨炼。

六、发展态势：文体学的过去、现在与未来

展望未来，文体学的发展充满了希望。在刚刚过去的 2014 年，英国剑桥大学出版社和劳特里奇出版社这两家国际公认的著名出版社同时推出了两部权威性的文体学推介论著：《剑桥文体学手册》(*The Cambridge Handbook of Stylistics*, 2014) 和《劳特里奇文体学手册》(*The Routledge Handbook of Stylistics*, 2014)，以互补性的方式从两个方面全面地介绍了文体学的形象与内涵。根据《文体学词典》(*A Dictionary of Stylistics*) 的定义，"重复"(repetition) 是构成"强调"(emphasis) 的重要手段之一，而"强调"则体现了作者的热情及强烈的情感。纵使两本《文体学手册》在内容及编排体例上有所不同，但同一领域两本权威参考书在同一年中面世，这本身就构成了宏观层面的"重复"。作为交叉性学科的文体学在学界与社会所受到的重视，由此可见一斑。

在下面的问题 54 和问题 55 中，我们对这两部文体学新著做出了总体简介与评述。

在问题 56 到问题 68 当中，我们推荐感兴趣的读者查阅这两部新著的有关部分。

54. 2014 年出版的《剑桥文体学手册》有什么特点？

剑桥大学出版社于 2014 年推出的《剑桥文体学手册》(*The Cambridge Handbook of Stylistics*) 由诺丁汉大学文学语言学教授 Peter

Stockwell 和谢菲尔德大学语言与文学方向讲师 Sara Whiteley 共同编写。该手册充分认识到文体学研究的跨学科特性,结合了语言学、心理学、社会学、人类学、教育学、计算机方法、文学批评等相关领域的知识和理论,较为全面地介绍了文体学的理论、发展、特点、方法等。申丹教授(2014)曾评介该手册,并称其是"一部难得的文体学参考书"。本书除绪论和后记外,包括五个部分,共有 37 篇文章。下面详细介绍每篇文章的主要内容,并做出简评。

54.1 第一部分"作为学科的文体学"(The discipline of stylistics)

本部分共六篇文章,从不同角度介绍了文体学这一学科,包括文体学的理论和哲学基础、研究方法以及文体学与修辞学、应用语言学、文学批评的关系。

(1) 第一篇文章"文体学的理论和哲学"(The theory and philosophy of stylistics)由伯明翰大学英语语言方向教授 Michael Toolan 撰写,阐述文体学的基础理论、知识和本质。这篇文章针对一些人持有的文体学重分析、缺理论的观点,着力说明文体学不缺乏理论和哲学基础。作者从生成语法学家 James Thorne 的理论中汲取灵感,认为文体学的核心理论是语法理论,而文体学研究的主要任务是透过文本表现出的表层文体特征,发掘其深层结构特点。作者还指出,在文体学不断成熟的过程中,其理论框架和模型势必不断受到修改和补充,而这正是一门学科的活力所在。

(2) 第二篇文章"文体学的工具箱:方法与学科分支"(The stylistic tool-kit: Methods and sub-disciplines)出自诺丁汉大学文学院名誉教授 Katie Wales 之手。这篇文章与前一篇形成一种互补关系:前一篇重理论,这一篇重实践。本文较为详细地介绍了诗歌、小说、戏剧三种文学体裁的主要文体分析方法。诗歌的文体学分析框架主要包括俄国形式主义(Russian Formalism)与布拉格学派(Prague School)的结构主义模式(structural patterning)和去自动化理论(de-automatization)。小说的文体学"工具箱"中主要有欧洲大陆学者的视角(point of view)或聚焦(focalization)理论、Halliday 系统功能语法框架下的及物性

(transitivity)理论和美国社会学家 William Labov 提出的适用于分析短篇小说的结构划分法,即短篇小说或故事主要包括以下六个要素:梗概(abstract)、指向(orientation)、进展(complicating action)、评议(evaluation)、结局(result or resolution)、回应(coda)。应用于戏剧文体分析的主要模式有 Harvey Sacks 等人的会话分析理论(conversation analysis)、John Austin 和 John Searle 的言语行为理论(speech act theory)、Paul Grice 的合作原则(cooperative principle)、Penelope Brown 和 Stephen Levinson 的礼貌原则(politeness principle)以及 Norman Fairclough 等人的批评话语分析理论(critical discourse analysis)。

(3) 第三篇文章"文学语言学中的计量方法"(Quantitative methods in literary linguistics),由特里尔大学英语语言学教授 Michael Stubbs 撰写,专门评介了相关的计算机研究方法。作者指出计算机研究方法对于长文本分析、单个文本与文本集合的对比研究和大规模文本集合文体特点的确定有很大帮助。随着科技的发展,将计量资源应用于文体分析将成为数字人文(digital humanities)大浪潮中的一部分。

(4) 第四篇文章的作者是上阿尔萨斯大学英语认知语言学方向的副教授 Craig Hamilton。这篇文章以"作为修辞学的文体学"(Stylistics as rhetoric)为题,探究了文体学与修辞学的关系。修辞学起源于古希腊时期。古典修辞学的主要理论有"三大文类"(three genres)和"五大准则"(five canons)的划分。"三大文类"指法庭演说(forensic oratory)、议政演说(deliberative oratory)和颂德演说(epideictic oratory),"五大准则"包括发现论述材料(discovery)、安排语篇结构(arrangement)、组织行文措辞(stylisation)、记忆技巧(memorization)和发表演说(delivery)。古典修辞学的传统历经了古希腊、古罗马时期、中世纪时期,持续到文艺复兴时期。到了 16 世纪,修辞学的范围和研究方法开始经历大变革——以 Peter Ramus 为代表的一批学者将修辞学的范围逐渐限制到对一些比喻(tropes)的研究。同时期的文体研究依附于修辞学,也只关注修辞格(figures)和比喻。直到 20 世纪末,现代文体学才真正作为一个独立的学科出现。作者认为,关于修辞学和文体学的关系,当下主要有三种观点:文体学属于修辞学;文体学等于修辞学;文体学和修辞学作为两个学科共同存在。

(5) 第五篇文章的题目是"作为应用语言学的文体学"(Stylistics as applied linguistics),这篇文章是本书出版社方对诺丁汉大学现代英语语言方向的研究教授 Ronald Carter 的采访记录。这篇文章以问答的形式讨论了文体学与应用语言学的联系。Carter 认为文体学是应用语言学的一部分,也是它的一种表现形式。应用语言学重实践,更多关注信息的概念内容(ideational content),而文体学主要关心语言的表达(expressive)和情感(affective)内容。在探讨文体学对教学法的补充作用时,Carter 指出,文体学知识对于英语是母语、英语作为第一外语以及作为第二外语的学生都有帮助。文章最后,Carter 提出,文体学未来的发展方向主要有三个:口语文体学(spoken stylistics)、认知文体学(cognitive stylistics)和语料库文体学(corpus stylistics)。

(6) 第六篇文章"作为文学批评的文体学"(Stylistics as literary criticism)由中国宁波诺丁汉大学英语教授 Geoff Hall 供稿。本文作者主要探讨文体学与文学批评的关系,从两个学科的历史发展入手,通过分析 Hopkins 的诗歌"上帝之荣光"(God's Grandeur),说明了文体学和文学批评的关联与差异。现代文体学在 20 世纪初期形成并开始发展,而文学批评正式进入西方大学的课堂也在同一时期。从 Fowler-Bateson 争论开始,学者们对于文体学和文学批评的界定就从未停止。众多观点中,作者最为赞同 Peter Verdonk 的看法,认为文学批评关注的是语言艺术所呈现出的宏观意义,而文体学研究的是宏观意义如何通过语言的具体特征和文学文本的语言脉络表现出来。

54.2 第二部分"文学概念和文体学"(Literary concepts and stylistics)

本部分共八篇文章,主要介绍文体学与文学批评的关系,同时从文体学的角度重新探讨一些重要的文学概念。

(1) 第一篇文章以"文类"(Genre)为题,由海德堡大学英语系教授 Beatris Busse 撰写。"文类"的概念最早出现在亚里士多德的《诗学》(Poetics)一书中,而随着其发展,系统功能语言学(systemic-functional linguistics)、应用语言学(applied linguistics)、历史语用学(historical pragmatics)、语料库语言学(corpus linguistics),特别是文体学,都对文类的研究产生了重要影响。作者提倡将文类视为文化语境(cultural context)中的交流形式或社会实践,认为随着世界科技、政治、文化的转型,文体将从静态不变的实体转向动态的、多模式的范畴。

(2) 第二篇文章"互文性和暗指"(Intertextuality and allusion)由康涅狄格大学英语系教授Patrick Colm Hogan撰写。互文性和暗指的概念都旨在描述文本间的相互关联(textual interrelations)。互文关联在具体文本中比较复杂,作者提出了三种可用以描述各种关联的参数。第一个参数是原文文本是否可以辨别。在这个参数下还可以进一步区分出一个子参数,即不可辨别的原文文本只存在于特定文化还是普遍存在于各种文化;第二个参数是互文关联的程度和范围,可以区分为有限关联(limited correlates)和广泛关联(extensive correlates);第三个参数关心文本互联是否属于隐含作者和隐含读者的反应的一部分。通过这些参数,可以区分出四种关联关系:互文性(intertextuality)、暗指(allusion)、影响(influence)和模拟(modelling)。

(3) 第三篇文章的作者是诺丁汉大学文体学讲师Violeta Sotirova。这篇文章以"生产和意图"(Production and intentionality)为题,回顾了历史上关于作者意图(authorial intention)的讨论,追踪了批评范式(critical paradigms)如何收纳或排斥作者意图,并通过比较一个作品不同版本的语言选择来具体探讨作者意图。文学历史上对于作者意图与文本意义关系的观点主要分为两种:第一种观点认为文本意义与作者意图不可分离,阐明作者意图是阐释文本意义的前提;第二种观点以形式主义为代表,认为作者意图独立于文本意义,其本身就是一个值得研究的问题。本文作者通过分析Virginia Woolf的小说《黛洛维夫人》(Mrs. Dalloway)不同版本的语言选择,得出结论:文学意图(literary intention)与形式主义精准的语言分析并不矛盾。相反,两者共同作用更有助于文本意义的阐释。

(4) 第四篇文章"人物塑造"(Characterization)出自哈德斯菲尔德大学英语语言与语言学方向教授 Dan McIntyre 之手。作者首先简评对文学人物性质的四种不同看法:符号学理论将文学人物视为小说文本的符号(sign)或结构(structure);认知理论认为文学人物是读者在脑海中想象的人物的体现;一些哲学研究者认为文学人物是存在于物质世界之外的抽象实体;还有哲学研究者相信文学人物根本不存在。本文作者赞同认知研究将人物视为读者头脑中的再现。通过对 Dennis Potter 的电视剧剧本《来自天堂的便士》(Pennies from Heaven)选段的分析,作者详细评介了 Jonathan Culperper 研究人物塑造的认知文体学模式,认为该模式的优势主要有以下两点:可以衡量读者阅读小说时对文学人物反应的真实程度;可以解释读者在阅读过程中所感受到的文体效果。

(5) 第五篇文章的题目是"声音"(Voice),由利兹大学英语语言方向讲师 Christiana Gregoriou 撰写。这篇文章中的"声音"并非指人物说出的话,而是指人物思维活动的语言再现,即人物的思维风格(mind-style)。思维风格的概念最早由 Roger Fowler 提出,指个人认知状态在语言形式上的表现。文学作品中一些具体的语言特征可以反映其中人物的思维风格,这些特征包括但不限于以下四种:词汇缺乏(underlexicalization)和过度词化(overlexicalization)、特定句法及物性的选择(particular syntactic transitivity choices)、隐喻(metaphor)和其他修辞性语言(figurative language)的选择,以及特定语言和思维表现方式的选择。结合以上语言特征,作者分别分析了小说《穿条纹睡衣的男孩》(The Boy in the Striped Pajamas)中小男孩 Bruno、小说《利器》(Sharp Objects)中自残记者 Camille 和小说《可爱的骨头》(The Lovely Bones)中天使 Susie 的思维风格。

(6) 第六篇文章"叙述"(Narrative)的作者是诺丁汉大学的博士后研究员 Jessica Mason。这篇文章讨论的并非叙述者的叙述,它站在读者的角度对叙事文本的互文性加以阐释。本文首先描绘了叙事学的发展脉络——从经典叙事学(classical narratology)到后经典叙事学

(postclassical narratology)。经典叙事学强调结构主义范式(structuralist paradigm),而后经典叙事学主要有主题性(thematic)、跨学科性(interdisciplinary)和认知转向(cognitive turn)的特点。通过对 Stephen Chbosky 的小说《壁花少年》(*The Perks of Being a Wallflower*)中互文性的分析,作者得出结论:后经典叙事学的关键进展在于认识到读者是不断变化的,因而叙事分析中必须充分考虑读者因素以及不同读者背后的文化差异和意识形态的不同。

(7) 第七篇文章以"陌生化"(Defamiliarisation)为题,由谢菲尔德大学语言与文学方向高级讲师 Joanna Gavins 撰写。文章首先回顾了陌生化理论的产生和发展。该术语最早由俄国形式主义批评家 Viktor Shklovsky 提出,他认为文学文本的功能是将熟悉的、日常的语言陌生化。另两位俄国形式主义学派成员 Jan Mukařovský 和 Roman Jakobson 更加清晰地阐明了文学的陌生化效果存在于文本的形式结构中,特别是对标准的、非文学语言的偏离(deviation)之中。1980 年之后,一些学者(主要有 Miall、Kuiken、Swann、Allington 等)从读者认知的角度讨论了陌生化的文体技巧。本文作者用陌生化理论详细分析了美国桂冠诗人 Billy Collins 的《忘却》(Forgetfulness)一诗,指出本诗中的否定、情态、隐喻、双指称第二人称代词等语言现象中都有陌生化的文体效果。

(8) 本部分的最后一篇文章"意象的强度和构造"(Intensity and texture in imagery)出自英国哥伦比亚大学英语系教授 Barbara Dancygier 之手。作者认为意象在文学界至少有三种意义:1)文本中对感官感受的描述;2)文本语言构建出的生动意象,该意象可以在读者的脑海中激发出相应的心理意象;3)修辞性语言的使用。意象的概念在文学研究中十分常见。通过实例分析,作者指出,意象的使用可以帮助区分具有不同效果(描述性的或经验性的)的具象体验。

54.3 第三部分"文体技巧"(Techniques of style)

该部分共九篇文章,分别从语音、语法、语义、语用、隐喻、前景化、对话、语气等方面讨论了文体学的各种技巧。

(1) 第一篇文章"语音文体学与书面文体"(Phonostylistics and the

written text)由法国国立里昂第三大学英语语言学教授 Manuel Jobert 供稿。这篇文章讨论书面文体中的语音技巧,特别是副语言声音特征(paralinguistic vocal features,PVFs)的文体效果。布拉格语言学派的主要成员、现代语音学的创始人 Nicolai Trubetskoy 创造了"语音文体"(laudstylistik)一词来指代个人的、无关语音区别的语音特征,这些特征可以分为永久特征(permanent features)(包括会话者的年龄、性别、社会背景等)和相对特征(relative features)(主要指会话者在一定语境下的态度),相对特征也被称为副语言声音特征。副语言声音特征主要包括三类:超音韵特征(para-prosodic features)、语音修饰特征(vocal qualifiers)和语音控制(vocal qualification)。本文作者认为,副语言声音特征作为外显的情感标记(explicit emotion marker)能够反映话语中的言外之力(illocutionary force),是文体学研究"工具箱"中的重要部分。

(2) 第二篇文章"语法结构"(Grammatical configuration)的作者是诺丁汉大学英语语言与语言学方向教授 Michaela Mahlberg。这篇文章用语料库语言学(corpus linguistics)的方法来解释语法结构如何在文学文本中产生意义。作者首先指出,语法是用来描述语言模式的规则,可以为文本分析提供规范(norm),违背这些规范会产生如前景化(foregrounding)等的文体效果。然后,作者用语料库语言学的方法分析了 Charles Dickens 的小说《荒凉山庄》(*Bleak House*)节选中的语法结构,结果得出,通过对比某部小说中的局部语法(local grammar)和存在于同一作家或同一时期不同作家多部小说中的普遍语法(general grammar),可以更全面地理解小说的意义。

(3) 第三篇文章以"语义韵律"(Semantic prosody)为题,由津巴布韦大学英语系主任 Bill Louw 和贝尔格莱德大学当代英语方向的讲师 Marija Milojkovic 共同撰写。文章的前半部分介绍了语义韵律的概念和研究方法。这里的"韵律"与其常规的语音学意义(指语言的声韵和节奏)不同。语义韵律是一种特殊的搭配现象,指一个词由于经常与具有某种语义特征的语言单位共现而产生的一种语义特征。语义韵律主要有三种研究框架:语境韵律理论(contextual prosodic theory, CPT)、搭配分析(collocational analysis)和基于语料的潜文本分析法(corpus-recoverable subtext approach)。文章的后半部分采用语料库文体学的方法,以对话体的形式分析了 W. B. Yeats 的诗歌《驯兽的逃逸》(The Circus Animals' Desertion)。本文的作者之一 Marija Milojkovic 运用"潜文本"(subtext)的概念对该诗进行逐节分析,然后由本文另一作者(也是"潜文本"概念的提出者)Bill Louw 做出评价。

(4) 第四篇文章"行动与事件"(Action and events)的作者是贝尔法斯特女王大学教授 Paul Simpson 和同校助教研究员 Patricia Canning。这篇文章主要采用 Halliday 的及物性模式(transitivity model)对文学作品中的行动和事件进行探讨。及物性模式归属于系统功能语言学(systemic-functional grammar, SFL)的大范畴,主要由六个关键过程组成。这六个过程包括物质过程(material process)、心理过程(mental process)、行为过程(behavioral process)、言语过程(verbalization)、关系过程(relational process)和存在过程(existential process)。作者分析了 Joseph Conrad 的小说《机缘》(Chance),认为及物性模式可以解释文学文本中发生的事件(happenings),而解释未发生的事件(non-happenings)和想象中发生的事件(imagined happenings)则需要一个基于文体学研究的扩展及物性模式("transitivity-plus" approach)。

(5) 第五篇文章的题目是"语用学与推断"(Pragmatics and inference),由密德萨斯大学英语语言与语言学方向高级讲师 Billy Clark 撰写。作者首先探讨了推断过程(inferential processes)的性质,之后介绍了相关的语用学理论,主要包括 Paul Grice 的会话涵义(conversational implicature)理论以及在其基础上发展出的新格莱斯主义理论(neo-Gricean approaches)和后格莱斯主义理论(post-Gricean approaches)。作者认为推断过程对于文本的创作(production)、阐释(interpretation)和评价(evaluation)都有重要作用,而且在此过程中应该使用恰当的语用学理论分析文本。

(6) 第六篇文章"隐喻与文体"(Metaphor and style),出自莱斯特大学英语高级讲师 Gerard Steen 之手。本文首先回顾了隐喻与文体的关系发展——1980 年之前对隐喻的研究主要基于诗学、文体学和修辞学,在此之后则主要以语言学和认知科学为基础。然后本文借用语料库语言学的方法探讨了"有意"使用和"无意"使用的隐喻(deliberate and non-deliberate metaphor)在不同文类中所出现的频率。最后,本文对诗歌中的隐喻展开了文体分析,指出隐喻在实际应用中其实十分复杂。

(7) 第七篇文章"前景化、埋藏与情节构建"(Foregrounding, burying and plot construction)由格拉斯哥大学英语语言方向高级讲师 Catherine Emmott 和该大学同方向讲师 Marc Alexander 共同撰写。"前景化"的术语最早在 Gavins(1964)翻译的布拉格学派的作品中被提出,相对于"背景化"而存在。在阅读小说的过程中,读者通常认为被前景化的通常是重要信息,而次要信息充当背景(background)。但实际情况并非如此。小说作者为了使故事情节更曲折,有可能将次要信息前景化而将主要信息置于背景中。这种手法在侦探小说(detective fiction)中使用得最广泛。本文分析了侦探小说情节构造中对故事事件的前景化和背景化处理,认为作者可以通过运用前景化和埋藏的技巧来控制读者的注意力,从而达到特定的文体效果。

(8) 第八篇文章的作者是兰卡斯特大学英语语言与文学方向荣休教授 Mick Short,题目是"对话分析"(Analysing dialogue)。这篇文章聚焦于小说和戏剧中的对话,以问答的形式详细分析了 Colum MaCann 的短篇故事集《转吧,这伟大的世界》(*Let the Great World Spin*)中的节选,主要关注其中的话轮转换(turn-taking)、言语行为(speech act)和礼貌现象(politeness phenomena)。该文还分析了人物对话(speech)与人物思想(thought)之间的关联,提出了嵌入式对话(embedded speech presentation)的概念,即对话内嵌在人物的思想中。嵌入式对话可以增加人物思想的互动性。

(9) 本部分最后一篇文章"氛围和语气"(Atmosphere and tone)出自诺丁汉大学文学语言学方向教授 Peter Stockwell 之手。"氛围"有非文学意义和文学意义之分。其非文学意义主要指某一地点或场合的空间和位置因素(spatial and locative element);其文学意义指文本世界所关注的内容,主要包括读者与该世界之间直接的、协调的关系。"语气"的概念依附于作者声音(authorial voice)或叙述声音(narrative voice)之上,表现作者的情绪、性格特征等,与文本世界无关。本文作者分别从文体学和认知诗学的角度分析了氛围和语气,认为两者在本质上相互依存。

54.4 第四部分"语境中的文体体验"(The contextual experience of style)

该部分共八篇文章,旨在从不同角度探讨读者的阅读体验。

(1) 第一篇文章以"象似性"(Iconicity)为题,由阿姆斯特丹大学日耳曼语方向教授 Olga Fischer 撰写。象似性由象似符号(iconic sign)或图像符号(icon)衍生而来,指人类用符号(sign)描述世界的能动性,这些符号与其所表示的事物或概念有自然联系。相似性主要有三种:映象象似性(imagic iconicity)、拟象象似性(diagrammatic iconicity)、隐喻象似性(metaphoric iconicity)。该文主要分析了诗歌中句法层面的拟象象似性。John Haiman(1980)区分了三种句法象似原则:数量象似原则(the principle of quantity)、距离象似原则(the principle of proximity or distance)和顺序象似原则(the principle of sequential order)。

(2) 第二篇文章的作者是谢菲尔德大学语言与文学方向讲师 Sara Whiteley,以"伦理"(Ethics)为题。该文采用文本世界理论(textual world theory),分析了当代英国作家 Kazuo Ishiguro 的小说《别让我走》(*Never Let Me Go*)中的节选,从认知诗学的角度讨论了读者在阅读小说时所涉及的伦理问题。该文强调用文本世界理论分析文学作品有两个前提:1)语言交际被视为发生在叫做"语篇世界"(discourse world)的情景语境中;2)语言交际涉及由说话人和听话人共同构建的概念域(conceptual domain),即文本世界。通过实例分析,本文作者认为,对文本进行微观的语言分析可以帮助解决伦理问题等的宏观语言层面的问题。

（3）第三篇文章"虚构与本体"（Fictionality and ontology）的作者是德蒙福特大学文体学高级讲师 Alison Gibbons。这篇文章以手机小说（mobile fiction）为研究对象。手机小说并非指读者通过手机阅读电子小说，而是一种新的文类——"读者手持手机，根据电话指示以及与叙述者在电话里进行的交流，在城市里边走边在具体的环境里建构故事。这一文类在某种程度上模糊了虚构（fiction）和现实（reality）的界限"（申丹 2014:305）。该文采用了文本世界理论，聚焦读者生动的阅读体验，对手机小说《乌尔里克和埃蒙说话》（*Ulrike and Eamon Compliant*）进行了令人耳目一新的分析。

（4）第四篇文章以"情感、感情与文体学"（Emotions, feelings and stylistics）为题，由阿尔伯塔大学英语与电影研究方向教授 David S. Miall 供稿。本文集中分析了读者阅读文学文本时的情感体验。尽管自从认知转向以来，许多学者注意到了读者对于解释文本的重要作用，但他们关注的常常是读者的认知反应，而较少关注读者的情感。Ralph Ellis（2005）《奇特的情感》（*Curious Emotions*）一书的出版把研究者的注意力吸引到对读者情感的研究上来。Ellis 在该书中提出了三个重要概念：情感的首要地位（primacy of emotion）、超人类主义（extropy）和动作意象（action image）。

（5）第五篇文章的题目是"叙事结构"（Narrative structure），出自莱斯特大学英语方向高级讲师 Ruth Page 之手。经典的叙事学研究包括 Vladimir Propp（1968）对民间故事的功能分析、Levi-Strauss（1955）对神话的探索和 Roland Barthe（1977）对欧洲文学的研究。20 世纪 60 年代的"叙事转向"（narrative turn）之后，叙事学逐渐展现出跨学科（transdisciplinary）的特点，与文体学、现象学、认知科学、社会语言学和文学等学科息息相关。这篇文章聚焦于对一个谋杀事件的不同报道，详细比较了维基百科两个不同记述版本的叙事结构。这两种叙事结构说明叙事既可以是对原始事件的客观复述，也可以是更具有叙事性（tellability）和情节化的故事顺序。

（6）第六篇文章"表演"（Performance）的作者是德蒙福特大学高

级讲师 Tracy Cruickshark。这篇文章探讨的是文体学家以往较少关注的戏剧表演这一范畴。该文采用概念整合理论（conceptual blending theory，CBT），分析了 Richard Bean 的戏剧《英国人真好》(*England People Very Nice*) 和 Jez Butterworth 的戏剧《耶路撒冷》(*Jerusalem*)，对实际演出和观众的认知行为展开讨论。概念整合理论可以帮助理解复杂的思考和想象过程，特别是解释戏剧表演中的"双重性"（doubleness），即道具、语言和人物同时存在于真实世界和想象之中。

（7）第七篇文章的作者是哈德斯菲尔德大学英语系教授 Lesley Jeffries，题目是"阐释"（Interpretation）。该文针对有的认知研究过于重视读者个体阅读的做法，强调要重视以语篇意义（textual meaning）为基础的"阐释"。作者以 Halliday 语言划分的三个元功能 [metafunctions，包括概念功能（ideational function）、人际功能（interpersonal function）和语篇功能（textual function）] 为出发点，在批评话语分析（critical discourse analysis，CDA）的基础上提出了一个用以阐释语言语篇意义的模式。该模式在考虑到文本生产者和文本接收者的同时，将文本本身置于信息交流的核心位置。作者采用该模式分析了 Peter Sansom 的诗《不值一提》（*Hardly Worth Mentioning*），认为阐释的研究范围类似于言语行为理论中言外行为（illocutionary act）的范畴，但更加关注的是语言的概念功能而非人际功能。

（8）第八篇文章"历史文体学画像"（A portrait of historical stylistics）由谢菲尔德大学语言与文学方向高级讲师 Joe Bray 撰写。该文首先区分了历史文体学（historical stylistics）和新历史文体学（new historical stylistics）。历史文体学主要通过分析语料探究某种文体的历史变化；新历史文体学既包括对语料的历时（diachronic）定量（quantitative）研究，也包括对某一时期的文本进行的共时（synchronic）定性（qualitative）研究。除此以外，本文作者强调文体学家还应关注文体分析所涉及的概念和方法在历史语境中的变化。该文以人物（character）研究为例，分析了 Jane Austen 的小说《爱玛》（*Emma*）中的人物塑造，说明"人物"的概念在历史上经历了很多变化，并对人物的文体研究产生了深远影响。

54.5 第五部分"文体学的拓展"(Extensions of style)

该部分共六篇文章,分别从媒体、广告、政治、人物关系、翻译、日常对话等角度讨论了文体学在不同领域的应用。

(1) 第一篇文章"媒体文体学"(Media stylistics)出自金斯顿大学英语语言与交际方向高级讲师 Marina Lambrou 和密德萨斯大学法学院教授 Alan Durant 之手。媒体文体学指运用语言学的方法分析媒体语篇。媒体文体学有两个研究重点:第一个重点关注媒体语言在不断变化的科学技术中传递信息的能力(主要包括电报、广播、即时信息等媒体中的语言使用);第二个重点将媒体语言视为对现代社会主要交流方式的评论,主要以电子媒体的形式出现。该文分析了互动对话型的采访和一个在推特网上发布的引起了官司的帖子,并介绍了媒体向新媒体(new media)和多模态(multimodality)的发展。

(2) 第二篇文章题为"广告文化"(Advertising culture),作者是香港城市大学英语副教授 Rodney H. Jones。该文以推特网上微博广告引发的争议开篇,聚焦21世纪的网络等社会媒介的新的推销方式。作者指出研究传统广告的各种方法(包括语用的、认知的)不再适用于当今的数字时代,并探讨当今新型的推销语篇的性质和特点[包括所属文类(genre)和真实性(authenticity)等]。文章最后指出在新的广告形式中,法律问题和道德问题逐渐凸显,以下两点变得尤为重要:正确区分文本的作者权(authorship)和所有权(ownership),适当划分公众和私人的界限,确定日常生活中人们对于所说话语的控制度。

(3) 第三篇文章"政治文体"(Political style)由西英格兰大学语言学方向教授 Jonathan Charteris-Black 撰写。本文作者在文章开始就阐明文体对于政治文本的重要性,认为"政治意义的创造必须依赖于文体"。政治文体可以分为四种:现实文体(the realist)、法庭文体(the courtly)、共和文体(the republican)和官僚文体(the bureaucratic)。该文对比分析了古典修辞学(classical rhetoric)研究的政治文体与当今符号学方法(semiotic approach)所研究的政治文体,重点介绍了语料库语言学"关键词比较分析"(comparative keyword analysis)的方法,并采用这一方法分析了时任英国首相卡梅伦的政治演讲。

(4)第四篇文章的作者是谢菲尔德哈勒姆大学语言学研究教授Sara Mills,题目是"关于人物关系的文体学"(The stylistics of relationships)。本文作者认为以往对文学作品中人物的研究大多局限于单个人物,而对人物之间关系的讨论则相对较少。该文采用批评话语分析和礼貌理论作为分析框架,聚焦于人物关系体现出的性别政治,指出顺从的女性和暴力的男性的模式化观念仍旧存在于人们的意识形态之中。

(5)第五篇文章"翻译中的文体学"(Stylistics in translation)出自诺丁汉大学文学院助理教授Benedict Lin之手,强调文体学在翻译研究中的重要性。本文作者认为,翻译——特别是文学作品的翻译——关注的不只是原文的指称意义(referential meaning),指称之外的意义也同样重要,而这种意义需要通过文体展现。本文对一首唐诗的英译进行了详细的文体分析,认为文体学主要可以从描述、理论、应用三个方面与翻译结合。

(6)最后一篇文章"关于日常交谈的文体学"(The stylistics of everyday talk)由谢菲尔德哈勒姆大学讲师David Peplow撰写,将关注重心转向了日常交谈。传统的文体学研究大多关注书面文本,特别是文学文本。但与文学文本不同,日常交谈的目的往往不是给受话者或听众以美学体验。通过对小组交谈的具体分析,本文作者指出日常交谈也非常值得进行细致的文体分析,而且细致的文体分析有助于理解社会交往。

在结语部分,本书的两位主编以回答问题的形式共同探讨了文体学的学科性质、与文学的关系、在外语教学中的作用、在世界上的发展范围以及未来的发展方向。

54.6 简评

作为文体学领域最新出版的权威参考书之一,本书主要有以下特色:

第一,理论与实践结合。本书收录的文章大多遵循以下行文模式:首先介绍相关的理论和概念,然后在前人研究的基础上提出自己的新观点或新模式,最后通过实例分析来验证或支持该观点或模式。文体学的起源可以追溯到古希腊时期,有着丰富的理论基础。现代文体学在不断丰富理论、不断扩充分析方法的同时,越来越注重实践。本书的第三部分也是文章数量最多的部分,从不同角度讨论了文体学的各种实用技巧。本书的第二篇文章更是专门为读者打开"文体学的工具箱",详细介绍了适用于不同文类的分析框架。

第二,语料选择别具匠心。本书中用于实例分析的语料既有经典名著,也有当代新作。如第9篇、第16篇和第31篇文章分别从全新的角度分析了著名小说《黛洛维夫人》、《荒凉山庄》和《爱玛》,而第11篇、第12篇、第25篇和第26篇文章则从不同视角分析了《可爱的骨头》、《壁花少年》、《别让我走》、《乌尔克里和埃蒙说话》等新世纪的流行小说。对新语料甚至新文类的分析使文体学不再显得高高在上,同时可以使读者认识到经典的理论并不过时,对于新时代的作品同样有解释力。

第三,内容具有前瞻性。角度新颖、对未来文体学的发展方向做出合理预测是本书最大的特色。本书的最后一部分将文体学置于现代化的大浪潮中,从新媒体、广告文化、时事政治等与当今社会接轨的新视角论证了文体学的应用价值。在结语部分,本书的两位主编结合全书内容和自己的研究对文体学的发展动向做出展望,这对于正在从事或想要从事文体学研究的学者来说有很重要的启发意义。

从20世纪初现代文体学的开端到其成为一门成熟的学科,文体学一直保持着旺盛的发展势头。对广大读者而言,本书与《劳特里奇文体学手册》各具特色,分别从不同角度多方面展现了文体风格这一现象及其相关的学术研究,二者具有互补关系。这两本书对于了解文体学在世界范围内的最新进展具有不可或缺的作用,对于我国的文体学研究及其有关的教育教学工作也有重要的启示作用。

55. 2014年出版的《劳特里奇文体学手册》有什么特点？

劳特里奇出版社于2014年推出的《劳特里奇文体学手册》(The Routledge Handbook of Stylistics)由国际文体学协会(诗学与语言学学会/Poetics and Linguistics Association，缩写为PALA)前任会长、荷兰乌特勒支大学(Utrecht University)修辞学教授Michael Burke先生担任主编，邀请了全球文体学领域的38位专家学者作为撰稿人。除绪论外，共包括32篇论文，分别就研究历史、核心问题、当代话题及发展趋势四个部分对文体学这一已经成熟的学科进行了全面系统的介绍。该书展现给读者的并非是一般的按照诗歌、小说、戏剧等文类编排的学术论文集，而是一本详尽的文体学研究指导手册。正如荷兰阿姆斯特丹大学荣休文体学教授Peter Verdonk在为本书所写的推介中所说："该书内容的深度和广度足以使它成为一部深受教师及学生欢迎的文体学手册。"

55.1 第一部分"文体学历史回顾"(Historical perspectives in stylistics)

该部分共四篇文章，分别介绍了奠定现代文体学学科发展的四大基石，即古典修辞学与诗学、形式主义和结构主义、功能主义、读者反应理论。被Burke教授喻为具有四层楼房的"建筑"的文体学正是在这里奠基。

（1）第一篇文章"修辞学与诗学：文体学的古典传承"(Rhetoric and poetics: The classical heritage of stylistics)出自本书主编Michael Burke之手。他在文章开篇便指出，如果没有古典修辞学和诗学，就没有现代文体学的今天。该文首先从摹仿(mimesis)、净化(catharsis)与情节(plot)三个部分回顾了古典诗学的发展，又详细介绍了古典修辞学的历史及其主要理论和研究方法，特别是修辞学的"五大准则"和"三大文类"。"五大准则"即创作一篇劝说性语篇的重要步骤，包括发现论述材料(discovery)、安排语篇结构(arrangement)、组织行文措辞(stylisation)、记忆技巧(memorization)和发表演说(delivery)。其中的组织行文措辞(stylisation)与现代文体学的联系最为紧密。"三大文类"则指法庭演说(forensic oratory)、议政演说(deliberative oratory)和颂德演说(epideictic oratory),这三类演说仍然存在于现代语境中。

(2) 第二篇文章"形式主义文体学"(Formalist stylistics)由 Michael Burke 和就读于牛津大学的研究生 Kristy Evers 合作撰写。该文介绍了对俄国形式主义语言学做出杰出贡献的三位理论家及其重要理论。第一位是现代文体学的重要奠基人之一雅各布森(Roman Jakobson),他提出了构成日常语言的六个要素——说话者(addresser)、受话者(addressee)、语境(context)、信息(message)、接触(contact)和代码(code),及其对应的六种功能——表达功能(emotive)、意动功能(conative)、指涉功能(referential)、诗学功能(poetic)、寒暄功能(phatic)和元语言功能(metalingual)。其中,诗学功能为雅各布森的主要研究对象,他认为该功能是构成文学性(literariness)的重要组成部分。第二位理论家是俄国形式主义学派的创始人和领袖之一什克洛夫斯基(Viktor Shklovsky),他的主要思想观点体现为"陌生化"理论。他认为诗学语言可以使我们摆脱日常语言表达的沉闷无趣,而"陌生化"正是达到这一目的的关键手段。同时,什克洛夫斯基还提出了两个叙事学领域的重要概念,即故事(fabula)和情节(sjužet),前者指事件发生的时间顺序(chronological order),而后者指事件在叙述中的顺序。第三位理论家是普洛普(Vladimir Propp),他于 1928 年出版的《故事形态学》(*Morphology of the Folktale*)一书中,通过对 100 个俄国民间故事的研究发现,这些故事中人物的行动是不变的,他将之称为"功能";这些"功能"可被细分为 31 种,且按一定的顺序排列。这些功能经常是纠缠在一起的,形成七个"角色",角色和功能是构成故事的两个基本元素。可以看出,普洛普像化学家分析化学元素一样把故事分为叙事元素的组合,其分析方法成为一种影响深远的结构主义叙事学研究模式。

(3) 第三篇文章"功能主义文体学"(Functionalist stylistics)的作者是来自北爱尔兰贝尔法斯特女王大学的 Patricia Canning。与形式主义文体学仅关注语言形式不同,功能主义文体学关注语言形式(form)与语境(context)两者之间的关系,特别是强调语境的重要性。该文以韩礼德系统功能语言学理论中语言的三大元功能为基本框架,对英国维多利亚时期的探险小说家哈格德(Henry Haggard)的成名作《所罗门王的宝藏》(*King Solomon's Mines*)进行了文体分析,旨在揭示概念、人际和语篇三大元功能如何相互作用,以体现小说中的种族和殖民地观念。

(4) 第四篇文章"读者反应批评与文体学"(Reader response criticism and stylistics)由美国华盛顿杰弗逊学院 Jennifer R.Harding 教授撰写。本文开篇借用了一个经典哲学问题,引出读者反应理论与文本的关系,即"假如一棵树在森林里倒下而没有人在附近听见,它有没有发出声音?"在历史回顾部分,作者介绍了 20 世纪 70—80 年代读者反应理论领域的五位领军人物(Norman Holland, Jonathan Culler, Judith Fetterley, Wolfgang Iser, Stanley Fish)及其代表著作,其中特别强调了费什(Stanley Fish)的影响。在美国,读者反应批评学派有时被称为"费什学派"(School of Fish),其在该领域的重要地位由此可见一斑。该学派所持有的读者反应理论比较极端,他们认为文本只是一个阅读的过程,而非一个实体。如果没有读者,文本也无从谈起。20 世纪 80 年代后,读者反应批评与众多批评理论相结合,比如:认知方法、性别/民族/酷儿(queer)方法、接受理论/新历史主义方法、叙事/修辞方法、实证主义方法/真实读者以及教学应用。最后作者指出,关注读者与阅读的研究并没有过时,过时的仅仅是"读者反应"这个名称而已。

55.2 第二部分"文体学的核心问题"(Core issues in stylistics)

该部分共 9 篇文章,涉及文体学的核心研究领域,从这里读者便步入"文体学建筑"的第一层。

(1) 第一篇文章"文体学前景化的语言层面"(The linguistic levels of foregrounding in stylistics)由英国利兹大学英语学院的文体学讲师 Christiana Gregoriou 撰写。作者首先从广义和狭义两个方面对前景化理论进行界定,广义的前景化指某些事物相对于背景的感官凸显,而狭义的前景化则特指文学领域出于审美鉴赏目的而特别选用的文本形式。在该文中,作者分别选取了非文学语篇(电影推介广告)及文学语篇〔美国作家 Daniel Keyes 于 1959 年出版的科幻短篇小说《献给阿尔吉侬的花》(*Flowers for Algernon*)]进行了语言层面的前景化分析,例如偏离(deviation)和排比(parallelism)手段在语篇中的应用及其作用。

(2) 第二篇文章"(新)历史主义文体学"〔(New) historical stylistics〕出自德国海德堡大学 Beatrix Busse 教授之手。目前,主流文体学研究在共时层面展开,在这一背景下,该文作者提醒读者不要忽视文体学的历时研究,因为该领域的研究也可以取得像共时领域一样丰硕的成果。

(3) 第三篇文章"文体学、言语行为与不/礼貌理论"(Stylistics, speech acts and im/politeness theory)由来自英国曼彻斯特都会大学的 Derek Bousfield 撰写。作者应用言语行为理论,旨在说明说话者和听话者之间的理解不匹配是构成叙事和戏剧情节发展的主要推动力,"复杂行动"(complicating action)进而产生。言语行为理论与文体分析的结合不仅有助于人物分析,也有助于理解情节的发展。该文还介绍了英国兰卡斯特大学 Jonathan Culpeper 教授于 2001 年提出的"观众对戏剧人物解读的控制系统"(control system for audience reading of dramatic character),该系统结合认知文体学研究方法,通过分析小说或戏剧中人物的对话对人物进行自上而下和自下而上的双向互动解读。

(4) 第四篇文章"文体学、会话分析与合作原则"(Stylistics, conversation analysis and cooperative principle)的作者是英国金斯顿大学的 Marina Lambrou。会话分析和合作原则隶属于不同的研究领域,但均可在文体分析领域发挥重要作用。前者属于社会语言学范畴,通过对戏剧人物会话结构的分析推断出说话者的权利分配关系,从而为人物解读提供重要语篇线索。而后者则是语用学领域的研究对象,合作原则可被用于解读会话隐含义(implicature)、人物的思维状态以及戏剧讽刺。

(5) 第五篇文章"文体学与关联理论"(Stylistics and relevance theory)由来自英国密德萨斯大学的 Billy Clark 完成。关联理论可谓是由格莱斯理论发展出来的最具影响的语用学理论。该理论关注字面意义与实际表达意义之间的关系,强调语境的重要性,这与文体学研究通过文本细读、语言分析进行文本阐释不谋而合。

（6）第六篇文章"文体学、视角与情态"（Stylistics, point of view and modality）由英国彻斯特大学的 Clara Neary 撰写,聚焦于叙事视角与语言的情态系统之间的关系。

（7）第七篇文章"文体学与叙事学"（Stylistics and narratology）出自中国北京大学申丹教授之手。该文追踪了文体学借鉴叙事学研究的历史,讨论了两大学科之间的差异与互补性。在小说研究方面,文体学一般分为"内容"和"文体"两个层次,而叙事学则分为"故事"和"话语"两个层次。表面上看似对应的"文体"和"话语"实际上相距甚远,前者只涉及文字媒介,而后者则涉及不同的媒介。申丹教授通过对视角、人物塑造及时序三个方面的分析,呼吁广大学者充分认识"文体"与"话语"两者间的差异及互补性,从而克服单一学科研究的局限性。

（8）第八篇"隐喻和文体学"（Metaphor and stylistics）由匈牙利学者 Szilvia Csabi 撰写。作者首先回顾了关于隐喻的十个传统观点,例如,亚里士多德提出的"转移观"（Metahpor as transference）、著名文学批评家瑞恰慈（I.A. Richards）提出的本体（tenor）和喻体（vehicle）观、利奇和肖特（Leech & Short）提出的前景化偏离观等等。隐喻的认知观最早由 Lakoff 和 Johnson 在他们 1980 年出版的《我们赖以生存的隐喻》（*Metaphors We Live By*）中首次提出并作系统介绍,他们认为隐喻不是对两个已经存在的事物进行被动比较,而是一个可以创造出新实体的认知过程。隐喻不是语言学或诗学的专属,它存在于我们生活的方方面面。目前跨学科隐喻研究主要集中在概念隐喻理论（Conceptual metaphor theory）及其在文学作品中的应用方面。概念隐喻理论认为,隐喻最重要的功能在于通过从始源域（source domain）向目标域（target domain）的映射（mapping）更好地理解目标域的概念。根据认知功能,概念隐喻可被分为结构隐喻（structural metaphor）、方位隐喻（oriental metaphor）和本体隐喻（ontological metaphor）。应用认知隐喻进行文体分析旨在对大量孤立存在于文学语篇中的隐喻做出统一解释。作者在文中还介绍了由 Pragglejaz 小组提出的隐喻识别过程（The metaphor identification procedure,简称 MIP)。该小组由十位语言学家组成,即 Peter Crisp、Ray Gibbs、Alan Cienki、Graham Low、Gerard Steen、Lynne Cameron、Elena Semino、Joy Grady、Alice Deignan 和 Zoltan Koecses,他们开发这一工具旨在识别语篇中的隐喻词汇。

(9) 第九篇"文体学中的言语和思想表达"(Speech and thought presentation in stylistics)由英国谢菲尔德大学的 Joe Bray 完成。该文聚焦于自由间接思想表达(free indirect thought presentation),该领域长期为叙事学家及文学批评家所重视。作者通过分析美国作家华莱士(David Foster Wallace)未完成的遗作《苍白的国王》(*The Pale King*)得出结论,自由间接思想在 21 世纪的小说创作中仍被广泛使用,其功能不仅适用于表现个人孤立意识,同样适用于揭示现代小说中个人与组织机构的力量冲突。

55.3 第三部分"文体学当前的热点话题"(Contemporary topics in stylistics)

该部分共 12 篇文章,从教学、认知、实证研究等方面系统介绍了文体学领域目前较流行的研究课题,引领读者步入"文体学建筑"的第二层。

(1) 第一篇文章"教学文体学"(Pedagogical stylistics)出自 Geoff Hall 教授之手,他现任中国宁波诺丁汉大学(The University of Nottingham-Ningbo)英语学院院长,有多年在不同国家应用文体学方法教授英语的经验,他于 2005 年出版的《语言教育中的文学》(*Literature in Language Education*)一书的第二版即将面世。在该文中,作者首先列举了十个可以应用文体学的教学领域,比如:文学教学、社会语言学、外语或二语教学、创意写作等等,从而肯定了文体学在教学中的积极作用。文体学研究的对象不局限于文学作品,语言幽默、报刊语言、体育评论、漫画、访谈等均可进入文体学的研究范畴。该文还特别介绍了由 Burke 教授提出的"教学文体学"的系统方法,该方法由知识(修辞学)、分析(文体学)和整合与创新(创意写作)三部分构成。最后,作者呼吁文体学家与教学一线的教师在多层面多语境中加强对话,共同促进"教学文体学"的蓬勃发展。

（2）第二篇文章"文体学、戏剧和表演"（Stylistics, drama and performance）由牛津布鲁克斯大学的 Andrea Macrae 撰写。该文回顾了戏剧研究方法的历史，特别介绍了人物和情节的结构主义分析方法。该文提出戏剧文体学研究的两个核心问题是戏剧交际的本质与戏剧语篇解读以及戏剧表演在分析中的地位。文中还列举了一系列可被用于戏剧文体分析的方法和理论，如社会语用学方法、图式理论、指示转换理论、历史及语料库文体学方法以及多模态研究方法。作者结合社会语用学和多模态理论，对英国剧作家科沃德（Noël Coward）于 1930 年创作的三幕喜剧《私生活》（*Private Lives*）中的选段进行了分析。之后的四篇文章向读者展示了文体学与认知科学领域的跨学科研究成果。

（3）第三篇"文体学中的图式理论"（Schema theory in stylistics）由来自苏格兰格拉斯哥大学的 Catherine Emmott、Marc Alexander 和 Agnes Marszalek 合作撰写。图式理论的重要性在于作者可以通过颠覆（subversion）、利用（exploitation）、转变（alteration）或违背（violation）读者的图式知识达到特殊效果。作者在文章的主体部分提出了六个可以应用图式理论进行文本分析的领域。1）填补空白：图式知识与标准推理；2）展现小说中人物的推理过程；3）建立人物的独特思维风格；4）侦探和悬疑小说中利用不同的突显制造悬念；5）在新世纪语境下对传统故事的复述：乖讹、幽默、互文性及文化特性；6）性别与文化的反乌托邦视角：跨文化图式、政治讽喻与图式刷新。

（4）第四篇"文体学与文本世界理论"（Stylistics and text world theory）的作者是荷兰乌特勒支大学的 Ernestine Lahey。文本世界是一个和真实世界相对的概念，前者可以调动读者对真实世界的见解与反思。这些见解与反思不是通过文本客观提供给读者的，而是要依靠读者通过社会认知、交互与协商获得。由已故教授 Paul Werth 提出的文本世界理论分三个层次运作，由高到低分别为话语世界（discourse world）、文本世界（text world）和亚世界（sub-world）。

（5）第五篇"文体学与概念整合"（Stylistics and blending）由来自加拿大不列颠哥伦比亚大学的 Barbara Dancygier 撰写。该文应用概念整合理论分析了第一次世界大战期间英国反战诗人欧文(Wilfred Owen)的一首诗歌《老人和年轻人的寓言》(Parable of the Old Man and the Young)。作者在分析过程中提出了在以往研究中常被忽略的反向投射(backward projection)概念,即整合空间的形成刷新了对至少一个输入空间的传统理解。对该诗的分析并没有从传统分析战争的角度(如战争的残酷、爱国主义等)展开,而是选择了战争中的人道主义和伦理层面,对导致国家陷入世界大战的政治决策的伦理价值提出了质疑。

(6) 第六篇"认知诗学"(Cognitive poetics)出自该领域的领军人物 Margaret H. Freeman 教授之手。从宏观层面对之前三篇文章中所涉及的认知与文体问题进行了总结。认知诗学得名于以色列特拉维夫大学的希伯来文学教授及文学理论家楚尔(Reuven Tsur)。他于 1992 年出版了被认为是认知诗学发轫之作的专著《走向认知诗学理论》(*Toward a Theory of Cognitive Poetics*)。十年后,英国学者斯托克维尔(Peter Stockwell)出版了《认知诗学导论》(*Cognitive Poetics: An Introduction*)。2003 年,加文斯(Joanna Gavins)和斯蒂恩(Gerard Steen)合作出版了其姊妹篇《认知诗学实践》(*Cognitive Poetics in Practice*)。2008 年,楚尔的《走向认知诗学理论》第二版面世。该文作者选择介绍了认知诗学的七大研究领域:人类思维进化中的文学创新;文学与神经科学;认知与诗学:整合还是交换?实证/实验研究;认知语言学研究方法;情感研究;美学理论。结合以上理论,作者分析了 19 世纪美国传奇诗人狄金森(Emily Dickinson)的一首诗歌。

(7) 第七篇文章"文体学的定量分析方法"(Quantitative methodological approaches to stylistics)由荷兰乌特勒支大学的 Olivia Fialho 和巴西学者 Sonia Zyngier 合作完成。与定性研究相比,定量研究尚未成为文体学的主流研究方法。纵观文体学发展史,定量研究主要分为两个流派:文体统计学(stylostatistics)及文体定量研究。前者包括统计文体学、文体测量学和文体韵律学。目前,该流派主要从个体或功能文体以及作者身份判断方面展开研究;后者包括语料库文体学

(corpus stylistics),该流派提出文学批评仅依靠直觉是远远不够的,这与对实用主义批评和新批评的批判联系紧密。特别值得一提的是,该文的写作手法正体现了定量研究的本质。作者选取了 2007 年至 2011 年这五年间在国际文体学协会 PALA 的会刊《语言与文学》(*Language and Literature*)上发表的 95 篇文章进行分析,统计结果表明,其中只有 25 篇涉及定量研究,研究范围包括韵律音位学、词汇特征、句法、语篇、文化与语境、读者反应理论等。

(8)本部分的最后五篇文章由五个文体学前沿领域的研究组成。它们分别是:由西班牙格拉纳达大学 Rocio Montoro 撰写的"女性主义文体学"(Feminist stylistics);由美国亚利桑那大学 Chantelle Warner 完成的"文学语用学与文体学"(Literary pragmatics and stylistics);由英国诺丁汉大学 Michaela Mahlberg 撰写的"语料库文体学"(Corpus stylistics);由东英吉利大学文学及翻译教授 Jean Boase-Beier 撰写的"文体学与翻译"(Stylistics and translation)以及英国哈德斯菲尔德大学 Lesley Jeffries 教授所写的"批评文体学"(Critical stylistics)。其中"女性主义文体学"与"批评文体学"代表了文体学与政治文化批判相结合的研究成果。

55.4 第四部分"文体学初露端倪的兴趣点"(Emerging and future trends in stylistics)

该部分共 7 篇文章,读者在此步入了《文体学建筑》刚刚成形的顶层阁楼,这部分介绍的七大发展方向极有可能成为十年后文体学研究的核心领域。

(1)第一篇文章"创意写作与文体学"(Creative writing and stylistics)的作者是英国肯特大学的 Jeremy Scott。从写作技巧入手研究文学写作的历史可以追溯到以下三个领域的研究:古典诗学与修辞学、俄国形式主义及叙事学。该文提出了可以进行创意写作练习的四个领域,即修辞性语言、叙事视角、言语与思想的表达以及隐喻的使用,旨在引出讨论,以期在文体学与创意写作领域能有更加深入的探讨。

(2)第二篇文章"文体学与真实读者"(Stylistics and real readers)

由英国谢菲尔德哈勒姆大学的讲师 David Peplow 和诺丁汉大学的 Ronald Carter 教授合作撰写,旨在论证在实验中引入真实读者及阅读小组的重要性,以及如何利用真实读者的阅读体验来验证文体学分析的假设与框架。真实读者在阅读过程中的体验越来越受到学界的重视,该文介绍了该领域的两大研究方法,其一为文学的实证研究(ESL — the empirical study of literature),其二为阅读的自然研究(NSR — the naturalistic study of reading)。两者的本质区别在于其实验环境,前者要求阅读在实验室环境下进行,而后者则强调完全自然的阅读环境,例如读书会和读书俱乐部。

(3) 第三篇文章"文体学与电影"(Stylistics and film)出自英国伯明翰大学 Michael Toolan 教授之手。由于语言并不是构成电影的必要因素,将原本用于分析文字媒介的文体学应用于电影这一多模态分析必将面临一系列困难与挑战,比如如何同时追踪电影中视觉、语言及非语言听觉三条线索;如何生成上述三条线索的"语法";视觉及非语言听觉是否适用于语法分析等。目前,学界普遍接受电影镜头对应书面语篇中的句子这一观点,旨在将电影镜头间的动态关系与韩礼德系统功能语法中概念功能的及物性关系结合起来。Toolan 教授指出如何建立语言与电影的对等关系是电影文体学研究的发展趋势,其目的在于发现电影中的前景化效果,比如镜头的拼接组合和剪辑,并对其进行系统的解读和阐释。

(4) 第四篇文章"多模态与文体学"(Multimodality and stylistics)由南丹麦大学的教授 Nina Nørgaard 撰写。多模态文体学研究主要可以分为两派:认知学派和社会符号学派,该文探讨的为后一学派。该学派所进行的研究采用韩礼德系统功能语言学作为其理论基础。Kress 和 Van Leeuwen 借鉴韩礼德提出的语言三大元功能,于他们在 1996 年出版的专著《阅读图像》(Reading Images)中提出了图像的三大意义,即概念意义(Experiential meaning)、人际意义(Interpersonal meaning)和组合意义(Compositional meaning)。该文作者指出,除文字、图像外,其他模态比如页面布局、书写字体以及书籍纸张质量等也应纳入多模态研究范畴。虽然该文以多模态为题,但是作者在文中反复提醒读者不要忽略文字在多模态研究中的重要性,其原因在于多模态作品大部分意义仍然是通过文字媒介表达的。

(5) 第五篇文章"文体学与漫画"(Stylistics and comics)由 Charles Forceville、Elisabeth El Refaie 和 Gert Meesters 合作完成。他们分别来自荷兰阿姆斯特丹大学、英国卡迪夫大学和法国里尔第三大学。该文带我们进入了一个文体学界尚未广泛触及的领域:探讨漫画如何作为媒介传达信息与表现故事。漫画文体学研究的主要领域包括:页面、画框设计及间隔;人物的体型、姿势和面部表情;言语及思想表达气球框;故事世界中的拟声词和文字以及基本图形等。

(6) 第六篇文章"文体学与超文本小说"的作者是英国萨福克大学的 Paola Trimarco。该文聚焦于超文本小说这一20世纪90年代后期在美国兴起的非传统小说类型。作为一种通过计算机创作并且进行阅读的新媒体艺术,从其诞生之日起,超文本小说就引起了先锋文学界的广泛关注。近年来,学者们在读者的高度参与、非线性和多线性叙事以及开放性结构等领域中进行了大量研究。作者采用认知文体学及社会符号学两种方法详细分析了两部超文本小说,它们分别是由乔伊斯(Michael Joyce)创作于 1990 年的《下午,一个故事》(*Afternoon, a Story*)以及 2001 年出自费什(Caitlin Fisher)之手的《这些女孩子们》(*These Waves of Girls*)。

(7) 最后一篇文章"文体学、情感与神经科学"(Stylistics, emotion and neuroscience)可谓是该手册中话题最前沿的一篇。作者 Patrick C. Hogan 教授来自美国康涅狄格大学英文系,他在该文中对文体学、情感与神经科学这三者的内涵加以界定,并对学界在上述三个领域中所进行的学科交叉研究进行了介绍。Hogan 是印度研究领域的专家,其对情感的研究参考了两千年前的梵文戏剧理论;该理论区分了八大基本情感,即:欢乐、悲伤、恐惧、愤怒、厌恶、震惊、爱情和坚毅。Hogan 认为上述八大基本情感可被分为三类:关键点情感、结果情感和持续情感。关键点情感包括恐惧、愤怒、厌恶和震惊,它们反映了人物在叙事过程的诸多关键情节中所表现出的暂时性情感,例如当人物突遇狼群时的恐惧。与这一暂时性情感相对应的是结果情感,指人物在经历一系列事件后产生的较持久情感,包括欢乐和悲伤,如童话故事的典型结尾"他们从此幸福地生活在一起"即属于结果情感。持续情感包括爱情和坚毅,为故事中的人物提供动力,激励人物经受诸多关键点情感的考验而最终体验到结果情感,例如主人公对爱情的执著追求或对权利的渴望支撑其克服重重难关,最终体验到幸福和快乐。Hogan 最后以对印度电影《新德里》中的一段歌舞表演分析为例,阐明了文体在审美过程中的作用。他认为,目前文体学与情感和神经科学的交叉学科研究还处于萌芽期,但这将是可以大有作为的一个研究领域。

55.5 简评

《劳特里奇文体学手册》的第一个特点是其编写团队的全球化。该书的 38 位撰稿人中有 22 位英国学者、9 位欧陆学者、5 位北美学者、一位中国学者和一位巴西学者。他们当中既有文体学领域的专家教授,又不乏年轻学者的身影。

第二个特点是作者队伍老中青结合,体现出了文体学研究的薪火相传。国际文体学协会 PALA 从 1979 年成立至今,已有逾七百位会员,其中 30 岁以下的年轻学者占一半以上。该手册的第二篇文章"形式主义文体学"的作者之一就是就读于牛津大学的硕士研究生 Kristy Evers;来自苏格兰格拉斯哥大学的博士生 Agnes Marszalek 则参与了第 16 篇文章"文体学中的图式理论"的撰写。正是因为不断有新鲜血液加入这一日益兴旺的研究领域,为其添砖加瓦,文体学建筑才得以屹立在世人面前。

第三个特点是其多维度阅读结构。就全书编排而言,编者采用了历时眼光,从文体学的古典修辞和诗学传统引领读者一步步走到新兴领域,进而展望文体学领域未来十年甚至二十年的发展。就每篇文章的结构而言,亦是从历史回顾、方法论及案例分析、实践建议和发展趋势四个方面历时展开。然而,读者的阅读过程并不局限于历时维度,亦可在共时维度多领域交叉进行。比如,对隐喻研究感兴趣的读者可以先阅读本书的第12篇文章"隐喻和文体学",随后按照作者在正文后"相关主题"(related topics)部分列出的"修辞学与诗学、文本世界理论、整合、认知诗学、情感与神经科学"等条目,进一步阅读本书第1、17、18、19、30篇。读者也可以参考作者列出的隐喻领域的"延伸阅读书目"(further reading),以便更深入、清晰地把握该领域的研究脉络。多维度阅读结构为读者提供了更多的选择空间,有利于充分调动读者阅读的积极性与主动性。

第四个特点是其研究内容与方法的拓展与创新。该书的创新具体体现在以下几个方面。1)文献新。该书的参考文献中不乏近五年来发表的文章及专著,而且为读者提供了大量在线资源,比如第一篇文章后列出的有关古典修辞学术语的搜索网站 The Forest of Rhetoric (http://rhetoric.byu.edu)以及第23篇文章后列出的常用语料库工具等。2)研究对象新。文体学的研究对象已从传统的文字文本拓展到多模态领域,包括电影、图像、漫画、超文本小说等。3)理论和方法创新。在理论上,文体学作为跨学科与界面研究的性质更为突出。文体学于20世纪60年代的蓬勃发展有赖于语言学理论的迅速发展。现代文体学研究的拓展更是见证了文体学家与社会学、心理学、认知语言学、语料库语言学及文学批评界学者的广泛交流与合作。例如,该书第30篇文章"文体学与漫画"(Stylistics and comics)由来自三个国家三所大学的学者合作完成,他们的研究领域分别为视觉/多模态隐喻与叙事研究、图像隐喻与语篇研究以及漫画跨学科研究。由此可见,跨学科研究要求文体学研究者具备更强的学科交叉意识以及团队合作精神。在方法上,文体学研究更多应用混合研究法(mixed methodologies),综合定性与定量研究,逐渐淡化定性与定量研究之间的界限。比如该书第20篇文章中提出的 LEX-NAP 方法(Lexical Basis for Numerically Aided Phenomenology)即属于混合研究法。该方法可被用于研究阅读体验类型学(a typology of reading experience)。中国文体学研究会会长、清华大学外文系刘世生教授在为该书撰写的推介语中对该书的创新性给予了高度评价:"知识的不断更新对每一个学科都是至关重要的,《劳特里奇文体学手册》正是这样一本与时俱进的著作。该书内容充分反映出文体学作为一个成熟学科的强大生命力。"

当然,《劳特里奇文体学手册》也为未来同类书籍的出版预留了空间,比如全书并未系统介绍针对非文学语篇的研究。新闻媒介、公众演讲、科技文献、法学、教育、体育、医学、经贸、政治、管理、军事等非文学语篇或特殊用途语篇是文体学分析的家园,早已成为学界的共识。

55.6 小结

《劳特里奇文体学手册》生动而又具体地把西方文体学比喻成一座具有地下层、一层、二层、顶层的四层楼房建筑,其内涵则由每层的具体话题组成。地下层是基础,由古典修辞学、形式主义和结构主义、功能主义、读者反映理论四大基石所构成;一层是核心研究领域,包括前景化、新历史主义、语用学、叙事学、隐喻学等耳熟能详的问题;二层是当代热点话题,包括教学、翻译、戏剧、语料库、认知图式、定量分析、女性主义等题目;顶层是初露端倪的阁楼,展望未来的走向,包括创意写作、真实读者、电影、多模态、漫画、超文本、情感因素等前沿研究。

众所周知,语言学主要研究形式,文学批评主要研究内容,文体学二者兼顾。本书的比喻与描述,使文体学的形象呼之欲出,这一古老而又年轻的学科面貌为之一新,令人过目不忘。可谓是形式与内容相得益彰。

56. 什么是媒体文体学?

媒体文体学(Media stylistics)指运用语言学方法对媒体语篇的分析。媒体文体学有两个研究重点:第一个重点关注媒体语言在不断变化的科学技术中传递信息的能力(主要包括电报、广播、即时信息等媒体中的语言使用);第二个重点将媒体语言视为对现代社会主要交流方式的评论,主要以电子媒体的形式出现。详见,54.5(1)。

57. 什么是政治文体?

政治文体(Political style)可以分为四种:现实文体(the realist)、法

庭文体(the courtly)、共和文体(the republican)和官僚文体(the bureaucratic)。研究者认为"政治意义的创造必须依赖于文体"。由此可见文体对于政治文本的重要性。详见,54.5(3)。

58. 什么是历史文体学?

研究者区分了历史文体学(historical stylistics)和新历史文体学(new historical stylistics)。历史文体学主要通过分析语料探究某种文体的历史变化;新历史文体学既包括对语料的历时(diachronic)定量(quantitative)研究,也包括对某一时期的文本进行的共时(synchronic)定性(qualitative)研究。详见,54.4(8)。

59. 什么是语音文体学?

语音文体学研究语言的声音特征,声音作为副语言特征,是外显的情感标记(explicit emotion marker),能够反映话语中的言外之力(illocutionary force),是文体学研究"工具箱"中的重要部分。详见,54.3(1)。

60. 什么是多模态文体学?

多模态文体学研究主要可以分为两派:认知学派和社会符号学派,本文研究者探讨了后一学派。该学派所进行的研究采用韩礼德系统功能语言学作为其理论基础。Kress和Van Leeuwen借鉴韩礼德提出的语言三大元功能,于他们在1996年出版的专著《阅读图像》(*Reading Images*)中提出了图像的三大意义,即概念意义(experiential meaning)、人际意义(interpersonal meaning)和组合意义(compositional meaning)。该文作者指出,除文字、图像外,其他模态比如页面布局、书写字体以及书籍纸张质量等也应纳入多模态研究范畴。详见,55.4(4)。

61. 什么是情感神经文体学?

研究者对文体学、情感与神经科学这三者的内涵加以界定并对学界在上述三个领域中所进行的学科交叉研究进行了介绍。研究者是印度研究领域的专家,其对情感的研究参考了2000年前的梵文戏剧理论;该理论区分了八大基本情感:欢乐、悲伤、恐惧、愤怒、厌恶、震惊、爱情和坚毅。这八大基本情感可被分为三类:关键点情感、结果情感和持续情感。研究者以歌舞表演分析为例,阐明了文体在审美过程中的作用。虽然目前文体学与情感和神经科学的交叉学科研究还处于萌芽时期,但这将是一个大有作为的研究领域。详见,55.4(7)。

62. 文体学的哲学基础是什么?

当代著名文体学家英国伯明翰大学英语语言文学教授 Michael Toolan 认为,文体学的核心理论是语法理论,而文体学研究的主要任务是透过文本表现出的表层文体特征,发掘其深层结构特点。在文体学不断成熟的过程中,其理论框架和模型势必不断受到修改和补充,而这正是一门学科的活力所在。详见,54.1(1)。

63. 文体学的理论基础是什么?

现代文体学的理论基础是古典修辞学与诗学、形式主义和结构主义、功能主义、读者反应理论。详见,55.1(1)、(2)、(3)、(4)。

64. 文体学的核心问题是什么?

详见,55.2(1)—(9)。

65. 文体学当前的热点话题是什么?

详见,55.3(1)—(8)。

66. 文体学初露端倪的兴趣点是什么?

详见,55.4(1)—(7)。

Alexander, Jones. 1994. *International Business English Student's Book*. Cambridge University Press.

Allen, G. 2000. *Intertextuality*. London: Routledge.

Argamon, S., Chase, P., Dodick, J. 2005. The Languages of Science: A Corpus-Based Study of Experimental and Historical Science Articles. *XXVII Annual Conference of the Cognitive Science Society*, Italy: 157−162.

Asher, R. E. (ed.) 1994. *The Encyclopedia of Language and Linguistics*. Oxford: Pergamon.

Austin J. L. 1962. *How to Do Things with Words*. London: Oxford University Press.

Bally, C. 1912. le style indirect libre en fransais moderne. In *Germanishch-Romanisch Monatsschrift* 4, 549−556, 597−606.

Bhatia, V. K. 1993. *Analysing Genre: Language Use in Professional Settings*. New York: Longman.

Bhatia, V. 1994. Cognitive Structuring in Legislative Provisions. In John Gibbons (ed.) *Language and the Law*. London: Longman Group UK Limited.

Bakhtin, M.M. 1986. *Speech Genres and Other Late Essays*. C. Emerson and M. Holquist (eds.), V. McGee (trans.) Austin: University of Texas Press.

Barthes, R. 1977. *Image, Music, Text: Essays Selected and Translated by Stephen Heath*. New York: Hill and Wang.

Bauman, R. 2004. *A World of Others' Words: Cross-Cultural Perspectives on Intertextuality*. Oxford: Blackwell.

Beaugrande, R. de. & W. U. Dressler. 1981. *Introduction to Text Linguistics*.

London and New York: Longman.

Bek, S. T. S. 1999. Bakhtin and Halliday: A Case of Misrepresentation. *Dialogism*, 2: 60−86.

Bex, T., M. Burke and P. Stockwell (eds.) 2000. *Contextualized Stylistics: In Honor of Peter Verdonk*. Amsterdam and Atlanta, GA: Rodopi.

Biber, D., Conrad, S., Reppen, R. 1998. *Corpus Linguistics: Investigating Language Structure and Use*. Cambridge: Cambridge University Press

Birch, David. 1989. "Working Effects with Words" — Whose Words? Stylistics and Reader Intertextuality. In R. Carter & P. Simpson (eds.) *Language, Discourse and Literature: An Introductory Reader in Discourse Stylistics*. London: Unwin Hyman.

Birch, D. & M. O'Toole (eds.). 1987. *Functions of Style*. London: Frances Pinter.

Birch, D. 1986. Cunning beneath the Verbs: Demythologising Singapore English Poetry. In P. Hyland (ed.) *Discharging the Canon: Cross Cultural Readings in Literature*. Singapore: Singapore University Press.

Birch, D. 1989. *Language, Literature and Critical Practice*. London and New York: Routledge.

Bloom, H. 1973. *The Anxiety of Influence*. New York: Oxford University Press.

Bradford, Richard. 1997. *Stylistics* (The New Critical Idiom Series). London and New York: Routledge.

Brown, P. and Levinson, S. C. 1987. *Politeness: Some Universals in Language Usage*. Cambridge: Cambridge University Press.

Burrows, J. 2002. The Englishing of Juvenal: Computational Stylistics and Translated Texts. Style 36: 677−699.

Burton, D. 1980. *Dialogue and Discourse: A Sociolinguistic Approach to Modern Drama Dialogue and Naturally Occurring Conversation*. London: Routledge.

Burton, D. 1982. Through Glass Darkly: Through Dark Glasses. In Carter R. (ed.) *Language and Literature: An Introductory Reader in Stylistics*. Allen & Unwin.

Candlin, C. N., Bruton, J., & Leather, J. M. 1976. Doctors in Casualty: Specialist Course Design from a Database. *International Review of Applied Linguistics*, 14, 245−272.

Carter, R. (ed.) 1982. *Language and Literature: An Introductory Reader in Stylistics*. London: Allen & Unwin.

Carter, Ronald & Paul Simpson (eds.) 1989. *Language, Discourse and Literature: An Introductory Reader in Discourse Stylistics*. London: Unwin Hyman.

Chaski, E. C. 2005. Who's at the Keyboard? Authorship Attribution in Digital Evidence Investigations. *International Journal of Digital Evidence* 4 (1): 1-13.

Clark, U. & S. Zyngier. 1998. Women Beware Women: Detective Fiction and Critical Discourse Stylistics. *Language and Literature*, Vol. 7, No. 2, 141-158.

Cotterill, J. 2003. *Language and Power in Court*. Basingstoke: Palgrave Macmillan.

Coupland, N. 1988. Introduction: Towards a Stylistics of Discourse. In N. Coupland (ed.) *Styles of Discourse*. London: Croom Helm.

Crystal, David & Davy, Derek. 1969. *Investigating English Style*. Bloomington: Indiana University Press.

Culler, J. 1983. *On Deconstruction: Theory and Criticism after Structuralism*. London: Routledge.

Culler, J. 1975. *Structuralist Poetics: Structuralism, Linguistics and the Study of Literature*. London and Henley: Routledge & Kegan Paul.

Culpeper, J. 2001. *Language and Characterisation: People in Plays and Other Texts*. Harlow: Longman.

Culpeper, J. & E. Semino. 2000. Constructing Witches and Spells: Speech Acts and Activity Types in Early Modern England. *Journal of Historical Pragmatics*, 1.

Culpeper, J., M. Short & P. Verdonk (eds.) 1998. *Exploring the Language of Drama: From Text to Context*. London: Routledge.

Cummings, M. & R. Simmons. 1983. *The Language of Literature: A Stylistic Introduction to the Study of Literature*. London: Pergamon.

Dawkins, Richard. 2006/1976. *The Selfish Gene*. Oxford: Oxford University Press.

Derrida, J. 1981. *Positions*. (A. Bass, trans.) Chicago: The University of Chicago Press.

Dudley-Evans, T. and St. John, M. 1998. *Developments in English for Specific*

Purposes: A Multi-disciplinary Approach. Cambridge: Cambridge University Press.

Eco, U. 1979. *The Role of the Reader: Explorations in the Semiotics of Texts*. Bloomington and London: Indiana University Press.

Eliot, T. S. 1982. *Tradition and the Individual Talent*. Perspecta. Vol. 19, (1982), pp. 36–42.

Emmott, C. 2000. Book Review: Text Worlds: Representing Conceptual Space in Discourse. *Language and Literature*, 9 (4): 371–377.

Emmott, C. 1997. *Narrative Comprehension: A Discourse Perspective*. Oxford: Clarendon Press.

Fairclough, N. 1992. *Discourse and Social Change*. Cambridge: Polity Press.

Fairclough, N. 1995. *Critical Discourse Analysis: The Critical Study of Language*. London: Longman.

Fauconnier, G. 1985. *Mental Spaces: Aspects of Meaning Construction in Natural Language*. Cambridge, Mass.: The MIT Press.

Fauconnier, G. and Turner, M. 1994. Conceptual Projection and Middle Spaces. Cognitive Science Technical Report 9401 UCSD.

Fish, S. 1973/1996. What Is Stylistics and Why Are They Saying Such Terrible Things about It? In J.J. Weber (ed.) *The Stylistics Reader: From Roman Jakobson to the Present*. London: Arnold.

Fish, S. 1980. *Is There a Text in This Class? The Authority of Interpretive Communities*. Cambridge, Mass.: Harvard University Press.

Foss, Sonja K. & Foss, Karen A. & Trapp, Robert. 1985. *Contemporary Perspective on Rhetoric*. Illinois: Waveland Press, Inc.

Foucault, M. 1972. *The Archaeology of Knowledge and the Discourse on Language*. (A.M.S. Smith, trans.) New York: Pantheon Books.

Fowler, R. 1977/1983. *Linguistics and the Novel*. Methuen.

Fowler, R. 1981. *Literature as Social Discourse*. London: Batsford.

Fowler, R. 1986/1996. *Linguistic Criticism*. Oxford: Oxford University Press.

Fowler, R. 1989. Polyphony in *Hard Times*. In Ronald Carter & Paul Simpson (eds.) *Language, Discourse and Literature: An Introductory Reader in Discourse Stylistics*. London: Allen and Unwin.

Freeman, D. 1996. "According to My Bond": King Lear and Recognition. In J. J. Weber (ed.) *The Stylistics Reader: From Roman*

Jakobson to the Present. London: Arnold.

Frow, J. 1986. *Marxism and Literary History*. Oxford: Basil Blackwell.

Gavins, J. 2000. Absurd Tricks with Bicycle Frames in the Text World of *The Third Policeman*. *Nottingham Linguistic Circular*, 15: 17−33.

Gavins, J. 2001. *Text World Theory: A Critical Exposition and Development in Relation to Absurd Prose Fiction*. Unpublished Ph.D. Thesis, Sheffield Hallam University.

Gavins, J. 2003. Too Much Blague? An Exploration of the Text World of Donald Barthelme's Snow White. In J. Gavins and G. Steen (eds.) *Cognitive Poetics in Practice*. London: Routledge.

Gavins, J. and G. Steen (eds.) 2003. *Cognitive Poetics in Practice*. London: Routledge.

Gavins, J. 2005. The Year's Work in Stylistics 2004. Old Dogs, New Trick. *Languages and Literature* 14(4):398−410.

Gavins, J. 2005. (Re)thinking Modality: A Text-world Perspective. *Journal of Literary Semantics*, 34 (2): 79−93.

Gavins, J. 2007. *Text World Theory: An Introduction*. Edinburgh: Edinburgh University Press.

Genette, G. 1979. *Introduction a l'architexte*. Seuil: Paris.

Gibbons, John 2003. *Forensic Linguistics: An Introduction to Language in the Justice System*. Oxford: Blackwell Publishing.

Gijsel, S., Vogel, C., 2003. Inducing a Cline from Corpora of Political Manifestos. *ACM International Conference Proceedings Series* 49: 297−303.

Gregory, M. J. 1965. Old Barley speech in *A Tale of Two Cities*. In *Review of English Literature* 5: 42−55.

Grice, H. P. 1975. Logic and Conversation. In Cole, P., and Morgan, J., editors, *Syntax and Semantics 3: Speech Acts*, pages 41−58. New York: Academic Press.

Gumperz, J. J. and Hymes. D. 1972. *Directions in Sociolinguistics*. New York: Holt, Rinehart and Winston.

Halliday, M.A.K. 1964. The Linguistic Study of Literary Texts. In H. Lunt (ed.) *Proceedings of the Ninth International Congress of Linguists*. Cambridge, MA. 1962. The Hague: Mouton. Reprinted in M.A.K. Halliday. 2002. *Linguistic Studies of Text and Discourse* (Volume 2 in the *Collected Works of M.A.K. Halliday* edited by J. Webster). London and

New York: Continuum.

Halliday, M.A.K. 1971. Linguistic Function and Literary Style: An Inquiry into William Golding's *The Inheritors*. In S. Chatman (ed.) *Literary Style: A Symposium*. London and New York: Oxford University Press.

Halliday, M.A.K. 1973. *Explorations in the Functions of Language*. London: Arnold.

Halliday, M.A.K. 1978. *Language as Social Semiotic: The Social Interpretation of Language and Meaning*. London: Arnold.

Halliday, M.A.K. 1987a. Foreword. In D. Birch & M. O'Toole (eds.) *Functions of Style*. London: Frances Pinter.

Halliday, M.A.K. 1987b. Poetry as Scientific Discourse: The Nuclear Sections of Tennyson's "In Memoriam". In D. Birch & M. O'Toole (eds.) *Functions of Style*. London: Frances Pinter.

Halliday, M.A.K. & Hasan, R. 1976. *Cohesion in English*. London: Longman Group Limited.

Halliday, M.A.K. & R. Hasan. 1985. *Language, Context, and Text: Aspects of Language in a Social-Semiotic Perspective*. Victoria: Deakin University Press.

Hennings, Dorothy Grant. 1990. *Communication in Action: Teaching the Language Arts*. Boston: Houghton Mifflin Company.

Hickey, L. 1989. *The Pragmatics of Style*. London: Routledge.

Hirst, G., Budanitsky, A. 2001. Lexical Chains and Semantic Distance. *Eurolan 2001*, Lasi, Romania: 1−19.

Hoover, L.D. 2001. Statistical Stylistics and Authorship Attribution: An Empirical Investigation. *Literary and Linguistic Computing* 16(4): 89−101.

Hoover, L.D. 2002. Frequent Word Sequences and Statistical Stylistics. *Literary and Linguistic Computing* 17(2): 35−42.

Hoover, L.D. 2003. Frequent Collocations and Authorial Style. *Literary and Linguistic Computing* 18(4):45−56.

Hoover, L.D. 2003. Multivariate Analysis and the Study of Style Variation. *Literary and Linguistic Computing* 18(4):65−79.

Hoover, L.D. 2004. Delta Prime. *Literary and Linguistic Computing* 19(4): 11−19.

Hoover, L.D. 2004. Testing Burrow's Delta. *Literary and Linguistic*

Computing 19(4): 67-76.

Hutcheon, L. 1988. *A Poetics of Postmodernism: History, Theory, Fiction*. London: Routledge.

Hutchinson, T. and Waters, A. 2002. *English for Specific Purposes: A Learner-centered Approach*. Shanghai: Shanghai Foreign Language Education Press.

Hymes, D. 1964. Towards Ethnographies of Communication. In Gumperz, J. J. and Hymes D. (eds). *The Ethnographies of Communication*. American Anthropologist, 1966/6: 1-34.

Jakobson, R. 1960. Linguistics and Poetics. In T. A. Sebeok (ed.) *Style in Language*. Cambridge, Mass.: MIT Press.

Jakobson, R. 1987. *Language in Literature*. Cambridge: Harvard University Press.

Joos, Martin. 1961. Linguistic Prospects in the United States. www3.interscience.wiley.com.

Kennedy, C. 1982. Systemic Grammar and Its Uses in Literary Analysis. In R. Carter (ed.) *Language and Literature: An Introductory Reader in Stylistics*. London: Allen & Unwin.

Kingston, & Stalker. 2006. *Forensic Stylistics in an Online World*, Routledge, part of the Taylor & Francis Group.

Kress, G. 1988. Textual Matters: The Social Effectiveness of Style. In D. Birch & M. O'Toole (eds.) *Functions of Style*. London: Pinter.127-41.

Kress, G. & T. Threadgold. 1988. Towards a Social Theory of Genre. *Southern Review* 21, 215-43.

Kristeva, J. 1969. *Semiotike: recherché pour une semanalyse*. Seuil: Paris.

Kristeva, J. 1974/1984. *Revolution in Poetic Language*. (M. Waller, trans.) New York: Columbia University Press.

Kristeva, J. 1986. *The Kristeva Reader* (Toril Moi, ed.). Oxford: Blackwell.

Kuhn, T. S. 1996. *The Structure of Scientific Revolutions* (Third Edition). Chicago and London: The University of Chicago Press.

Lakoff, G. & M. Johnson. 1980. *Metaphors We Live By*. Chicago: Chicago University Press.

Landow, G. P. 1992. *Hypertext: The Convergence of Contemporary Critical Theory and Technology*. Baltimore and London: Hopkins University Press.

Leech, G. N. 1969. *A Linguistic Guide to English Poetry*. London: Longman.

Leech, G. & M. Short. 1981. *Style in Fiction: A Linguistic Introduction to English Fictional Prose*. London: Longman.

Leitch, V. B. 1983. *Deconstructive Criticism: An Advanced Introduction*. New York: Columbia University Press.

Lemke, J. 2004. Intertextuality and Educational Research. In N. Shuart-Faris & D. Bloome (eds.) *Uses of Intertextuality in Classroom and Educational Research*. Connecticut: Information Age Publishing.

Lemke, J. 1988. Discourse in Conflict: Heteroglossia and Text Semantics. In J. D. Benson & W. S. Greaves (eds.) *Systemic Functional Approaches to Discourse*. Norwood, NJ: Ablex. 29-50.

Lemke, J.L. 1985. Ideology, Intertextuality, and the Notion of Register. In J.D. Benson and W.S. Greaves (eds.) *Systemic Perspectives on Discourse, Vol 1: Selected Theoretical Papers from the 9th International Systemic Workshop*. Norwood, NJ: Ablex (Advances in Discourse Processes 15).

Levi, J. & A. Walker. 1990. *Language in the Judicial Process*. NY: Plenum Press.

Magnusson, L. 1999. *Shakespeare and Social Dialogue: Dramatic Language and Elizabethan Letters*. Cambridge: Cambridge University Press.

Mannion, D., Dixon, P. 2004. Sentence-Length and Authorship Attribution: The case of Oliver Goldsmith. *Literary and Linguistic Computing* 19(4): 497-508.

McHale, B. 1978. Free Indirect Discourse: A Survey of Recent Accounts. *Poetics and Theory of Literature* 3: 249-287.

Milic, L. 1991. Progress in Stylistics: Theory, Statistics, Computers. *Computers and the Humanities* 25: 393-400.

Mellinkoff, David 1963. *The Language of the Law*. Boston: Little Brown.

Miller, J.H. 1982. *Fiction and Repetition*. Oxford: Basil Blackwell.

Mills, S. 1995. *Feminist Stylistics*. London and New York: Routledge.

Mills, S. 1996. Knowing Your Place: A Marxist Feminist Stylistic Analysis. In J. J. Weber (ed.) *The Stylistics Reader: From Roman Jakobson to the Present*. London: Arnold.

Morris, J., Hirst, G. 1991. Lexical Cohesion, the Thesaurus, and the Structure of Text. *Computational Linguistics* 17(1): 21-48.

Mosteller, F., Wallace, D. 1964. Inference and Disputed Authorship: The Federalist. Cambridge: Addison-Wesley.

Mukarovsky, J. 1977. *The Word and Verbal Art: Selected Essays* (J. Burbank & P. Steiner, eds. And trans.). New Haven, CT: Yale University Press.

Munby, J. 1978. *Communicative Syllabus Design*. Cambridge: Cambridge University Press.

Muniandy, A. V. A. 2003. Electronic-Discourse (E-discourse): Spoken, Written or a New Hybrid? Prospect, 17/3.

O'Barr, William M. 1982. *Linguistic Evidence — Language, Power, and Strategy in the Courtroom*. San Diego: Academic Press.

Ohmann, R. 1971. Speech Acts and the Definition of Literature, *Philosophy and Rhetoric*. 4: 1-19.

Pratt, M. 1977. *Towards a Speech Act Theory of Literary Discourse*. Bloomington: Indiana University Press.

Pratt, M.L. 1996. Ideology and Speech-Act Theory. In J. J. Weber (ed.) *The Stylistics Reader: From Roman Jakobson to the Present*. London: Arnold.

Prince, G. 1987. *A Dictionary of Narratology*. Lincoln & London: University of Nebraska Press.

Ransom, J. 1941. *The New Criticism*. London: Longman.

Radden, G. and Kovecses. Z. 1999. Towards a Theory of Metonymy. In Panter., K and Radden, G. (eds.) *Metonymy in Language and Thought*. 17-59. Amsterdam/ Philadelphia: Benjamin.

Richards, I.A. 1929. *Practical Criticism*. London: Routledge and Paul.

Riffaterre, M. 1984. *Semiotics of Poetry*. Bloomington: Indiana University Press.

Rudanko, J. 1993. *Pragmatic Approaches to Shakespeare*. Maryland: University Press of America.

Ryan, M. L. 1991. *Possible Worlds, Artificial Intelligence and Narrative Theory*. Bloomington and Indianapolis, IN: Indiana University Press.

Sacks, H., Schegloff, A., & Jefferson, G. 1974. A Simplest Systematics for the Organization of Turn-taking in Conversation. *Language*, 150 (4): 596-735.

Schiffrin, D. 1994. *Approaches to Discourse*. Oxford: Blackwell.

Scholes, R. et al. 1988. *Text Book: An Introduction to Literary Language*. New York: St. Martin's Press.

Schreibman, S., Siemensn, R., Unsworth, J. 2004. *A Companion to Digital Humanities*. Boston: Blackwell Publishing.

Searle, J. R. 1969. *Speech Acts: An Essay in the Philosophy of Language*. Cambridge: Cambridge University Press.

Sell, R. D. (ed.) 1991. *Literary Pragmatics*. London: Routledge.

Semino, E. & J. Culpeper (eds.) 2002. *Cognitive Stylistics: Language and Cognition in Text Analysis*. Amsterdam: John Benjamins.

Semino, E., Short, M. 2004. *Corpus Stylistics: Speech, Writing and Thought Presentation in a Corpus of English Writing*. New York: Routledge.

Short, M. H. 1984. *Speech Presentation, the Novel and the Press*. Mimeo: AILA conference, Brussels.

Short, M. 1989. Discourse Analysis and the Analysis of Drama. In Ronald Carter, & Paul Simpson (eds.) *Language, Discourse and Literature: An Introductory Reader in Discourse Stylistics*. London: Unwin Hyman.

Short, M. 1996. *Exploring the Language of Poems, Plays and Prose*. London: Longman.

Shuy, R. 1993. *Language Crimes*. Oxford: Blackwell.

Shuy, R. 1996. *Bureaucratic Language in Government and Business*. Washington, DC: Georgetown University Press.

Shuy, R. 1998. *The Language of Confession, Interrogation, and Deception*. Thousand Oaks, CA: Sage.

Shuy, R. 2002. *Linguistic Battles in Trademark Disputes*. NY: Palgrave Macmillan.

Simpson, P. 1989. Politeness Phenomena in Ionesco's *The Lesson*. In Ronald Carter, & Paul Simpson (eds.) *Language, Discourse and Literature: An Introductory Reader in Discourse Stylistics*. London: Unwin Hyman.

Simpson, P. 1993. *Language, Ideology and Point of View*. London and New York: Routledge.

Simpson, P. & G. Hall. 2002. Discourse Analysis and Stylistics. *Annual Review of Applied Linguistics*, 22, 136−149.

Sinclair, J. M. and Coulthard, M. 1975. *Towards an Analysis of Discourse: The English Used by Teachers and Pupils*. Oxford: Oxford University Press.

Sperber, D. & D. Wilson. 1986. *Relevance: Communication and Cognition*. Oxford: Blackwell.
Spitzer, L. 1948. *Linguistics and Literary History*. Princeton: Princeton University Press.
Stockwell, P. 2002. *Cognitive Poetics: An Introduction*. London and New York: Routledge.
Swales, J. 1971. *Writing Scientific English*. London: Thomas Nelson and Sons Ltd.
Swales, J. M. 1990. *Genre Analysis: English in Academic and Research Settings*. Cambridge: Cambridge University Press.
Taylor, T. J. and Toolan M. 1984. Recent Trends in Stylistics, *Journal of Literary Semantics* 13: 57-79.
Thibault, P.J. 1986. Thematic System Analysis and the Construction of Knowledge and Belief in Discourse: The Headlines in Two Italian Newspaper Texts. In P.J. Thibault. *Text, Discourse, and Context: A Social Semiotic Perspective*. Toronto: Victoria University (Toronto Semiotic Circle Monographs, Working Papers and Prepublications 3). 44-91.
Thibault, P.J. 1988. Knowing What You're Told by the Agony Aunts: Language Function, Gender Difference and the Structure of Knowledge and Belief in the Personal Columns. In D. Birch & M. O'Toole (eds.) *Functions of Style*. London: Frances Pinter. 205-33.
Thibault, P. J. 1989. Semantic Variation, Social Heteroglossia, Intertextuality: Thematic and Axiological Meaning in Spoken Discourse. *Critical Studies* 1: 181-209.
Thibault, P.J. 1991. *Social Semiotics as Praxis*. University of Minnesota Press.
Thibault, P.J. 1994. Intertextuality. In R.E. Asher (ed.) *The Encyclopedia of Language and Linguistics*. Oxford: Pergamon, 1751-1754.
Thornborrw, J. and S. Wareing. 1998/2000. *Patterns in Language: An Introduction to Language and Literary Style*. Beijing: Routledge/ Foreign Language Teaching and Research Press.
Threadgold, T. 1988. Stories of Race and Gender: An Unbounded Discourse. In D. Birch & M. O'Toole (eds.) *Functions of Style*. London: Frances Pinter.169-204.
Tiersma, P. 1999. *Legal Language*. Chicago: The University of Chicago

Press.

Toolan, M. 1989. Analysing Conversation in Fiction: An Example from Joyce's Portrait. In Ronald Carter, & Paul Simpson (eds.) *Language, Discourse and Literature: An Introductory Reader in Discourse Stylistics*. London: Unwin Hyman.

Toolan, M. 1990. *The Stylistics of Fiction*. London: Routledge.

Toolan, M. (ed.) 1992. *Language, Text and Context: Essays in Stylistics*. London: Routledge.

Toolan, M. 1996. *Language in Literature: An Introduction to Stylistics*. Hodder Arnold.

Toolan, M. 2000. Quasi-transcriptional Speech: A Compensatory Spokenness in Anglo-Irish Literary Fiction. In T. Bex, M. Burke and P. Stockwell (eds.) *Contextualized Stylistics: In Honor of Peter Verdonk*. Amsterdam and Atlanta, GA: Rodopi.

Trimble, L. 1985. *English for Science and Technology: A Discourse Approach*. Cambridge: Cambridge University Press.

Van Dijk, T. A. 1976. *Pragmatics of Language and Literature*. Amsterdam: North-Holland Publishing Company.

Verdonk, P. & J.J. Weber (eds.) 1995. *Twentieth-Century Fiction: From Text to Context*. London and New York: Routledge.

Wales, Katie. 1989/2001/2011. *A Dictionary of Stylistics*. Longman.

Weber, Jean Jacques. 1992. *Critical Analysis of Fiction: Essays in Discourse Stylistics*. Amsterdam-Atalanta, GA: Rodopi, B.V.

Weber, J.J. 1996. Towards Contextualized Stylistics: An Overview. In J.J. Weber (ed.) *The Stylistics Reader: From Roman Jakobson to the Present*. London: Arnold.

Weber, J.J. (ed.) 1996. *The Stylistics Reader: From Roman Jakobson to the Present*. London: Arnold.

Werth, P. 1999. *Text Worlds: Representing Conceptual Space in Discourse*. London: Longman.

Whitelaw, C., Argamon, S. 2004. *Systemic Functional Features in Stylistic Text Classification*. University of Sydney, Australia: casey@it.usyd.edu.au.

Widdowson, H. G. 1975. *Stylistics and the Teaching of Literature*. The Hague: Mouton.

Widdowson, H. G. 1992. *Practical Stylistics*. Oxford: Oxford University Press.

Wolfreys, J. 2004. *Critical Keywords in Literary and Cultural Theory*. New York: Palgrave.

Worton, M. & J. Still (eds.) 1990. *Intertextuality: Theories and Practice*. Manchester: Manchester University Press.

Xiao Zhonghua, McEnery, A. 2005. Two Approaches to Genre Analysis: Three Genres in Modern American English. *Journal of English Linguistics* 33(1): 62—82.

Zeiger, A. 1978. *Encyclopedia of English*, Arco Publishing Company, Inc.

巴赫金. 1998. 周边集. 石家庄:河北教育出版社.

巴赫金. 1998. 巴赫金全集(共六卷). 石家庄:河北教育出版社.

北京. 2005. 2008年第29届奥运会吉祥物：福娃. 人民网. 11. 11.

苏珊·布莱克莫尔著. 2001. 谜米机器. 高申春等译. 长春:吉林人民出版社.

布正伟. 2001. 建筑语言的基本语法规则(下). 新建筑. (2).

肯尼斯·博克等. 1994. 当代西方修辞学:演讲与话语批判(常昌富,顾宝桐译). 北京:社会科学出版社.

陈霖. 1997. 新闻学概论. 苏州:苏州大学出版社.

陈明瑶,卢彩虹. 2006. 新闻英语语体与翻译研究. 北京:国防工业出版社.

陈汝东. 1996. 社会心理修辞学导论. 北京:北京大学出版社.

陈汝东. 1997. 论汉民族先秦时期的言语道德思想. 语文建设. (6).

陈汝东. 2002. 也谈新闻标题中的复用方法. 修辞学习. (6).

陈汝东. 2004. 当代汉语修辞学. 北京:北京大学出版社.

陈汝东. 2004. 论修辞研究的传播学视角. 湖北师范学院学报. (2).

陈汝东. 2004. 新闻中谐音现象的传播价值. 新闻与写作. (5).

陈汝东. 2005. 论修辞的视觉效果. 修辞学论文集.

陈汝东. 2007. 东西方古典修辞学思想比较——从孔子到亚里士多德. 江汉大学学报. (1).

陈汝东. 2007. 数字语音迷信的民族差异比较及其传播修辞价值. 修辞学研究. 7(6).

陈汝东. 2011. 新兴修辞传播学理论. 北京:北京大学出版社.

陈望道. 1979. 修辞学发凡. 上海：上海外语教育出版社。

程晓堂. 2002. 关于及物性系统中关系过程的两点存疑. 现代外语.

(3).

丁往道. 1994. 英语写作手册. 北京：外语教学与研究出版社.

杜金榜. 2000. 从目前的研究看法律语言学学科体系的构建. 现代外语. (2).

杜金榜. 2001. 从法律语言的模糊性到司法结果的确定性. 现代外语. (3).

杜金榜. 2002. 法律语言心理学的定位及研究状况, 现代外语. (1).

杜金榜, 张新红主编. 2002. 法律英语核心教程. 对外经贸大学出版社.

杜金榜. 2004. 法律语言学. 上海外语教育出版社.

樊启青. 2008. "RHETORIC"与演讲论辩修辞定义探微. 浙江万里学院学报. (4).

封宗信. 2000. 论生成文体学的功能主义思想. 外语与外语教学. (1).

封宗信. 2002. 文学语篇的语用文体学研究. 北京:清华大学出版社.

傅克诚. 1993. 矶崎新的作品及其创作特色. 世界建筑. (1).

富勒, 杰克著. 1999. 信息时代的新闻价值观. 展江译. 北京：新华出版社.

龚毓秀. 1985. 法语文体学回顾. 现代外语. (4).

桂诗春, 宁春岩. 2002. 语言学方法论. 北京：外语教学与研究出版社.

顾曰国. 1990. 西方古典修辞学和西方新修辞学. 外语教学与研究. (2).

关肇邺. 1989. 巴黎国庆工程评述. 世界建筑. (5).

韩礼德. 2007. 语篇和话语的语言学研究. 北京:北京大学出版社.

何安平. 2004. 语料库语言学与英语教学. 北京：外语教学与研究出版社.

胡成花, 陈汝东. 2008. 东西方修辞学传统的历时比较与思考. 修辞学习. (5).

胡曙中. 1999. 美国新修辞学研究. 上海：上海外语教育出版社.

胡壮麟. 1996. 我国文体学研究现状. 中国语言学现状与展望. 许嘉璐, 王福祥, 刘润清.北京：外语教学与研究出版社.

胡壮麟.2000. 理论文体学. 北京:外语教学与研究出版社.

胡壮麟. 2001. 功能主义的文体观, 外语与外语教学. (1).

胡壮麟. 2007. 语言学教程(第三版). 北京;北京大学出版社.

胡壮麟, 刘世生. 2003.文体学研究在中国的进展. 山东师大外国语学院学报.(3).

胡壮麟, 刘世生. 2004. 西方文体学辞典. 北京:清华大学出版社.

黄长著等译,1981.语言与语言学词典.上海辞书出版社.
黄国文.2001a.功能语篇分析纵横谈.外语与外语教学.(12).
黄国文.2001b.语篇分析的理论与实践.上海:上海外语教育出版社.
黄国文.2002.功能语篇分析面面观.国外外国语教学.(4).
黄国文.2005.电子语篇的特点.外语与外语教学.(12).
黄任.1996.英语修辞与写作.上海:上海外语教育出版社.
纪丰.1998.国际商品定价禁忌.北京物价.(6).
加布里埃尔·塔尔德著.2008/1890.模仿律.何道宽译.北京:中国人民大学出版社.
蒋磊.2007.国际商务英语函电.北京:北京大学出版社.
靳光谨编译.2003.计算语言学视窗.北京:北京广播学院出版社.
金明哲.2002.日本的定量文体研究的现状.中国修辞学年会,昆明.
金明哲.2003.中文文章的作者识别.第二届中国社会语言学国际学术研讨会暨中国社会语言学会成立大会.澳门.
金振邦.2008.新媒介视野中的网络文学.长春:东北大学师范出版社.
孔庆东.2007.博客:当代文学的新文体.文艺争鸣.(4)
兰色姆.1941.新批评.王腊宝,张哲译.南京:江苏教育出版社,2006.11.
李华东.2008.戏剧舞台指令的语用文体研究.北京:科学出版社.
李华东、栾述文.2000.ESP语言分析的三种方法.山东师大外国语学报.
李良荣.1997.西方新闻事业概论.上海:复旦大学出版社.
李太志.2006.商务英语言语修辞艺术.北京:国防工业出版社.
李卫华.2006.价值评判与文本细读:"新批评"之文学批评理论研究.北京:中国社会科学出版社.
李先进.1999.精读课的教学与语篇分析能力的培养.云梦学刊.
李悦.2007.试论文体学理论在大学英语教学中的应用.济南职业学院学报.
廖瑛.2004.国际商务英语语言与翻译研究.北京:机械工业出版社.
梁晓晖,刘世生.2009.关于文本世界的界定标准.中国外语(6).
刘飞.2007.博客文体初探.出版科学.(2).
刘世生.1994.系统功能理论对现代文体学的影响.外国语.(1).
刘世生.1998.西方文体学论纲.济南:山东教育出版社.
刘世生.2002.文学文体学:理论与方法,外语教学与研究.(3).
刘世生,朱瑞青.2006/2011.文体学概论.北京:北京大学出版社.

刘蔚铭. 2003. 法律语言学研究. 中国经济出版社.
刘向, 向宗香(校证). 1987. 说苑·善说. 北京: 中华书局.
刘勰. 1995. 文心雕龙译注. 齐鲁书社.
罗永义, 关金永. 2005. 体育概念小议. 体育文化导刊. (2).
吕煦. 2003. 实用英语修辞. 北京: 清华大学出版社.
苗力田(主编). 1994. 亚里士多德全集. 北京: 中国人民大学出版社.
倪宝元. 2001. 修辞手法与广告语言. 杭州: 浙江教育出版社.
欧阳友权. 2008. 网络文学概论. 北京: 北京大学出版社.
潘绍嶂. 英语修辞与写作. 1998. 上海: 上海交通大学出版社.
祁寿华. 2005. 英语演讲艺术. 上海: 上海外语教育出版社.
钱敏汝. 2001. 篇章语用学概论. 北京: 外语教学与研究出版社.
秦秀白. 2001. 英语语体和文体要略. 上海: 上海外语教育出版社.
热拉尔·热奈特. 2001. 热奈特论文集(史忠义译). 天津: 百花文艺出版社.
蒂费纳·萨莫瓦约. 2003. 互文性研究(邵炜译). 天津: 天津人民出版社.
申丹. 1997. 有关功能文体学的几点思考. 外国语. (5).
申丹. 1998. 两个最年轻的当代文体学派别评价. 外语与外语教学. (2).
申丹. 1998. 叙事学与小说文体学研究. 北京: 北京大学出版社.
申丹. 2000. 西方现代文体学百年发展历程. 外语教学与研究. (1).
申丹. 2002. 功能文体学再思考. 外语教学与研究. (3).
申丹. 2008. 再谈西方当代文体学流派的区分. 外语教学与研究. (4).
申丹. 2014. 文体学研究的新进展. 外语教学与研究. (2).
沈家煊. 1993. 句法的象似性问题. 外语教学与研究. (1).
沈约. 1963. 谢灵运传论. 古代汉语. 中华书局.
束定芳. 1999. 现代外语教学. 上海: 上海外语教育出版社.
宋德文. 2006. 国际贸易英文合同文体与翻译研究. 北京: 北京大学出版社.
童佩智. 1995. 巴依的法语文体论. 外语教学与研究. (4).
万长兰, 唐浩. 1987. 英语文体学与修辞学浅说. 信阳师范学院学报. (1).
王洁. 1996. 法律语言学教程. 法律出版社.
王洁. 1999. 法律语言研究. 广东教育出版社.
王珂. 2001. 诗歌文体学导论. 哈尔滨: 北方文艺出版社.

王建新. 2005. 计算机语料库的建设与应用. 北京：清华大学出版社.
王文融. 1984. 从修辞学到文体学. 法国研究. (1).
王兴孙. 1997. 对国际商务英语学科发展的探讨. 商务英语教学探索. 上海：上海交通大学出版社.
王寅. 1999. Iconicity 的译名与定义. 中国翻译. (2).
王守元. 1996. 文体学词典. 济南：山东教育出版社.
王佐良. 1982. 英语文体学论文集, 外语教学与研究出版社.
王佐良, 丁往道. 1987. 英语文体学引论. 北京：外语教学与研究出版社.
吴安萍, 胡红霞. 2004. 文体学与英语教学. 宁波职业技术学院学报. (3).
吴焕加. 1998. 关于美国建筑师盖里. 世界建筑. (3).
吴伟平. 1994. 法律语言学：会议、机构与刊物. 国外语言学. (2).
吴伟平. 2002(a), 法律语言学的研究方法, 当代语言学. (1).
吴伟平. 2002(b), 语言与法律, 上海外语教育出版社.
吴耀东. 1995. 后现代主义时代的日本建筑. 世界建筑. (4).
熊飞. 2006. 从文体学角度来看英语教学. 广西大学学报.
徐建华. 1998. 新闻标题中的移脱格. 修辞学习. (4).
亚里士多德著, 罗念生（译）. 1991. 修辞学. 北京：生活·读书·新知三联书店.
杨伯峻（编著）. 1981. 左传·襄公二十四年. 北京：中华书局.
杨惠中. 2002. 语料库语言学导论. 上海：上海外语教育出版社.
杨荣. 2005. 试论英语写作与英语修辞. 文化教育.
虞朋, 布正伟. 2002. 关于现代建筑语言中的修辞. 世界建筑. (12).
虞秋玲. 2001. 英汉对比修辞研究与英语作文教学. 福建外语. (2).
俞士汶等. 2003. 计算语言学概论. 北京：商务印书馆.
喻中. 2004. 法律文化视野中的权力. 济南：山东人民出版社.
章夫, 郑家治. 1993. 中国：大拍卖的潮声. 读者文摘. (8).
张德禄. 1998. 功能文体学. 济南：山东教育出版社.
张德禄. 2005. 语言的功能与文体. 北京：高等教育出版社.
张德禄, 苗兴伟, 李学宁. 2005. 功能语言学与外语教学. 北京：外语教学与研究出版社.
张健. 2006. 新闻英语文体与范文评析（第二版）. 上海：上海外语教育出版社.
张健. 1998. 新闻英语语体. 上海：上海外语教育出版社.
张新红. 2000. 汉语立法语篇的言语行为分析, 现代外语. (3).

张新红. 2001. 文本类型与法律文本. 现代外语. (2).
赵一凡等主编, 2006, 西方文论关键词. 北京:外语教学与研究出版社.
赵毅衡. 1986. 新批评:一种独特的形式主义文论. 北京:中国社会科学出版社.
周俏春. 2003. 成都电话号码"88888888"拍出233万元天价. 新华网. 8.18.
周学艺. 2003. 英美报刊导读. 北京:北京大学出版社.
朱伊革. 2008. 英语新闻的语言特点与翻译. 上海:上海交通大学出版社.

什么是文体学

术语汇览

Advertising stylistics	广告文体学
Advertising rhetoric	广告修辞学
Architectural rhetoric	建筑修辞学
Business English	商务英语
Cognitive literary studies	认知文学研究
Cognitive poetics	认知诗学
Cognitive stylistics	认知文体学
Comparative rhetoric	比较修辞学
Computational stylistics	计算文体学
Communication rhetoric	传播修辞学
Conceptual blending	概念整合
Conceptual metaphor	概念隐喻
Contextualizedstylistics	语境文体学
Deviation	偏离/变异
Discourse Analysis	语篇分析
Discourse stylistics	语篇文体学
Electronic discourse	电子语篇
Emotional, neurological stylistics	情感、神经文体学
English for specific purposes	特殊用途英语
English for science and technology	科技英语
Foregrounding	前景化/突出
Forensic stylistics	法律文体学
Formal stylistics	形式文体学
Functional stylistics	功能文体学
Historical stylistics	历史文体学
Intertextuality	互文性

Linguistic stylistics	语言文体学
Linguistics	语言学
Literary criticism	文学批评
Literary stylistics	文学文体学
Literature	文学
Multimodal stylistics	多模态文体学
Net literature	网络文学
New Criticism	新批评
New media stylistics	新媒体文体学
News English	新闻英语
Pedagogical stylistics	教学文体学
Philosophy	哲学
Phonological stylistics	语音文体学
Poetics	诗学
Political stylistics	政治文体学
Pragmatic stylistics	语用文体学
Religious rhetoric	宗教修辞学
Rhetorical ethics	修辞伦理学
Rhetoric	修辞学
Rhetoric (figure of speech, trope)	修辞
Sight rhetoric	视觉修辞学
Speech	演讲,引语
Speech Act	言语行为
Sports English	体育英语
Style	文体
Stylistics	文体学
Stylistic analysis	文体学分析
Stylistics of drama	戏剧文体学
Stylistics of fiction	小说文体学
Stylistics of poetry	诗歌文体学
Text World Theory	文本世界理论
Thought	思想
Translation	翻译
Writing	写作

推荐书目

英文部分

Asher, R. E. (ed.) 1994. *The Encyclopedia of Language and Linguistics*. Oxford: Pergamon.

Bex, T., M. Burke & P. Stockwell (eds.) 2000. *Contextualized Stylistics: In Honor of Peter Verdonk*. Amsterdam and Atlanta, GA: Rodopi.

Birch, D. & M. O'Toole (eds.). 1987. *Functions of Style*. London: Frances Pinter.

Birch, D. 1989. *Language, Literature and Critical Practice*. London and New York: Routledge.

Bradford, R. 1997. *Stylistics* (The New Critical Idiom Series). London and New York: Routledge.

Burke, M. (ed.) 2014. *The Routledge Handbook of Stylistics*. London and New York: Routledge.

Carter, R. (ed.) 1982. *Language and Literature: An Introductory Reader in Stylistics*. London: Allen & Unwin.

Carter, R. & P. Simpson (eds.) 1989. *Language, Discourse and Literature: An Introductory Reader in Discourse Stylistics*. London: Unwin Hyman.

Crystal, D. & D. Davy. 1969. *Investigating English Style*. Bloomington: Indiana University Press.

Culler, J. 1975. *Structuralist Poetics: Structuralism, Linguistics and the Study of Literature*. London and Henley: Routledge & Kegan Paul.

Culpeper, J., M. Short & P. Verdonk (eds.) 1998. *Exploring the Language of Drama: From Text to Context*. London: Routledge.

Cummings, M. & R. Simmons. 1983. *The Language of Literature: A Stylistic Introduction to the Study of Literature*. London: Pergamon.

Fairclough, N. 1995. *Critical Discourse Analysis: The Critical Study of Language*. London: Longman.

Fish, S. 1980. *Is There a Text in This Class? The Authority of Interpretive Communities*. Cambridge, Mass.: Harvard University Press.

Fowler, R. 1977/1983. *Linguistics and the Novel*. London: Methuen.

Fowler, R. 1981. *Literature as Social Discourse*. London: Batsford.

Fowler, R. 1986/1996. *Linguistic Criticism*. Oxford: Oxford University Press.

Gavins, J. 2007. *Text World Theory: An Introduction*. Edinburgh: Edinburgh University Press.

Gavins, J. & G. Steen (eds.) 2003. *Cognitive Poetics in Practice*. London: Routledge.

Gibbons, J. 2003. *Forensic Linguistics: An Introduction to Language in the Justice System*. Oxford: Blackwell Publishing.

Halliday, M.A.K. 1973. *Explorations in the Functions of Language*. London: Arnold.

Halliday, M.A.K. 1978. *Language as Social Semiotic: The Social Interpretation of Language and Meaning*. London: Arnold.

Halliday, M. A. K. & Hasan, R. 1976. *Cohesion in English*. London: Longman Group Limited.

Halliday, M.A.K. & R. Hasan. 1985. *Language, Context, and Text: Aspects of Language in a Social-Semiotic Perspective*. Victoria: Deakin University Press.

Hickey, L. 1989. *The Pragmatics of Style*. London: Routledge.

Hoover, L.D. 2001. Statistical Stylistics and Authorship Attribution: An Empirical Investigation. *Literary and Linguistic Computing* 16(4): 89 – 101

Jakobson, R. 1987. *Language in Literature*. Cambridge: Harvard University Press.

Lakoff, G. & M. Johnson. 1980/2003. *Metaphors We Live By*. Chicago: Chicago University Press.

Leech, G. N. 1969. *A Linguistic Guide to English Poetry*. London: Longman.

Leech, G. & M. Short. 1981. *Style in Fiction: A Linguistic Introduction to English Fictional Prose*. London: Longman.

Milic, L. 1991. Progress in Stylistics: Theory, Statistics, Computers.

Computers and the Humanities 25: 393-400.

Mills, S. 1995. *Feminist Stylistics*. London and New York: Routledge.

Ransom, J. 1941. *The New Criticism*. London: Longman.

Richards, I.A. 1929. *Practical Criticism*. London: Routledge and Paul.

Riffaterre, M. 1984. *Semiotics of Poetry*. Bloomington: Indiana University Press.

Schiffrin, D. 1994. *Approaches to Discourse*. Oxford: Blackwell.

Scholes, R. et al. 1988. *Text Book: An Introduction to Literary Language*. New York: St. Martin's Press.

Searle, J.R. 1969. *Speech Acts: An Essay in the Philosophy of Language*. Cambridge: Cambridge University Press.

Sell, R. D. (ed.) 1991. *Literary Pragmatics*. London: Routledge.

Semino, E. & J. Culpeper (eds.) 2002. *Cognitive Stylistics: Language and Cognition in Text Analysis*. Amsterdam: John Benjamins.

Semino, E. & M. Short. 2004. *Corpus Stylistics: Speech, Writing and Thought Presentation in a Corpus of English Writing*. New York: Routledge.

Short, M. 1996. *Exploring the Language of Poems, Plays and Prose*. London: Longman.

Simpson, P. 1993. *Language, Ideology and Point of View*. London and New York: Routledge.

Simpson, P. & G. Hall. 2002. Discourse Analysis and Stylistics. *Annual Review of Applied Linguistics*, 22, 136-149.

Spitzer, L. 1948. *Linguistics and Literary History*. Princeton: Princeton University Press.

Stockwell, P. 2002. *Cognitive Poetics: An Introduction*. London and New York: Routledge.

Stockwell, P. & S. Whiteley. 2014. *The Cambridge Handbook of Stylistics*. Cambridge: Cambridge University Press.

Swales, J. M. 1990. *Genre Analysis: English in Academic and Research Settings*. Cambridge: Cambridge University Press.

Taylor, T.J. & M. Toolan. 1984. Recent Trends in Stylistics, *Journal of Literary Semantics* 13: 57-79.

Thornborrw, J. & S. Wareing. 1998/2000. *Patterns in Language: An Introduction to Language and Literary Style*. Beijing: Routledge/ Foreign Language Teaching and Research Press.

Toolan, M. 1990. *The Stylistics of Fiction*. London: Routledge.
Toolan, M. (ed.) 1992. *Language, Text and Context: Essays in Stylistics*. London: Routledge.
Toolan, M. 1996. *Language in Literature: An Introduction to Stylistics*. Hodder Arnold.
Verdonk, P. & J.J. Weber (eds.) 1995. *Twentieth-Century Fiction: From Text to Context*. London and New York: Routledge.
Wales, K. 1989/2001/2011. *A Dictionary of Stylistics*. New York: Longman.
Weber, J. J. 1992. *Critical Analysis of Fiction: Essays in Discourse Stylistics*. Amsterdam/Atalanta, GA: Rodopi, B.V.
Weber, J.J. (ed.) 1996. *The Stylistics Reader: From Roman Jakobson to the Present*. London: Arnold.
Werth, P. 1999. *Text Worlds: Representing Conceptual Space in Discourse*. London: Longman.
Widdowson, H. G. 1975. *Stylistics and the Teaching of Literature*. The Hague: Mouton.
Widdowson, H. G. 1992. *Practical Stylistics*. Oxford: Oxford University Press.

中文部分
曹春春,杨彬,孙炬. 2014. 英语文体学. 济南:山东大学出版社.
陈望道. 1979. 修辞学发凡. 上海:上海外语教育出版社.
董启明. 2008. 新编英语文体学教程. 北京:外语教学与研究出版社.
杜金榜. 2004. 法律语言学. 上海:上海外语教育出版社.
封宗信. 2002. 文学语篇的语用文体学研究. 北京:清华大学出版社.
韩礼德. 2007. 语篇和话语的语言学研究. 北京:北京大学出版社.
胡曙中. 1999. 美国新修辞学研究. 上海:上海外语教育出版社.
胡文仲,吴冰主编. 2010.英语文体学(新论). 北京:外语教学与研究出版社.
胡壮麟. 1996.我国文体学研究现状.中国语言学现状与展望.许嘉璐,王福祥,刘润清主编. 北京:外语教学与研究出版社.
胡壮麟. 2000. 理论文体学. 北京:外语教学与研究出版社.
胡壮麟,刘世生. 2003. 文体学研究在中国的进展. 山东师大外国语学院学报(3).
胡壮麟,刘世生主编. 2004. 西方文体学辞典. 北京:清华大学出版社.

黄国文. 2005. 电子语篇的特点. 外语与外语教学(12).
黄任. 1996. 英语修辞与写作. 上海:上海外语教育出版社.
李华东. 2008. 戏剧舞台指令的语用文体研究. 北京:科学出版社.
梁晓晖,刘世生. 2009. 关于文本世界的界定标准. 中国外语（6）.
刘世生. 1992. 文体学的理论实践与探索. 北京大学学报英语语言文学专刊.
刘世生. 1993. 形式文体学与功能文体学. 北京大学学报英语语言文学专刊.
刘世生. 1994. 系统功能理论对现代文体学的影响. 外国语（1）.
刘世生. 1998. 西方文体学论纲. 济南:山东教育出版社.
刘世生. 2002. 文学文体学:理论与方法, 外语教学与研究（3）.
刘世生. 2016. 文体学关键词,（导读与注释）. 北京:外语教学与研究出版社.
刘世生,吕中舌,封宗信主编. 2008. 文体学:中国与世界同步. 北京:外语教学与研究出版社.
刘世生,朱瑞青. 2006/2011/2015. 文体学概论. 北京:北京大学出版社.
彭宣维. 2015. 评价文体学. 北京:北京大学出版社.
钱瑗. 2006. 实用英语文体学. 北京:外语教学与研究出版社.
秦秀白. 2001. 英语语体和文体要略. 上海:上海外语教育出版社.
曲卫国. 2009. 话语文体学导论. 上海:复旦大学出版社.
申丹. 1997. 有关功能文体学的几点思考. 外国语（5）.
申丹. 1998. 两个最年轻的当代文体学派别评价. 外语与外语教学（2）.
申丹. 1998. 叙事学与小说文体学研究. 北京:北京大学出版社.
申丹. 2000. 西方现代文体学百年发展历程. 外语教学与研究(1).
申丹. 2002. 功能文体学再思考. 外语教学与研究（3）.
申丹. 2008. 再谈西方当代文体学流派的区分. 外语教学与研究（4）.
申丹主编. 2008. 西方文体学的新发展. 上海:上海外语教育出版社.
申丹. 2014. 文体学研究的新进展. 外语教学与研究（2）.
苏晓军主编. 2013. 文体学研究:实证 认知 跨学科. 上海:上海外语教育出版社.
王珂. 2001. 诗歌文体学导论. 哈尔滨:北方文艺出版社.
王文融. 1984. 从修辞学到文体学. 法国研究（1）.
王守元,张德禄主编. 1996. 文体学词典. 济南:山东教育出版社.
王守元,郭鸿,苗兴伟主编. 2004. 文体学研究在中国的进展. 上海:上海外语教育出版社.

王佐良. 1982. 英语文体学论文集,外语教学与研究出版社.

王佐良,丁往道主编. 1987. 英语文体学引论. 北京:外语教学与研究出版社.

吴显友主编. 2016. 前进中的文体学. 上海:上海外语教育出版社.

徐有志. 2005. 英语文体学教程. 北京:高等教育出版社.

亚里士多德著,罗念生(译). 1991. 修辞学. 北京:生活·读书·新知三联书店.

俞东明主编. 2010. 文体学研究:回顾、现状与展望. 上海:上海外语教育出版社.

于善志主编. 2012. 文体学研究:探索与应用. 上海:上海外语教育出版社.

于学勇. 2007. 英语诗歌的文体学研究. 北京:科学出版社.

张德禄. 1998. 功能文体学. 济南:山东教育出版社.

张德禄. 2005. 语言的功能与文体. 北京:高等教育出版社.

张健. 1998. 新闻英语语体. 上海:上海外语教育出版社.